BBC 人体如何工作

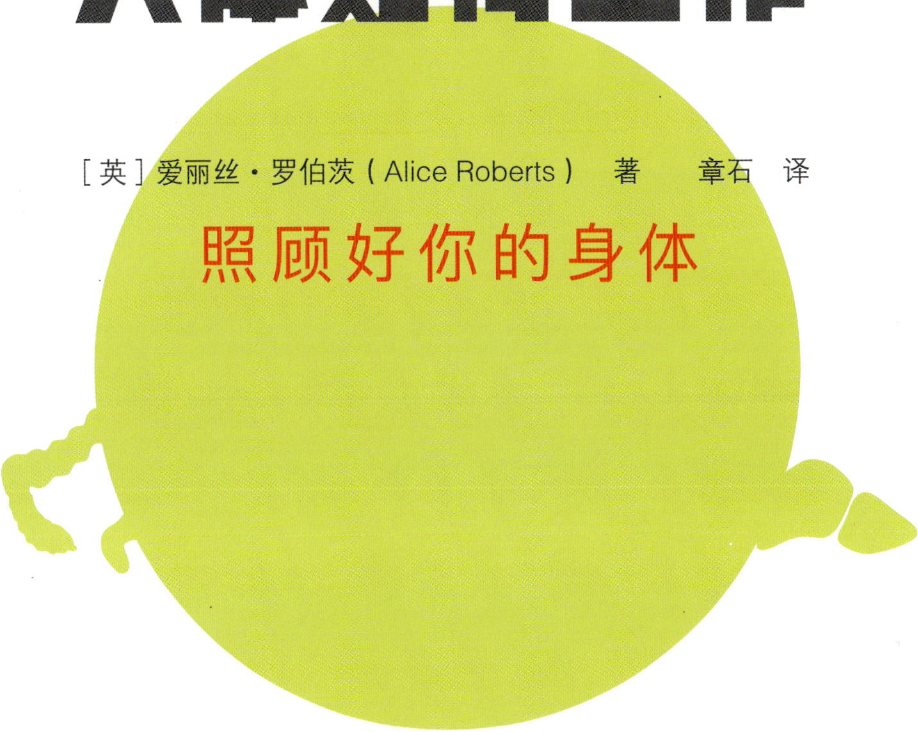

［英］爱丽丝·罗伯茨（Alice Roberts） 著　　章石 译

照顾好你的身体

江苏凤凰科学技术出版社

图书在版编目（CIP）数据

BBC 人体如何工作 /（英）爱丽丝·罗伯茨著；章石译. -- 南京：江苏凤凰科学技术出版社，2020.3（2024.3 重印）
ISBN 978-7-5537-7280-6

Ⅰ. ①B… Ⅱ. ①爱… ②章… Ⅲ. ①人体–普及读物
Ⅳ. ①R32-49

中国版本图书馆 CIP 数据核字 (2019) 第 213737 号

DON'T DIE YOUNG: AN ANATOMIST'S GUIDE TO YOUR ORGANS AND YOUR HEALTH
by Dr. Alice Roberts

BBC 人体如何工作

著　　者	[英] 爱丽丝·罗伯茨（Alice Roberts）
译　　者	章　石
责任编辑	沙玲玲　钱新艳
助理编辑	汪玲娟
责任校对	仲　敏
责任监制	刘文洋
出版发行	江苏凤凰科学技术出版社
出版社地址	南京市湖南路 1 号 A 楼，邮编：210009
出版社网址	http://www.pspress.cn
印　　刷	南京海兴印务有限公司
开　　本	700mm × 1000mm 1/16
印　　张	16
字　　数	160 000
版　　次	2020 年 3 月第 1 版
印　　次	2024 年 3 月第 6 次印刷
标准书号	ISBN 978-7-5537-7280-6
定　　价	88.00 元

图书如有印装质量问题，可随时向我社印务部调换。

目 录

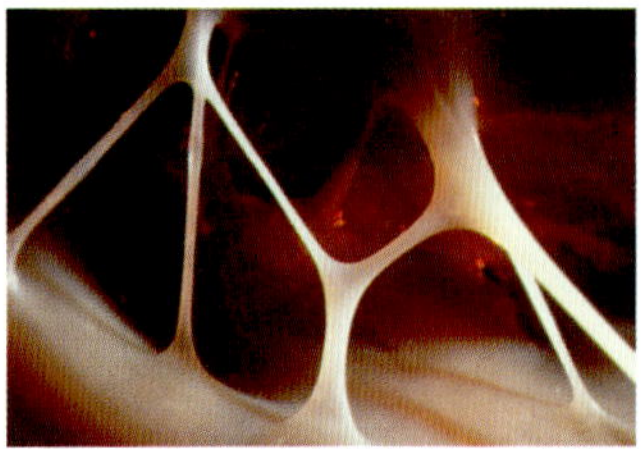

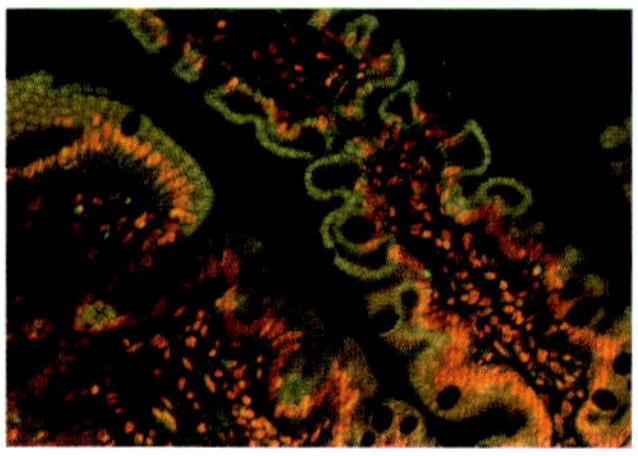

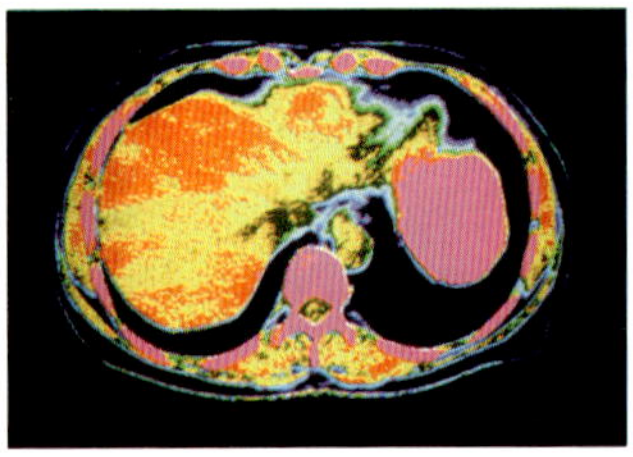

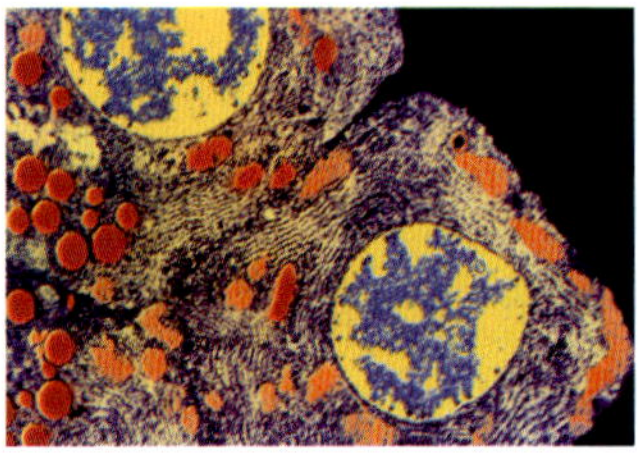

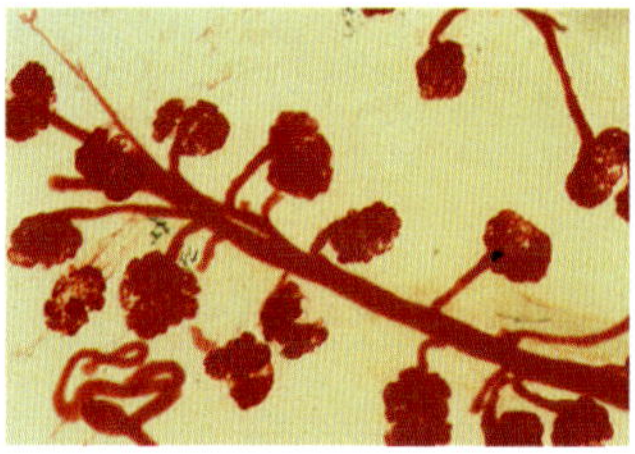

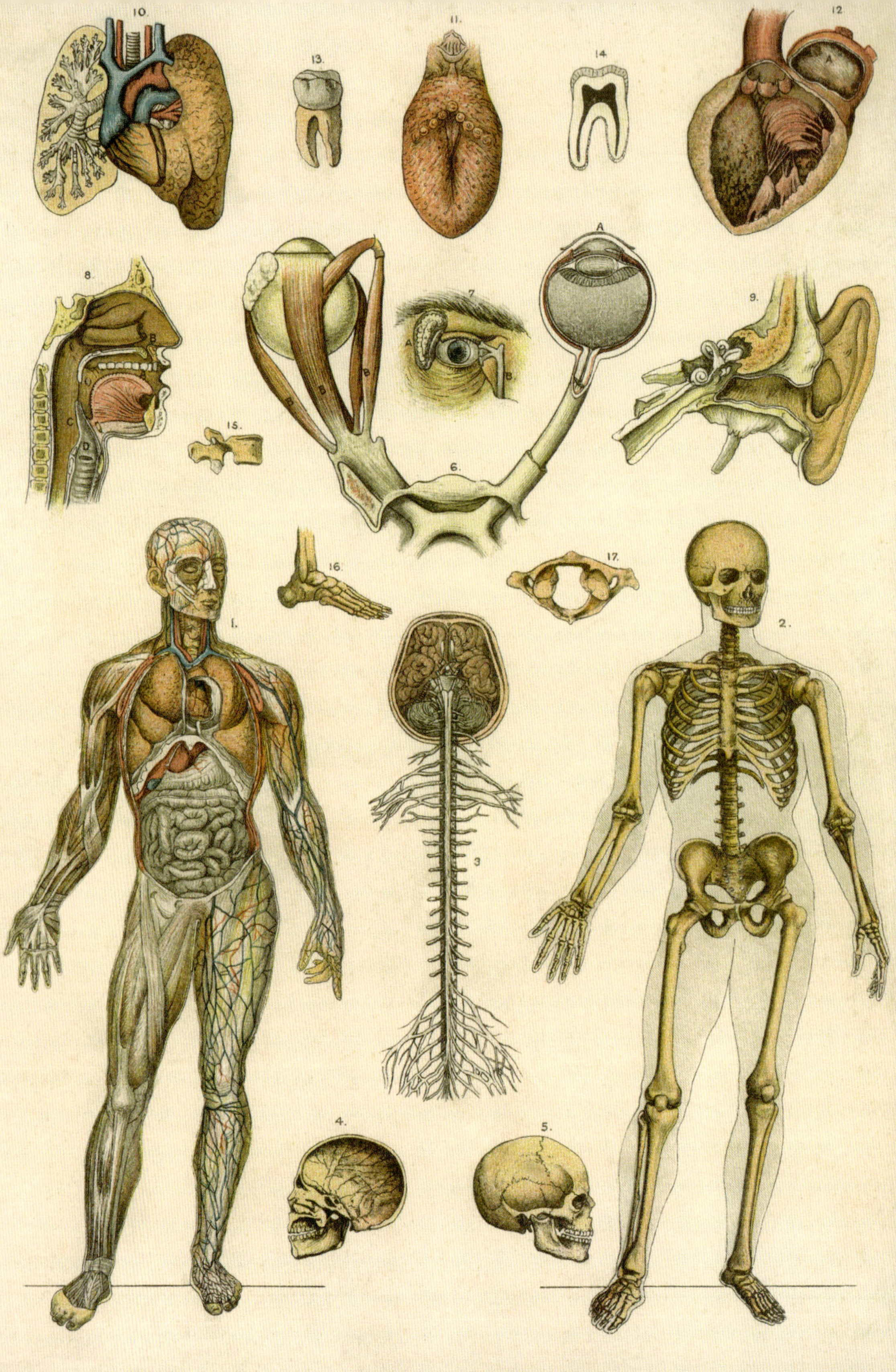
10.
13.
11.
14.
12.
A
8.
7
A
9.
15.
6.
16.
17.
1.
2.
3
4.
5.

序

许多疾病可以避免

你能瞒过死神吗？实际上还没有人能做到。曾经有一位名字叫雅娜·卡尔芒的法国妇女，她的寿命长达 122 岁零 164 天，可谓相当长寿。素食主义者仅以水果和蔬菜果腹，这是当下延年益寿的最佳方法之一。卡尔芒女士正是一位素食主义者，但除此之外，她也一定是幸运地遗传到了优良的基因。

在我的患者里偶尔也有几个侥幸活到百岁的人。这些人一天抽 40 根廉价香烟还毫无节制地摄入糖分，所以说他们的 DNA 一定有神奇的自我修复能力，足以抵挡有害物质的肆虐。但大部分以牺牲健康作为筹码的人可没那么幸运了。医学博士爱丽丝·罗伯茨将她的观察记录在这本精彩的书里："80% 的心脏病患者、90% 的糖尿病患者，还有 30% 的癌症患者本可以通过改变饮食习惯和生活方式来避免这些疾病。"

罗伯茨博士不但教大家怎样避免过早死亡，还讲述了造成这种情况的原因。大多数人都没有亲手解剖过人类同胞的血肉之躯，但神奇的解剖实操与这本书相比仅仅是退而求其次的求知途径而已。各位读者就像坐上了名为"解剖学"的过山车从人体各大器官系统之间穿梭而过，可以清晰地了解各个器官可能出现的病症以及恢复健康的办法。罗伯茨博士的文字充满激情而且很幽默，书中巧妙结合了各种奇闻轶事和科学研究。

左图：19 世纪解剖图谱中的人体各部位。

最后一章是对全书内容的整合，作者提出了一个人类共同的课题——我们将会在衰老中走向死亡。这是无法回避的真相，只是一部分人走得更快些而已。我们以为吸入人体的氧气是生命的源泉，可它实际上毒性很强。氧元素与人体中的蛋白质和酶会发生剧烈反应，阻止二者继续发挥作用。人们因此身陷一种两难处境：氧气是生存的必需物质，但它同样摧毁活组织，最终把我们杀掉。

我们虽然不能永生，但可以略施小计保持身体的自如运转，充分享受人生的乐趣，活到寿终正寝。每个人都只在世上走一遭，如果大家都能充分理解这本书，人生旅途中的障碍一定会大大减少。

菲尔·哈蒙德医生①

① Philip James Hammond，英国医生、播音员、演员和健康问题专家，《独立报》（*Independent*）专栏作家。他主张患者的权利，并以为国民健康服务的幽默评论而著名。

前言

神奇的人体

人体是一台神奇的机器，每个部件各司其职，互相协调实现身体各种机能。有的部件像风箱一样，把氧气引入体内；有的部件像水泵一样，将氧分子和营养输送到全身各处；还有的部件发挥燃料转换器的作用，先把摄入体内的大块动植物食品分解成小一些的化合物，或是燃烧后给人体提供能量，或是贮存起来以便循环利用。人体与工厂类似，获得原材料之后，或是立刻满足机体需求，或是贮存备用。人体机器甚至配备了一套废物处理系统，负责清理废料至“整装待发”的状态。有的部件更加神奇，它们用于制造新一代的人体机器。

这台机器能够感知身处的环境：有的特殊部件能对光子做出反应，根据外部世界勾画出动态图像；有的能监控到空气中的纵波；有的能探测出存在于空气里的液体或者微量化学物质。人体表面覆盖着一层膜，这层膜可以感知温度和质感，并将人体与外部环境分隔开。

这台机器不但能自主活动，还能思考：体内配备的中央处理器可以操纵全身上下各个部位、器官，让它们充分配合，协同工作，竭尽所能维系生命。

器官们干净利落地藏在人体里，像一套立体拼图的各个板块严丝合缝地插接在一起。除此之外，身体里还有一套起服务作用的管道与通信系统，比如动脉、静脉、淋巴管和神经。每个器官的表层上都布满了血管和神经，而结缔组织能固定器官的位置并提供保护。器官之间彼此独立，所以人们可以手术切除眼睛、肝脏甚至心肺——它们有自己的独特职能。如果把器官看作一个整体，那这个整体发挥出的作用可远远超出个体功能的简单累加，由此可见器官之间也是相互依存的关系。当所有器官协调一致，发挥出最佳状态时，人体就是健康的。

对于不同的人来说,健康的含义也不一样。在有些人看来,“健康”就是身体健壮，也就是所有器官保持最佳状态；而医生们的观点却与此不同，他们更倾向于认为“健康”就是“不得病”。本书将尽可能地结合以上两种理念,不光将“健康”看作身体运转自如的舒适感，也兼顾了“不得病就是健康”的观点。想要弄懂前一种理论，就需要先了解器官的结构及其在正常工作时有哪些功能。有的生活习惯对器官有益，让所有器官都能获得一切所需并正常运转，起到养护作用。然而，后一种理念从器官功能失调入手，将健康生活视作一种规避问题的手段。在每个章节中，我都将从健康状态下的器官讲起，描述它们如何工作，然后提到几个可能影响器官健康的常见问题，尤其是改变生活方式和饮食结构就能解决的问题。

尽管有无数研究已经证实了健康的饮食和生活方式会对身体产生积极影响，但显而易见，大多数人的生活方式还是无法在最大程度上实现健康、长寿和幸福。原因之一可能是人们得到的关于饮食和生活方式的建议总是过于琐碎：每隔多长时间该做什么类型的运动，每周应该吃多少颗杏仁，甚至是应该从饮食中摄取哪个名称拗口的分子……报纸会关注这些研究，一旦发现某种鲜为人知的食品对健康有好处,就把它们吹捧成“下一个热点事件”乃至“灵丹妙药”。本书还对新闻、报纸上提到的一些信息加以解说：抗氧化剂和 ω-3 鱼油到底是什么？它们真的对你的身体有益吗？如果有益，那么除了吃药，还有哪些方式可以获得呢？浩如烟海的信息真真假假，人们难以分辨出哪种生活与饮食方式对健康更重要。经过艰辛地研究，我们已经走出了几处泥潭，找到了几条关于保持健康的方法，它们以扎实的证据为基础，并经过了严谨的科学考验。

归根结底，大部分建议都属于常识。实际上，这些保持健康的方法比某些人想让你相信的五花八门的保健理念简单得多。当有人企图向你推销“健康”产品却又无法说明其中原理，或者你无法根据科学的方法判断它是否有效的时候，需要格外警惕。健康是头等大事，这就让商人们有利可图，所以许多人为了让你相信他们的保健理念愿意下血本。

然而，本书中介绍的保健方法都有确凿根据，您大可放心。我不会向你推销任何药品，也不是让你信仰治疗师，更不会给你灌输任何观点。我只想让你理解人体的工作原理，教你如何照料自己的身体，但愿不会给你造成任何额外开支。

我将依次认识各个器官，了解人体的结构和功能，进而了解如何尽可能地保持身体健康。我会根据官方指南和最新研究成果，在每一章结尾处从生活方式和饮食两个方面，提出与这个器官相关的重要建议。良好的生活方式让我们尽可能地保持健康不生病。这并不是说人不会生病，因为还有许多其他因素也会影响人体，尤其是与生俱来的基因；但是你所选择的生活方式和饮食习惯肯定会对寿命、健康和生活幸福感产生影响。

人体基本结构

从最基本的层面上讲，人体是由原子（碳、氢、氧以及其他元素）构成的。原子之间并非随机聚合，而是先组成分子，比如糖类、脂肪和蛋白质，以及内含人体密码的脱氧核糖核酸，即 DNA；分子排列成细胞，每个细胞中各自包含一份 DNA 密码复本。

如果把细胞放大，你仔细观察就会发现这些组件不是仅出现在生物体和器官这样大的结构中，而是存在于所有细胞中，各司其职。每个细胞核都是一个遗传信息库，里面的遗传信息数据可以控制细胞发挥日常功能。

所谓的数据库是指长长的 DNA 链条，包含 23 对染色体。它像一座主要用于储存编码指令的图书馆，可以合成细胞随时所需或者永远用不上的蛋白质。每个细胞的“图书馆”完全相同，但不同的基因读取组合可以合成不同的细胞。不论

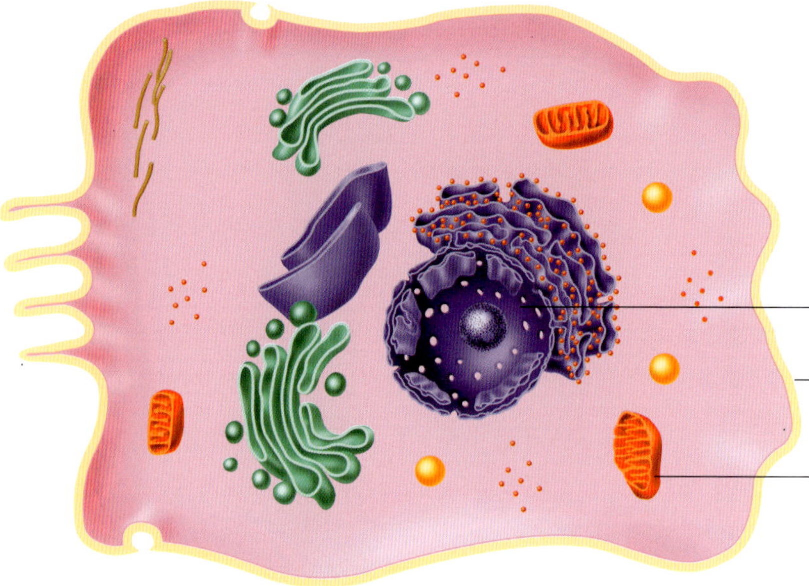

上图：细胞里有固定搭配的组件

右图：人类密码。电子显微镜下放大了超过 1 万倍的染色体。

是细长的神经纤维，还是滚圆的脂肪细胞，乃至形似章鱼的肾脏足细胞和视网膜中的杆状细胞——每个细胞都有一模一样的“图书馆”，只是它们读的书不同而已。有些细胞核的 DNA 信息被“翻译”成新的蛋白质，这听起来有点像 DNA 给工厂下单，让它们生产指定产品。有的细胞还拥有具有破坏性的酶，起到细胞自我保护的作用。

线粒体是细胞的“供电站”，它们消耗糖，然后将糖转化为能量，再用产生的能量给三磷酸腺苷（ATP）分子充电。虽然三磷酸腺苷的名字沉闷无趣，但它是一种对生命而言必不可少的化学物质。无论何时何地，只要细胞工作需要能量，就必须用到三磷酸腺苷。

以上是人类细胞乃至所有动物细胞的基本特点。在此之外，细胞的外观和功能具有多样性，具体情况取决于它们读了 DNA 图书馆里的哪些书。神经细胞又

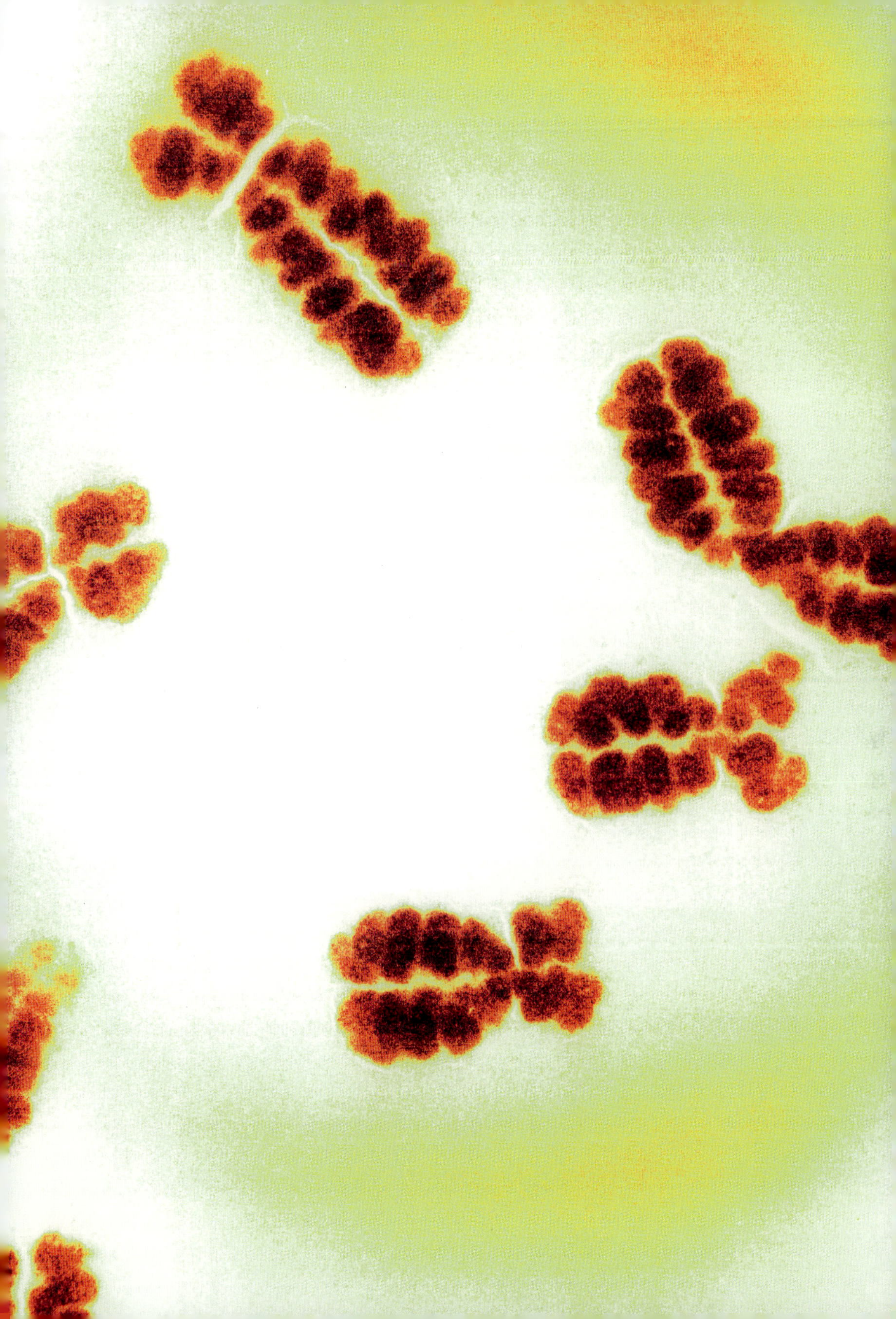

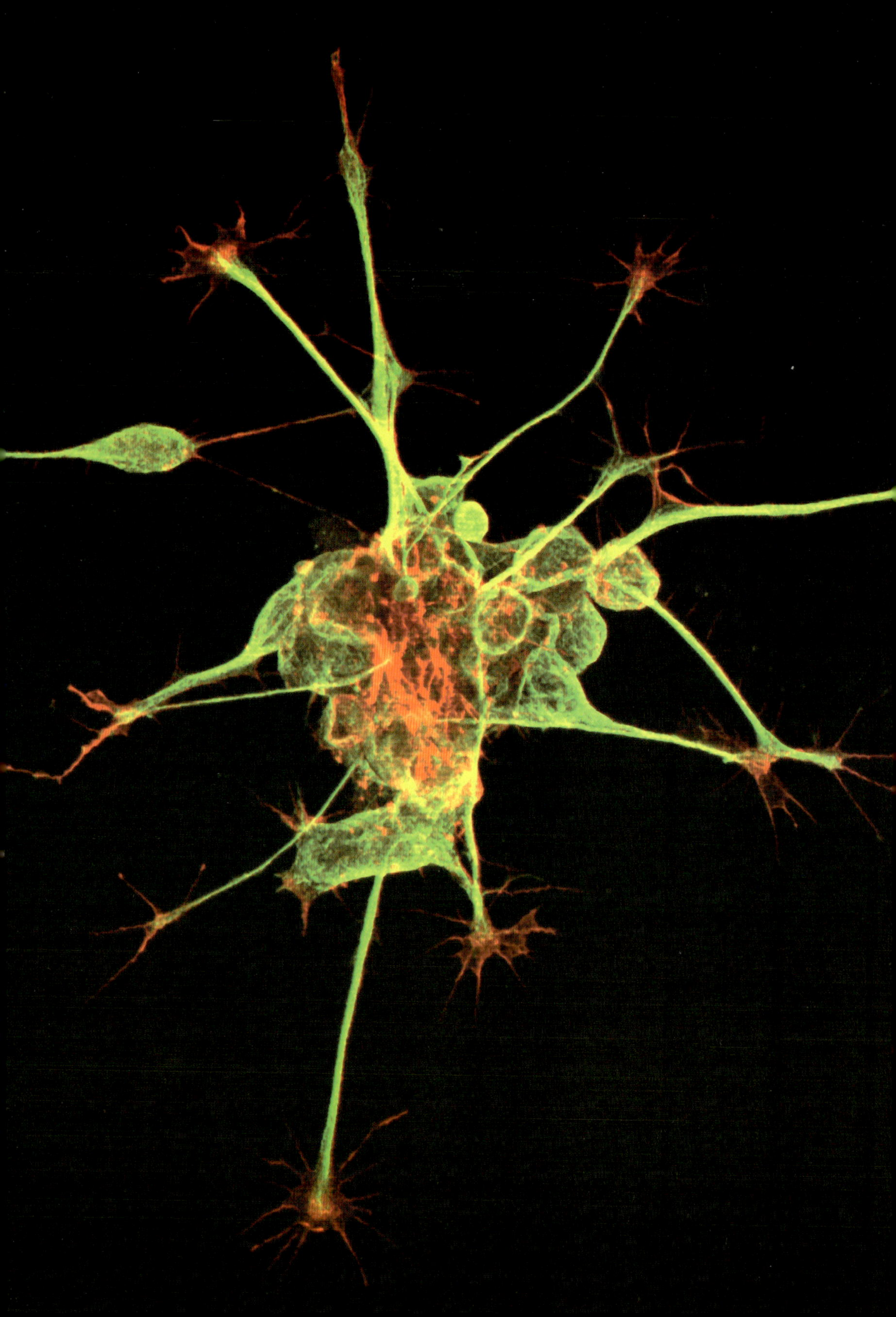

名神经元，上面有一个名为“轴突”的细长突起。轴突的外观就像一条迷你电缆线，可以传递神经冲动。肌肉细胞又称为肌细胞，它们既可能是小小的梭形细胞，也可能是混在一起的许多长杆形细胞。前者多见于器官内面和肠壁之类的平滑肌或者不随意肌，后者则多见于肱二头肌和股四头肌之类的横纹肌。红细胞非常独特：它们没有细胞核（实际上红细胞在发育过程中丢失了细胞核），仅仅是一袋血红蛋白，负责向人体各处输送氧。骨细胞和软骨细胞又小又圆；与之相比，视网膜上的杆状细胞和锥状细胞就显得奇形怪状，它们可以对光线做出反应。除了红细胞和白细胞之外，大部分细胞待在固定的位置上。

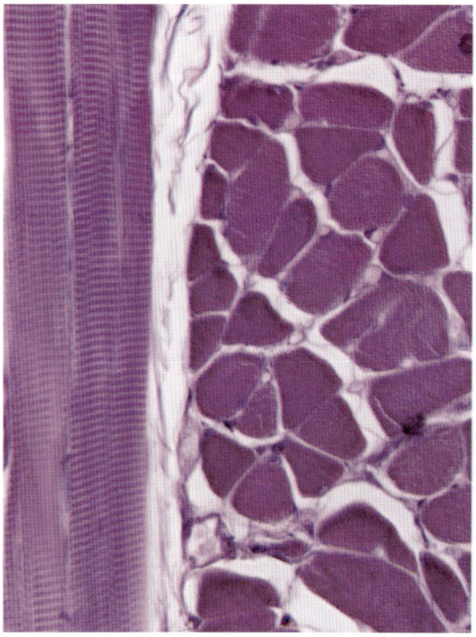

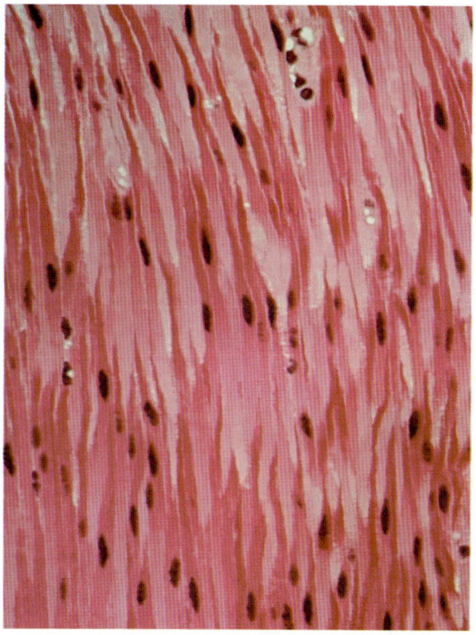

上图·左：随意肌纤维（或称横纹肌纤维），如肱二头肌或股四头肌（左侧肌肉纤维之间的横纹很明显，纵向分成两部分）。

上图·右：不随意肌（或称平滑肌）的梭形细胞，比如肠壁上的细胞。图中的黑点是每个肌细胞的细胞核。

左图：细长的神经纤维。这些特殊的神经元将身体感知到的信息传递给脊髓。图中染色的部分是蛋白质，它们组成了细胞内的染色体骨架并勾勒出染色体的形状。

组织

组织是细胞的集合，神经元集合成神经组织，肌细胞集合成肌肉组织。许多组织除了细胞之外还有一种叫“基质“的物质，基质可能呈液态、胶质甚至更硬的状态。“结缔组织”有点像醋栗小面包或是蓝莓麦芬蛋糕：细胞像其中点缀的水果，基质像蛋糕。血液（血细胞在液态基质中流动）、软骨（软骨细胞存在于凝胶态的基质里）和骨（骨细胞待在坚硬的矿化基质中的小洞里）都是含有基质的组织。

广义上讲，结缔组织包含基质里的成纤维细胞，其成分是胶原蛋白和弹性蛋白，两者都是构成长纤维所必需的蛋白质。如果纤维平行排列，便能构成足以抵抗张力的组织，肌腱和韧带就属于这种结构；如果胶原蛋白纤维混乱无序地排列，

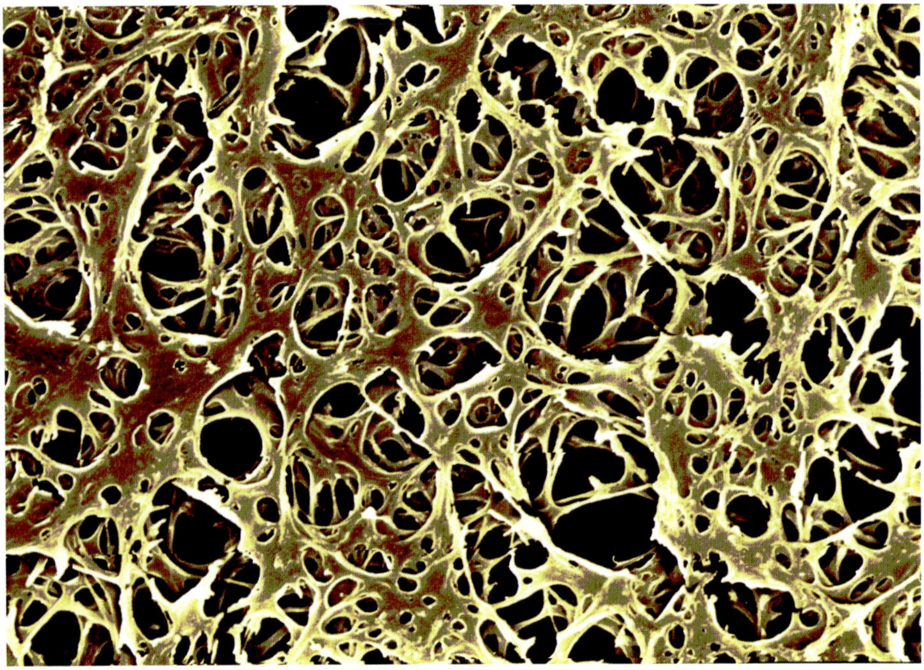

结缔组织中的胶原蛋白纤维网

便形成了结构松散的结缔组织。这样一来，差异就很大了：有些部位的纤维十分密集，而有些部位的纤维如蛛网般纤细，还有些部位塞满了脂肪细胞。解剖学家称之为“筋膜”。筋膜有保护和约束的作用，在身体上形成一层包裹。医生在手术时不会撕裂筋膜，而是用手指或者钝器沿着身体自然形成的“筋膜平面”分离组织。在解剖过程中，筋膜会挡住器官和血管，所以解剖者需要小心地清除筋膜后，才能看到里面的结构。

有的组织在人体内外形成了一道屏障或者独特的内膜。这些“上皮”通常由一层细胞组成（可能只有一个细胞或者几层细胞那么薄），紧贴在被称为“基膜”的隔膜上。内皮是一种独特的上皮组织，衬在血管内壁上。毛细血管是最细小的血管，内皮细胞构成的管道极其微小，仅容单个红细胞通过。

内皮只有薄薄的一层，这意味着物质穿过毛细血管壁很容易。因此，空气中的氧可以在肺部渗入毛细血管中的红细胞，然后由组织中的毛细血管排出来；养分溶解之后，在肠道中进入毛细血管。

器官

器官由不同的组织集合而成，每个器官都有血管：大一点的血管结构稍显复杂，它们的管壁有平滑肌；小一点的毛细血管只有一层内皮。器官还有神经纤维束，它们裹在结缔组织膜里。有些神经将信息从器官传递到大脑，比如疼痛、牵拉，还有皮肤感知到的外部环境信息。有些神经将信息传递给器官，引导器官刺激细胞释放分泌物，或者使得器官的平滑肌收缩。有的器官内部除了上皮之外还有导管。有些由细胞集合而成的组织甚至独属于某个器官：肝脏中的肝细胞、心脏中的心肌细胞、眼睛中的感光细胞，以及分裂后形成卵巢中的卵子或者睾丸中的精子细胞。

针对人体内部的研究

解剖学是研究人体结构的学科，解剖的字面含义就是“肢解、剖开”。自古以来，外科医生就是通过解剖了解人体与器官。年轻的外科医生会经常开展解剖教学，他们很清楚教学有助于他们复习知识，为外科手术做准备。在准备过程中，他们可以加深对人体及其结构的立体认识，准确地找出器官、血管，还有肌肉所在的位置。

我总觉得这种学习方式与机械师的学艺类似。虽然书本很有用，但是机械师

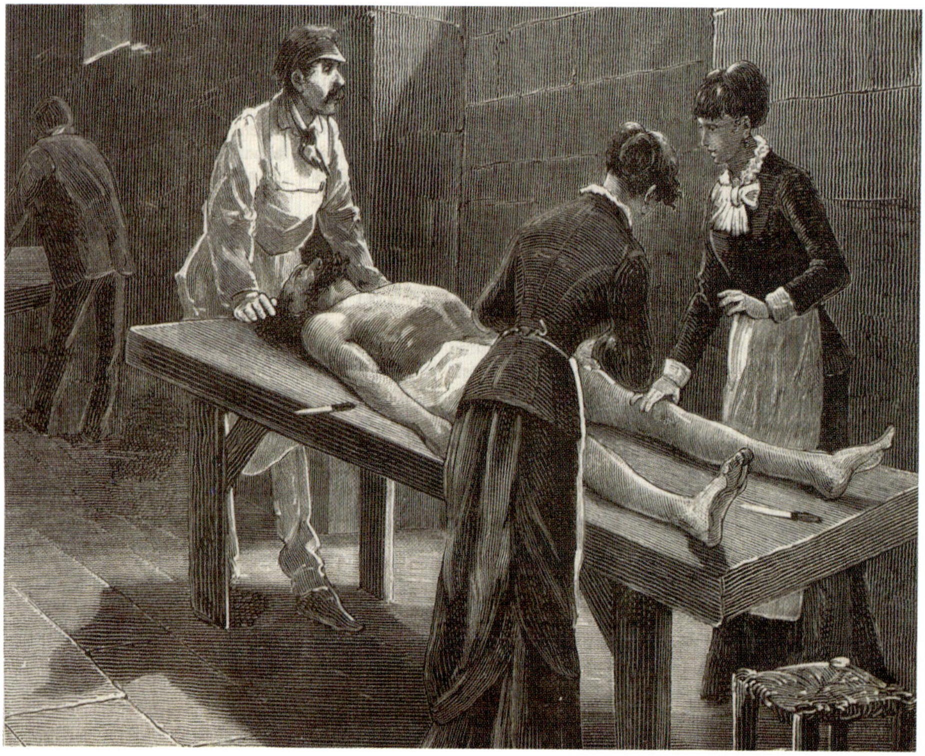

一项历史悠久的研究：人体解剖是解剖学研究领域之一，在文艺复兴期间，人体解剖学研究也再次兴起。这幅 19 世纪的版画展示的是学生从解剖尸体入手，研习解剖学。解剖尸体至今仍是解剖学的基础。

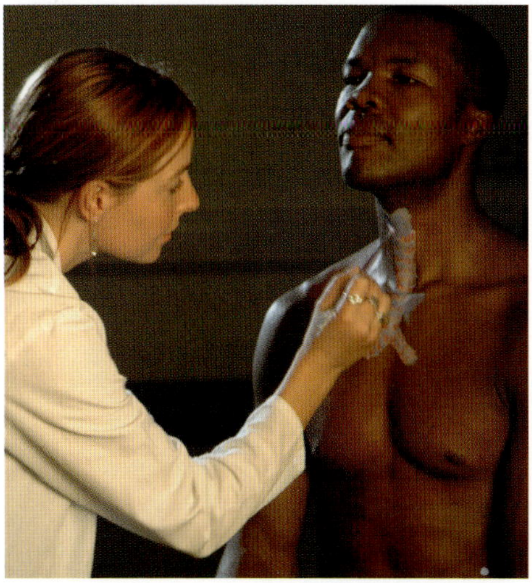

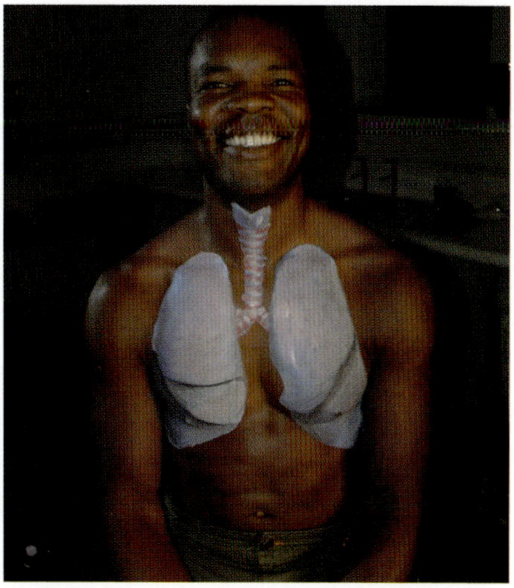

如果医生拥有“透视眼”，能想象到各器官对应的体表位置，就会对医疗检查有所帮助。我有时会让学生们互相在对方身上画出器官，这样有助于将人体内部具体化。该图是我给登山者特雷弗·弥赛亚画的肺，以便说明肺表面的结构。

必须亲手拆开发动机才能真正了解各部件是怎么组装在一起的——有的知识你无法从书本或者看电脑动画中学到，只有亲自动手实践才行。虽然有些不错的塑料或者电脑建构出的解剖模型很有用，但是它们既体现不出人体的巧妙与复杂之处，也表现不出人与人的区别，更无法让你触摸到深藏在人体中的组织。在 21 世纪医学研究中，人体解剖始终占有一席之地，医学院对那些慷慨地捐献出遗体的人们感激不尽。这是一份对人类来说十分了不起的礼物：将遗体捐献出来，指引未来的医生。

我曾分别以本科学生、执业医师、教学示范员和解剖学讲师的身份，通过解剖和观摩手术的方式学习人体解剖学。如今，我已经能够探究到人体构造是如何的错综复杂，领略到这种复杂精致的设计有多么美妙（虽然人体不是任何人设计出的，但我还是选用“设计”这个词：人体是进化的结果，经历了数百万年的改进过程）。人体非常神奇，希望这本书能让读者窥见其中一二。

第一章

肺

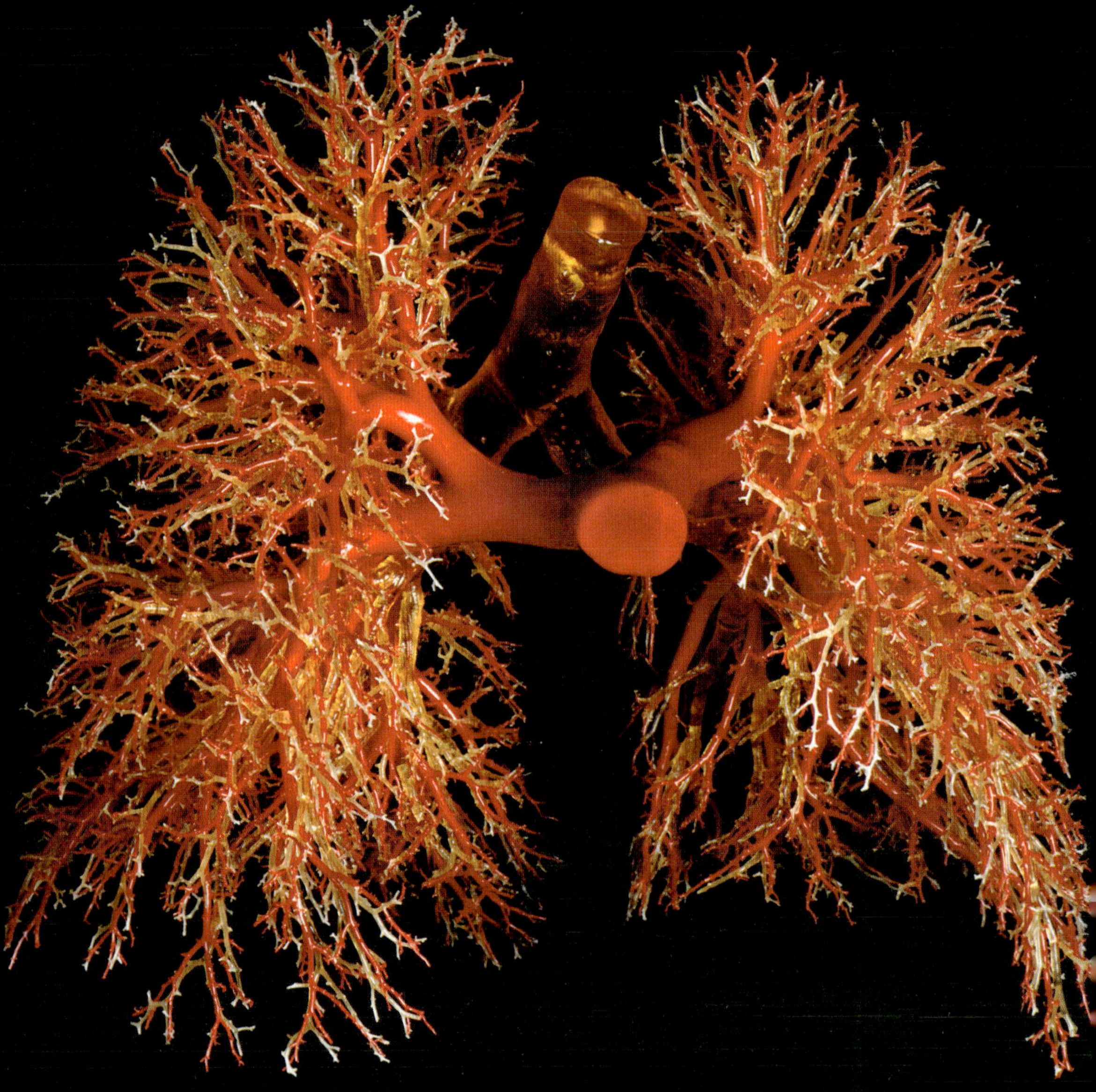

人体的每个细胞都需要吸入氧气排出二氧化碳。对于像阿米巴虫这种单细胞微生物而言，气体只需以扩散的方式穿过细胞膜进入细胞；而大一点的动物利用血液将氧气输送到身体各处。肺就是在空气和血液之间置换氧的器官。英语中，“肺”（Lung）这个词来自历史悠久的古英语，与单词“轻”（Light）拥有同样的词根：因为肺里面充满气体，所以很轻。至今，屠夫们仍将动物的肺称为“Lights”。

肺的本质是一对富有弹性的气袋，扩张的时候将气体吸入体内。每次吸气后，空气沉入肺里，其中的氧气进入到数百万条毛细血管中，做好了被输送到其他部位的准备。与此同时，从血液中弥散出的二氧化碳进入被称为“肺泡”的气囊，等待呼出体外。

肺泡形态微小而数量巨大。每一侧肺里有大概 3 亿个肺泡，氧气和二氧化碳的交换场所就在这里。如果可以把人体所有肺泡打开、展平，其面积高达 80 平方米。

P20–21 图：具有自我清理功能的上皮细胞。在电子显微镜下，可以见到气道内的细胞表面上盖着一层微小的（绿色）纤毛。这些摆动的纤毛可以清除肺中的黏液和脏东西。

左图：一个涂了树脂的模型。气管的部分填满了透明的树脂，肺动脉的部分是红色的；其余的肺组织已经被酸蚀掉了。

肺在哪里？

肺位于心脏的两侧，占据胸腔的大部分空间，肺的最下端够不到胸腔底部，但最上端要比第一肋骨高出几厘米。医生给患者脖子扎针的时候要格外留神，小心扎到肺。实际上，根据现在的行医指南，医生们在给位于颈部的大静脉（颈内静脉）扎针的同时会使用超声波扫描，以便弄清肺和针的位置。肺下方的膈肌隔开了肺与腹腔中的脏器。

肺是什么样子的？

成年人的肺表面是蓝灰色的——这是普遍的事实。但婴儿的肺却呈现淡淡的粉红色。我毕业后刚当上医生时在小儿外科工作（大部分时候都在忙着打下手，清除手术中的一切障碍物），参与到一台台精妙的手术中。外科手术挽救了许多婴儿的生命，是一份让我非常自豪的工作。我无比钦佩小儿外科医生，他们能给小小的婴儿做最精密的手术。其中有一项叫先天性膈疝修补术，需要修复腹腔和胸部之间的裂孔，防止肠道上移进入胸腔对肺部造成挤压。婴儿小巧的肺未曾受过污染，带着崭新的粉色，让我看到后十分震惊。可是就算不吸烟，生活在当代社会，灰尘也会随着每次呼吸进入人体，那些天然的粉红色渐渐变成了带着工业痕迹的灰色。

肺如何工作?

两侧的肺都各自裹在一个叫作“胸膜”的双层膜结构的袋子里。胸膜是覆盖在肺表面及胸廓内侧面的光滑内膜，上面覆盖了一层薄薄的液体，支气管直接插入肺的内部两者之间构成密封的气袋。

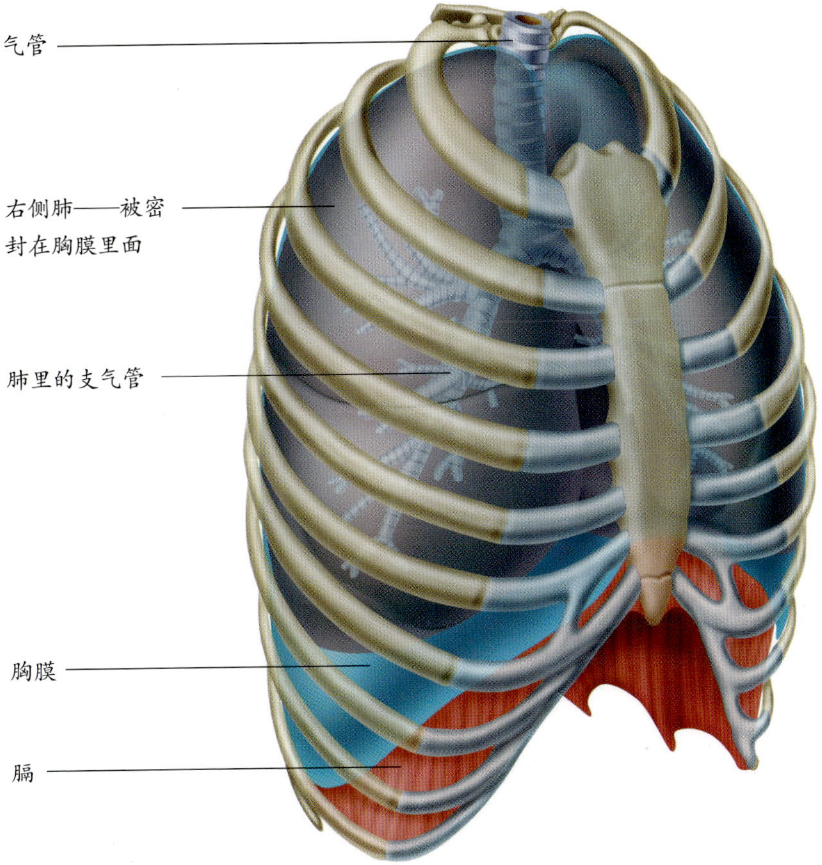

被层层保护的肺：肺被薄薄的胸膜裹住，外面围着胸廓。膈的顶端与胸廓的下边缘相接。

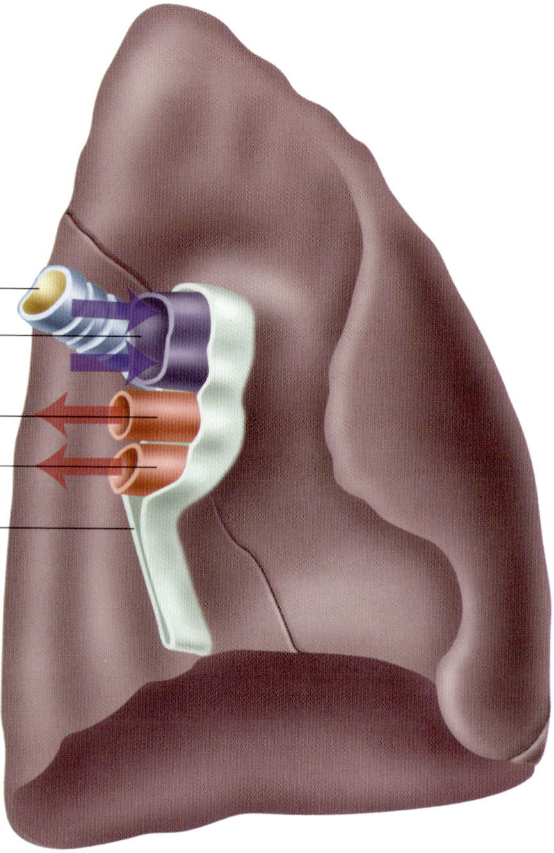

给血液输氧：在肺中，血液从肺动脉进入肺，从内表面的肺静脉离开肺。

吸气与呼气

人在吸气的时候，膈肌收缩呈水平状态，肋骨向上向外运动。胸膜里的液体让肺与横膈膜和肋骨紧紧相贴，同时带动肺向四周扩张。这说明随着肺容量的增加，肺内气压减小，外界气体进入肺填补肺内空隙。呼气时，人们保持放松就好：肺借弹性回缩，膈肌舒张后顶部回升，肺内气压升高将气体排出体外。虽然有些参与呼吸的肌肉是随意肌——它们受意识控制，但好在人们通常不用在意呼吸的过程。想试试看的话，当你深吸一口气时，就是有意识地展平膈肌和移动肋骨的位置。但是大多数情况下，呼吸肌的工作节奏是由低位脑干设定好的（这个部位控制人体许多自主过程，其位置就在脊髓上方）。简直太棒了！人类不必总惦记着“吸气……放松……呼气……再吸气……再放松……”的节律。膈肌和肋骨周围的肌肉自然而然地随之运动，根本不必费心思考：成年人在静息状态下每分钟呼吸 12 ~ 20 次；老年人的呼吸频率高一些，最多可达每分钟 25 次；婴儿呼吸得更快，每分钟可达 20 ~ 40 次。如果肺部出现病变，比如哮喘或者支气管炎，患者能非常清晰地感觉自己在呼吸，还会有意识地维持肺部的扩张和收缩。随着病情加重，症状会越来越明显。

呼吸道之旅

鲜活的肺密度很古怪。肺的质感和搅拌之后的果冻一样，由富有弹性的组织和数百万个小气囊构成，十分轻软。肺像一对气囊，但不是空心的。两侧的肺里伸出许多支气管，犹如树枝般分叉。而且支气管和真正的树一样，分支会越来越细小，直到每根毛细支气管伸进肺泡，让气体在那里交换。这棵树的主干是气管，你能感觉到它就在颈部，位置很浅，就在皮肤下几毫米处。

气管大约长 12 厘米，从喉头开始一直延伸，在胸腔分叉成两根支气管，各自接入对应的肺叶内侧面。如果你把肺从胸腔中取出来，就能观察到内侧面上的支气管和血管：肺动脉将不含氧气的血液输送给肺，而肺静脉把含氧气的血液从肺传回心脏，再输向全身各处。

两侧支气管进入肺后会分出越来越细小的支气管，最终遍布所有的肺叶。由于某种不为人知的原因，人的左肺只有两个肺叶而右肺却有三个。不但肺的内部如此划分，连外表面上肺叶之间也有深深的裂纹，非常明显。

气管和支气管都是肌性管道，借助“C”形的软骨保持扩张状态。与可以在肋骨间伸展的膈肌不同，它们不是“随意肌”，而是“不随意肌”，又叫“平滑肌”。不随意肌与随意肌截然不同，两者的神经类型也完全不同。平滑肌的神经来自自

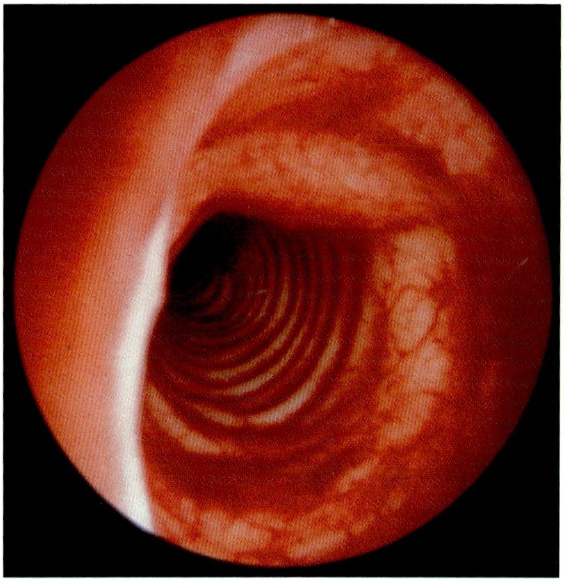

气管内部：采用纤维光学技术的气管镜，医生可以查看呼吸道内部的状态。图中可以清晰看见使气管保持开放的 C 形软骨环，上面是一层红色的黏膜组织。

主神经系统，这个系统负责支配人体的所有自主机能。医学术语中的“自主”与我们平时常用的含义一样，就是指“自我管理”，恰当地说明了这一神经系统让人们能无意识地自我控制身体。

肺里的支气管越分越细小，形成了细支气管，终端连接一簇簇充满气体的肺泡（看起来像一串串微型葡萄）。细支气管只有肌肉没有软骨。支气管和细支气管管壁都是平滑肌，它们可以扩张收缩，以便平衡呼吸时气管内的压力。

肺部气流的出入方向由体外大气压与肺泡内的压力变化决定：如果肺泡内的压力比大气压低，气体就会涌入肺泡；如果肺泡内的气压比大气压高，气体就会从肺里被挤出去。

除了呼吸之外，气管还以“一天”为单位有规律地发生宽度变化。气管在一天中最窄的时候大约是凌晨四点。哮喘发作时，气管的收缩反应将更加剧烈。正因为哮喘与气管的变化规律重合，所以症状才格外严重。许多被吸入气管的物质可能造成同样的后果：比如吸入冷空气、灰尘和烟草导致气管收缩。

怎样保持肺内清洁?

神奇的毯子：电子显微镜下的纤毛

我们的肺中有一套神奇的自我清理设备，能将吸入肺内的肮脏颗粒全部清除。每一根支气管都覆着一层薄薄的黏液，捉住灰尘颗粒、细菌、花粉等杂质。分泌出黏液的“杯状细胞”，分布在支气管和细支气管上，不但外观像高脚杯，一旦黏液分泌得太多，“杯口”甚至还会溢出黏液。那么这些黏液要往哪里去呢? 实际上，如果放大气管上的其他细胞，你能看到细胞表面像覆盖着一层天鹅绒，非常奇特。这些像天鹅绒的物质叫“纤毛”，虽然每根都极其细微，但能协调一致地摆动，推着黏液一路向上，最后形成痰液排出体外。

给血液输氧

在显微镜下观察肺泡（就是毛细支气管末端的一串串小“葡萄”），你就会看到肺是如何给血液输送氧气的。每只肺泡都是一个装着气体的小口袋，内膜只有一个细胞厚，可以说就是一层平铺的细胞。肺泡的外面都交织着毛细血管网，这些微小的血管壁也只有一个扁平形状的细胞那么薄。裹在肺泡外面的膜很薄，这对于肺的工作非常关键。氧需要穿透肺泡壁和毛细血管壁进入血液——所以说肺泡壁越薄越好。但肺泡壁太薄也存在隐患：人吸入气体时，肺泡内的气压低于大气压，肺泡有在低压环境下破裂的危险。肺泡内表面的细胞可以分泌出“肺表面活性物质”，这种特殊黏液通过降低肺泡内表面的张力消除了这一隐患，帮助肺

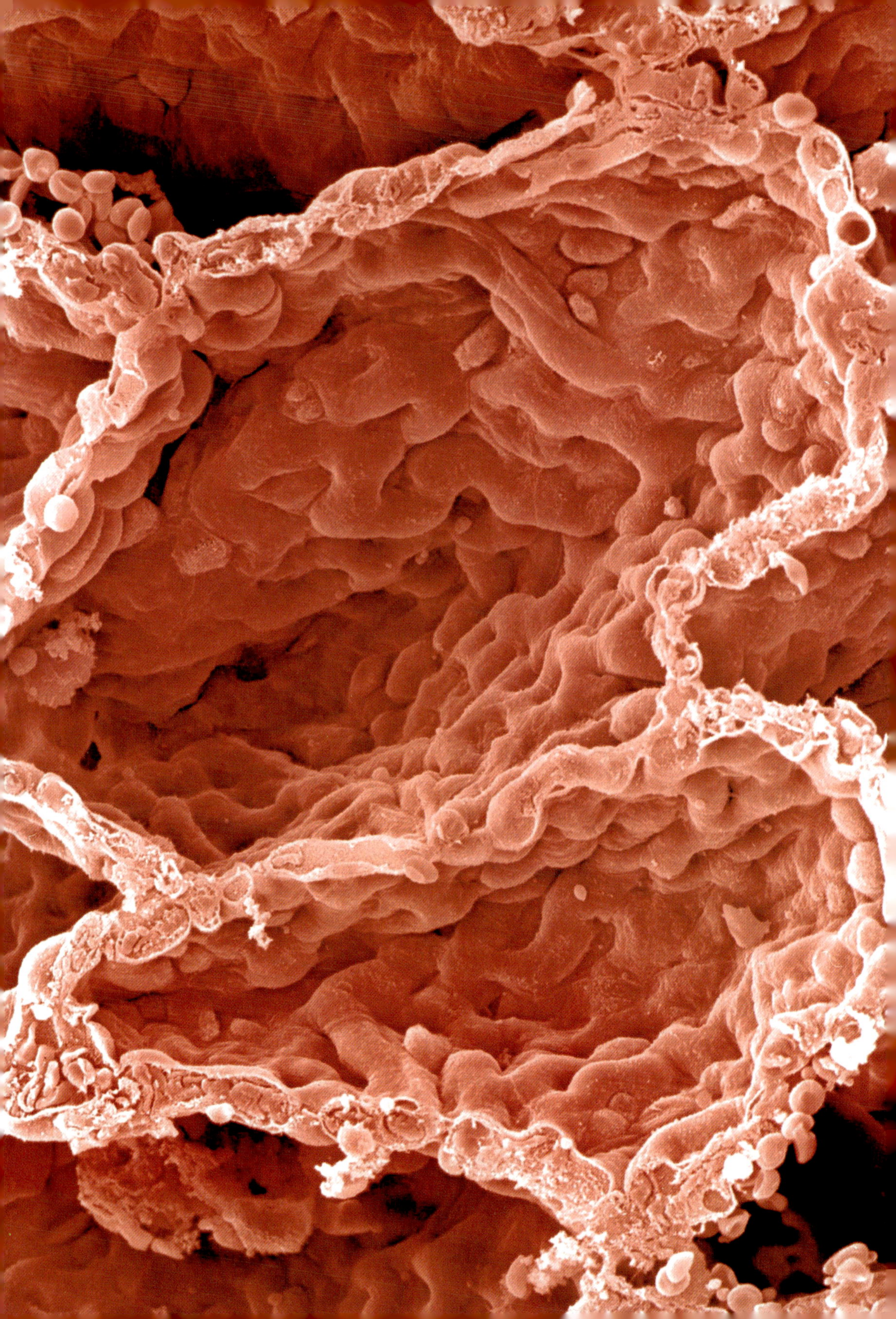

泡维持开放状态。

早产儿中常有呼吸困难患者。有的早产儿肺泡细胞还没发育到足够扁平，给氧气进入肺泡造成障碍。最重要的是，他们的肺泡细胞还没开始生成肺表面活性物质（人体只有呼吸空气时才需要这种物质，所以胎儿在母亲的子宫中是不需要的）。由于过早出生，他们的肺常会发育不充分：胎儿成长到 9 个月时，才能做好呼吸空气的准备。没有肺表面活性物质，婴儿的肺泡就可能破裂，呼吸会变得极其艰难。人们已经找到辅助患儿呼吸的方法：通过加压让空气进入肺泡，同时将人造的肺表面活性物质注入肺泡，但这比不上自体生成的效果好。

让我们回到刚才的话题，看看氧气在呼吸道的旅途：红细胞的外观看起来像甜甜圈，里面包含着血红蛋白分子。氧气进入血液后立刻与血红蛋白分子结合，后者专门用于运送氧气，但它与危险物质一氧化碳的亲和力比与氧气的亲和力更强，这就解释了一氧化碳为什么是一种致命的空气污染物。一氧化碳霸占了血红蛋白，导致血液中的氧含量降低。许多城市中心都设有污染监测设备，监控街道上的一氧化碳含量水平。这种技术现在也移植到了移动设备上，可以随身携带对步行街和自行车道做空气状况检测。

血液通过肺泡周围的毛细血管时，除了氧气由肺泡渗入毛细血管，二氧化碳也会穿过毛细血管壁进入肺泡，准备与肺泡内的气体一起被呼出体外。每侧肺中大概有 3 亿多个肺泡，为气体置换提供了巨大的空间（把肺泡中的氧吸收进血液，把二氧化碳排出去）。作为运输系统，血液（更确切地说，是红细胞）把携带的氧气输给身体的各个组织，带回置换出的二氧化碳。定期锻炼可以增加肺容量，提高气体置换效率。越是经常运动的人（无论你做什么类型的运动）肺容量越大。

左图：气囊。这张切片中有两个肺泡，由此能看出肺泡壁只有一个细胞的厚度，非常薄。甜甜圈形状的红细胞从肺泡边缘的毛细血管溢出来。

肺的常见问题和预防方法

前文已经充分地介绍了健康的肺是怎样工作的，现在我们来谈一谈常见肺病有哪些，讨论的重点是生活和饮食习惯对肺的影响。这些都是自我控制就能解决的问题（有些问题甚至直接影响到全民健康），只要拥有健康的生活习惯就可以预防。我们先从吸烟开始，看看吸烟对肺部有哪些危害，再谈谈哮喘发病率上升的问题。

吸烟、肺癌和慢性阻塞性肺病（COPD）

吸烟与肺癌之间的关系可谓是人人皆知，无一例外。吸烟是最主要的肺癌致病原因（当然吸烟也会导致其他疾病：比如口腔癌、食道癌和膀胱癌），极大地增加了心脏病和脑卒中的风险。香烟包含大量的有毒物质和致癌物，这些危险成分会引起基因突变（比如 DNA 密码发生变化），导致细胞癌变。这种伤害不一定只源于你主动吸烟，吸二手烟同样会导致肺癌。户外大气污染也是致病原因之一，大约 11% 的欧洲患者是因空气污染致病的。

吸烟还能引起慢性阻塞性肺病（COPD，Chronic Obstructive Pulmonary Disease 的缩写），这种病在过去被称为慢性支气管炎。有人曾预测，到 2020 年 COPD 将会成为全球第三大常见致命疾病。超过 90% 的 COPD 患者都是因为吸烟，患者的肺内淤积了过多的黏液，支气管壁瘢痕累累，导致气管变窄呼吸吃力。肺泡破裂后将融合成一只更大的气囊，对气体交换造成影响，这种病就是肺气肿。肺的基本功能受到干扰：数以亿计的小气泡融合后表面积缩小，导致最重要的功能（肺泡和血液之间置换氧气与二氧化碳的功能）被削弱。到那时，COPD 患者的肺已经不具备吸入足量的氧气并呼出足量的二氧化碳的功能，最终会因“呼吸衰竭”而丧命。

哮喘

20 世纪，在英国有一种致命肺病的发病率急剧上升，严重威胁人们的生命。这里要讲的不是肺癌。你可能会觉得对用一支蓝色外壳的小型雾化吸入器就能轻松控制的病情如此重视，有点小题大做。但是，哮喘确确实实是一种很严重的疾病，全球大约 3 亿人受此病折磨。在英国，哮喘病患者高达 500 万人，患病比例在成人和儿童群体中分别是 1/12 和 1/8。从整体健康情况和日常生活受影响的程度来说，哮喘对健康的长期损害比糖尿病更甚。英国每年至少有 1 千人死于哮喘，这种疾病堪称杀手。

英文的哮喘（asthma）源于希腊语，含义为“用力呼吸”，任何一名患者都清晰地感受过胸部发紧的感觉有多么恐怖，身体在无意识的情况下渐渐“停止呼吸”。患者发病时心中只有一个念头——“要拼命呼吸”，集中精神尽可能地扩张肺，一呼一吸都很费力。细支气管发炎导致气道变窄，由此空气进出肺部更加困难。这就像一条三车道的马路由于道路施工，缩减成两车道，但车流量还是那么多，想通过就得经历一番挣扎了。

细支气管变窄会产生一种奇怪的现象：当空气通过狭窄的气管时，会发出口哨一样的声响，人们称之为“哮鸣音”。我记得听到过自己发出的哮鸣音，那时我还是个五岁的小女孩，很久之后才知道是“哮喘”。我当时躺床上，身上盖着羽绒被（我对羽绒过敏），胸腔里传出让我惊奇不已的声音，听起来就像优雅的长笛交响曲。

过敏原：哮喘患者的气管往往“高度敏感”，会对环境中的某些物质反应过度，比如花粉、尘螨和动物毛皮。这些物质叫过敏原，但不会给其他人带来任何问题。一旦身体认定某种物质是“异端”，就会对它“过敏”，这种现象被称为“变态反应”。负责判定的是免疫系统，它会不断地检查身体里是否存在“异端”，确保自己的身体里只有“自己人”。所以当细菌、病毒这种不速之客企图进入人体时，

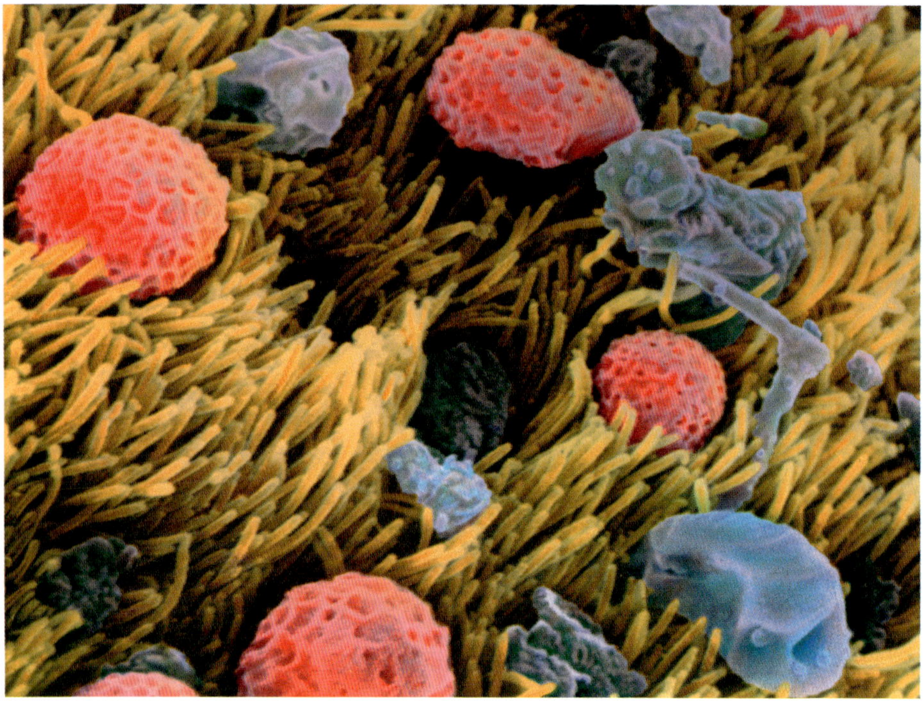

气管中，花粉颗粒（粉红色）和尘埃颗粒（蓝色）散布在天鹅绒般的纤毛内膜上。纤毛摆动会把它们黏在黏液上，然后从肺中排出。

它们会迅速被判定为异类，促使免疫系统启动防御机制。

之所以会发生超敏反应，是因为人体判断错误，对危害甚小的物质做出了过度反应。如果用一个政治性的类比来说明的话：人体先发制人攻击敌军，而对方实际上手无寸铁。

哮喘属于变态反应性疾病，发病时，身体发生反应的部位可能并不是接触过敏原的部位。这种反应通常被称为“特应性反应”，它是由于白细胞产生的抗体和具有防御功能的蛋白质会在人体各处游走，因此触发没有过敏原的部位对此做出反应。特应性疾病还包括湿疹，让人涕泪横流的花粉症，以及伴有细支气管收缩和哮鸣音的哮喘。体质高度敏感的人常会成为以上三种疾病的潜在患者。花粉症和哮喘在湿疹患者身上发作的可能性要远远高于其他没有任何特应性疾病的人。一旦三种病都表露出症状，就只能说这个人荣获“大满贯”了。在现代西方社会，哮喘病患者数量的增加使得特应性疾病患者人数上升。对花粉症的最早记录来自 19 世纪初，当时还是一种很罕见的疾病。如今，发达国家中有一半人都对周围环境中这样或那样的物质过敏。英国的变态反应性疾病的发病率是亚洲的 10 ~ 15 倍。在德国统一前，哮喘病的发病情况更是说明生活习惯比遗传因素对哮喘发病的影响更大：富裕的西德比贫困的东德发病率高（现在东德的发病率也与西德不相上下了）。发病率的居高不下似乎与西方人的生活习惯有关系，但具体是哪些呢?

与许多疾病一样，哮喘也是由多种因素诱发的。各种致病因素共同密谋，最终导致哮喘发作。这就意味着哮喘发病率的增加由多种原因导致，而且很难指出究竟哪一项才是主因。基因和环境两种因素都可能导致哮喘发病，甚至大量研究将哮喘与五花八门的潜在诱因联系起来，比如空气污染，各种食品，还有能通过呼吸或者饮食进入人体的化学物质，让人眼花缭乱。

卫生：特应性疾病的根源可能来自人们的幼年时期。根据“卫生假设论（hygiene hypothesis）”，特应性疾病发病率增加的原因是患者在童年时期没有在环境中接触到过敏原。我们太干净了！人们认识到肉眼无法观察的“细菌”其实是很多疾病的罪魁祸首之后，在 19 世纪展开了轰轰烈烈的卫生革命，最终延长了社会平均期望寿命。几千年来，“感染”一直是夺走人类生命的头号杀手。卫生革命期间，人们发现只要保持良好的健康习惯，饮用纯净的水，就能降低被感染的风险。维多利亚时期，人们以宗教般的狂热，一板一眼地“讲卫生”——来苏皂成了人类的救星。卫生革命与抗生素对控制感染的功劳不相上下。可是人们似乎有点过于“卫生”了。人类的身体在细菌遍布的环境中进化至今，如果彻底隔离了细菌，身体又会不知如何是好。把人类当下的生存环境中的细菌和病毒全

维多利亚时代的人们认为清洁的重要程度仅次于虔诚，但现在的孩子们会不会干净得过分了？

部清除掉的话，恐怕弊大于利。

幼年时期之所以被认为是问题的根源，是因为免疫系统当时正在学习识别可能引发感染的物质。婴儿的免疫系统尚未发育成熟，对于潜在的威胁会做出普遍反应。等到免疫系统“遇到”更多的细菌和病毒之后，会在一次次磨炼下做出越来越精准的靶向型反应，攻击的目标越来越明确，不会再发生普遍型反应了。如果免疫系统接触不到细菌、病毒等有害物质，就无法形成靶向型反应，而是普遍型反应在起作用，并引发特应性反应、过敏和哮喘。实际上，玩伴很多的孩子、在大家庭或者托儿所长大的孩子，还有经常接触动物的孩子染上其他疾病（尤其是感冒、麻疹和水痘这种病毒性感染病）之后，患特应性疾病的风险就小了很多。与之相反，在小家庭长大，卫生条件好，而且早早地用过抗生素的孩子，反而更容易得哮喘、湿疹和花粉症。我们既要预防致命疾病，也要让孩子适度接触一些病菌，在两者中找到平衡。

早点接触过敏原至关重要——稍微脏一点还是有好处的。研究人员正在对一种由无菌土壤培育出的“疫苗”做测试，观察它能否降低变态反应。益生菌（或者叫它“友好细菌”）似乎在婴儿出生前就已经发挥作用，减少特应性反应了。《柳叶刀》杂志曾刊载过一篇研究报告，文中称母亲在怀孕或者分娩后服用益生菌，新生儿患湿疹的风险会降低 50%。

“母乳喂养对特应性疾病的影响有哪些？”这个议题目前尚存争议。长期以来，人们认为母乳喂养可以让孩子不会患上变态反应性疾病。但是最近有些研究表明，母乳喂养可能与哮喘和其他特应性疾病的发病率增加有关。然而，目前得出的结论还不足以证明母乳喂养对婴儿弊大于利。

对那些已经患上哮喘病或者其他变态反应性疾病的人来说，避免接触过敏原的办法值得推荐。室尘螨就是很常见的过敏原。这种身长 1/3 毫米的微小生物在我们周围无处不在，一张普通的床垫就是 200 万只室尘螨的安乐窝。欧洲室尘螨的学名叫嗜皮螨，这个词来源于希腊语“吃掉皮肤”。人类每天都会脱落大约 1 克的死皮，这些小虫子就以死皮维持生存。在过去的几十年里，室尘螨的数量越来越多。地毯（尤其是厚厚的羊毛毯）深得室尘螨的喜爱；配备集中供暖和双层玻璃的现代化房间成了它们繁衍生息的沃土。给房间通风和定期打扫房间都是值得一试的办法。然而，无论哪种办法都会让我不堪忍受，一方面是因为我讨厌做

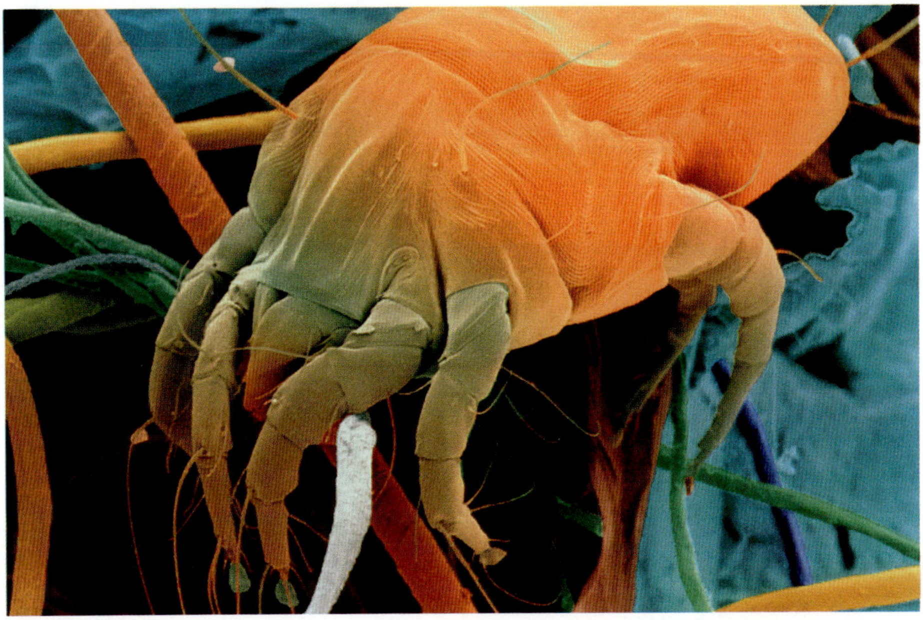

哮喘患者的大敌：渺小的室尘螨不断地吞噬人们脱落的死皮；每间房子里都藏着数以百万的室尘螨。

家务，另一方面是因为灰尘会诱发我的哮喘病，但把掸子弄湿的话至少还能防止扬尘。事实证明，避免与过敏原（比如室尘螨）接触可以预防哮喘病的发生。

饮食和锻炼：有的科学家把发达国家生活方式的变化与哮喘病发病率升高关联起来。随着人们积累的财富越来越多，饮食习惯却越变越糟了。这种关系听起来似乎很矛盾：在人们的食谱上，蔬菜、水果、黄油和油质鱼类越来越少（前两者含有宝贵的抗氧化成分），而人造奶油却越来越多了。那么饮食、体育活动以及肥胖与哮喘病到底有没有关系呢？人们认为摄入某些维生素，食用油质鱼类，服用 ω-3 补充剂，可以降低哮喘病风险并控制哮喘症状，是值得推荐的办法，但科学研究的结果却让人大失所望。想要弄清楚饮食和哮喘病的关系，科学家还要做更多的研究，可千万不能把它当作不注重健康饮食的借口！肥胖是诱发哮喘和慢性阻塞性肺病的危险原因之一。肥胖不但对肺功能会造成机械性阻碍，还可能让气管变得过度敏感。

越来越多的研究指出，体育锻炼是减轻哮喘的重要方法之一。这一结论并不出人意料：大多数人都知道哮喘患者锻炼时会发出哮鸣音，但是对体育锻炼于哮喘的预防作用了解得还不够。日常锻炼能明显减轻哮喘的影响，提高哮喘患者的生活质量。在美国，针对哮喘患者的医疗指南中就包括日常锻炼，但这条消息跨越大西洋的速度却异常缓慢。英国胸科协会制定的医疗指南中简单地提到了应该锻炼身体，让人难以置信的是，这条建议被归属在“补充与替代疗法”项目中，排在草药、针灸、离子空气净化器、顺势疗法、催眠疗法和按摩之后的第七位。运动可以改善哮喘病患者的健康状况，儿童多活动还可以防止成年后患上哮喘病。儿童缺乏身体活动可能是哮喘发病率上升的因素之一。

您可以这样做：有些该领域的研究人员提出了“过敏群体”的概念，把药物治疗和避免接触过敏原当作研究重点，这与我小时候治疗哮喘的经历十分吻合。

疑点重重：氧吧

氧吧是一种所谓的新兴“疗法”，旨在提高体能，消除疲劳，缓解压力，让你的身体达到“最佳的自然状态”。20 世纪 90 年代初，美国就有氧吧，这门生意在英国也有。顾客可以将氧气调成各种气味，比如苹果、芒果、草莓、西瓜、桃子、橙子、蔓越莓、薄荷、果味朗姆酒、青柠，甚至巧克力！为了应付那些格外挑剔的客户，氧吧还有不同颜色的鼻吸管可供选择。这个世界太疯狂了！

氧吧的广告词通常都很空洞、很模糊，只提及体能水平和放松作用，却决不从医学效能的角度谈吸氧对健康的好处——因为根本没有科学依据能支持这一观点。如果一个人健康状态良好，肺功能正常，那他完全可以从空气里摄取到身体所需要的氧气（空气的含氧量约 21%）。当然，医院里的患者也许有需求，但也只是那些血液中含氧量极低，可能会有生命危险的患者才需要。吸氧过多对身体也有害处。在医院中，患者如果吸入过量的氧气可能产生氧化应激反应（参考本书 239 页）。长期处于氧气浓度过高的环境，对人体的危害实际上非常大，会导致心跳过缓、眩晕，甚至产生幻觉并失去意识（实际上，事实与氧吧广告号称的“吸氧十分钟就能充满能量”完全相反）。另一个问题是添加到氧气中的香氛可能刺激肺。虽然没有确凿的证据能证明少量吸氧对健康人会有什么危害（当然对钱包的危害暂且不提），但吸氧对心肺疾病患者来说非常危险。我曾经体验过氧吧，除了鼻吸管插上之后不太舒服还有股怪味以外，对我来说毫无效果。

这要从我第一次去看治疗过敏的专科医师讲起：他用已知的过敏原接触我手臂上发痒的地方，通过肿起的瘢痕推断出我究竟对什么物质过敏。好吧，结论是不论什么东西几乎都能让我过敏——猫、狗、花粉、屋里的灰尘、室尘螨等。我当时还想过将来恐怕要生活在类似美国航天局的密封舱的环境里了！哮喘就是这样一种病，而我却没什么能主动控制的办法，能做到的只有避免接触各种东西（包括室内灰尘、花粉以及体育活动）以及服用药物，我的生活完全依赖于一支蓝色外壳的小型雾化吸入器。对于一个不喜欢上体育课的 7 岁小姑娘来说，哮喘是一个很棒的逃课借口。多亏错过了体育课，我以放学之后遛狗、爬树的方式补偿了身体所需的运动量。幸运的是，我长大的地方周围有一座树木茂盛的大公园，而且家里还养了一只狗。这就意味着我每天都要到公园去。我花掉很多时间在丛林里玩耍，在小溪里弄得全身都是泥巴，对我来说户外活动比在屋里看电视更有趣。

作为一名成年哮喘患者，我的定期体检报告内容肯定涉及体育锻炼，但是检查的真正重点却在于我是否“病况良好”或者是否定期吸入类固醇。我的角色再次变成了一名被动防御者——继续避免接触过敏原，服用各种药物。

当然，我并不是说所有的哮喘患者都应该把他们的雾化吸入器扔到一边，或者弄清过敏原，这样做不但毫无意义而且不负责任。避免接触任何引发哮喘的物质是常识；雾化吸入器既能减轻肺部炎症，又能缓解哮鸣，让患者轻松不少。哮喘病全面发作时，雾化吸入器可以救人一命。但是，如果体育锻炼对改善肺部健康的作用如此重要，那么将体育锻炼作为控制哮喘的主要方法还是很合理的。这是一种能改善健康情况的积极办法，可以在对抗哮喘的诸多方案中占主导地位。

五条保持肺部健康的方法：

- 不要吸烟——吸烟会提高患上肺癌、支气管炎和慢性阻塞性肺病的危险。
- 经常锻炼、健康饮食、减轻体重可以减少患哮喘和慢性阻塞性肺病的可能性。
- 保持室内洁净，经常通风，避免屋内滋生生物污染物（比如霉菌孢子和室尘螨）。
- 避免室内化学污染，比如空气清新剂、香氛蜡烛、杀虫剂和香烟的烟雾。
- 减少接触室外污染物，比如汽车尾气和烟尘。

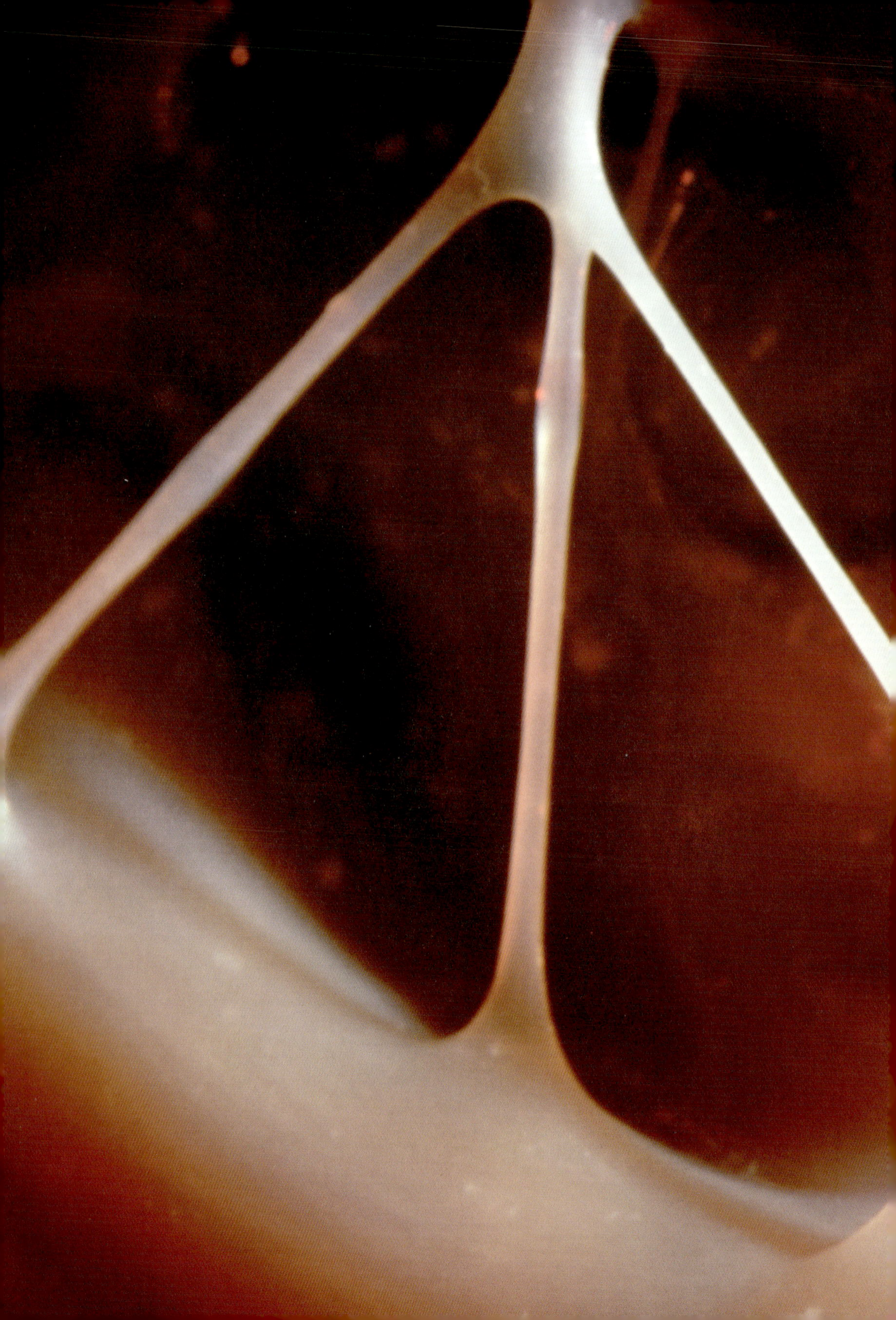

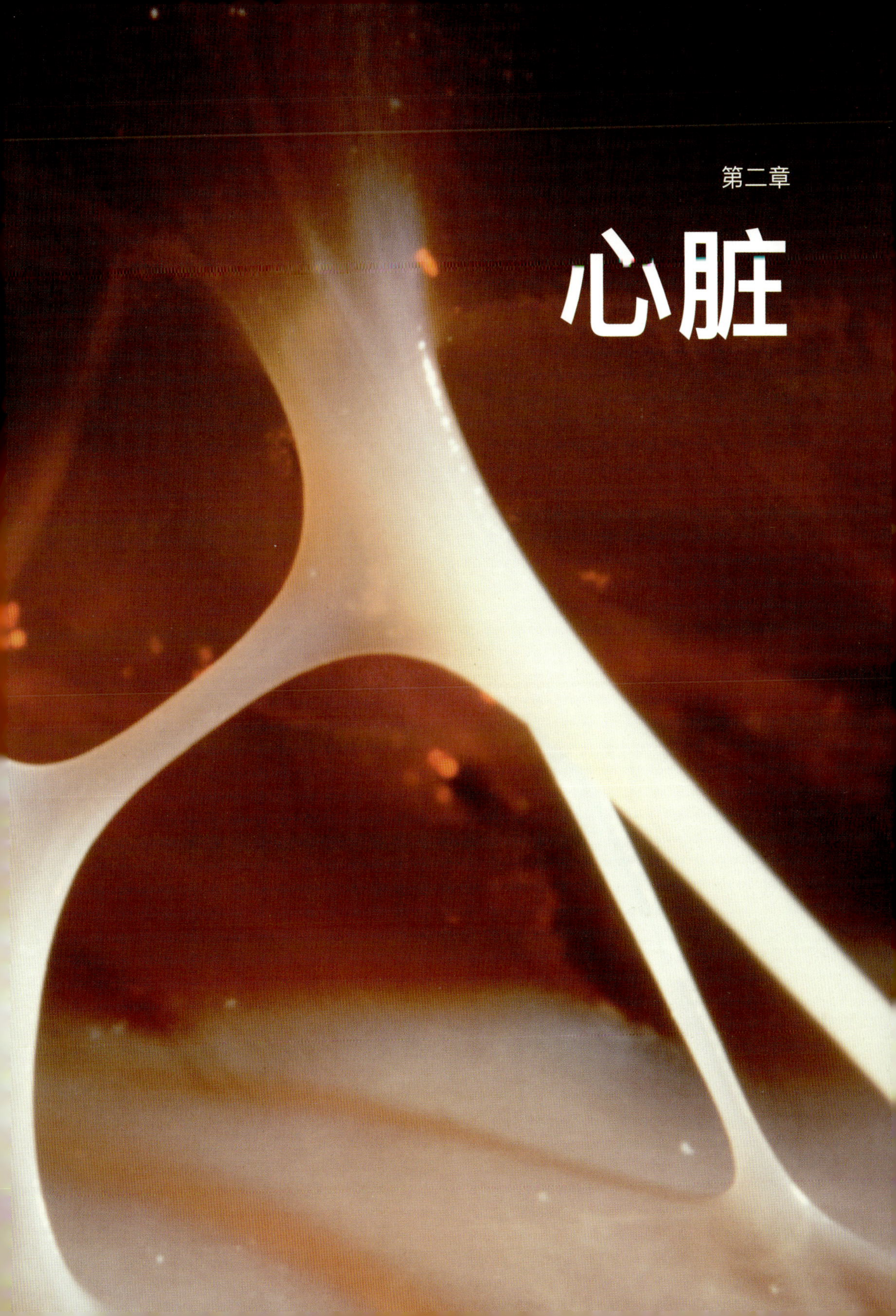

第二章

心脏

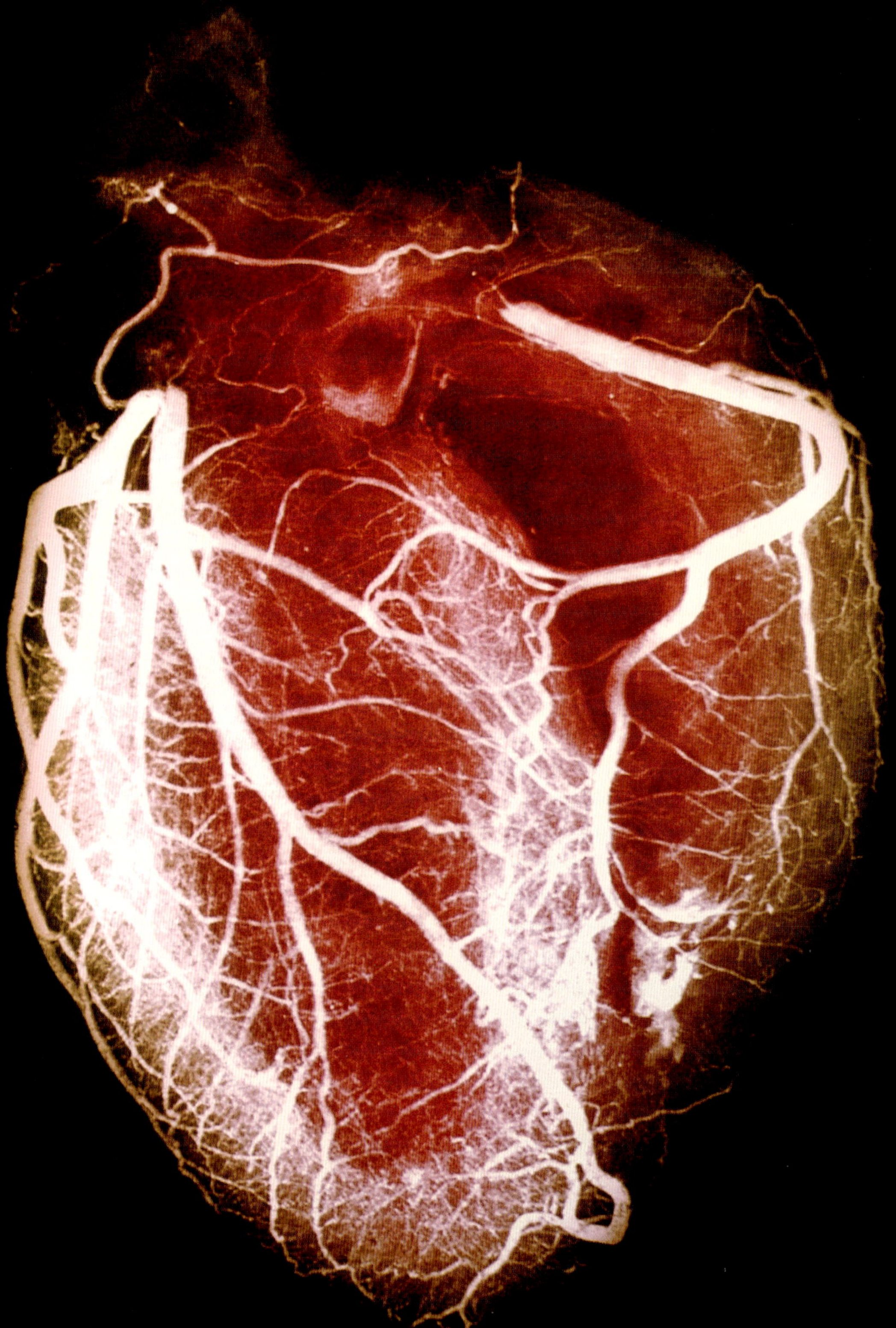

空气进入人体后在肺内与血液中的气体互换，吸收氧气并排出二氧化碳。可想要血液从肺部流向全身为各个部位并输送氧气，必须得有一个器官能推动血液循环才行。这个器官就是心脏。

心脏把血液“泵向”全身各处，为身体输送氧气。遍及人体周身的血液循环系统承担了传输任务，血液中既含有从肠道吸收来的营养物质，又有能够抵抗感染的白细胞，还有能提供身体情报的化学物质——激素。与超市配送货物不同的是，血液循环还负责将身体中的废物代谢掉。

心血管系统（心脏和血管）是一套极其复杂的管道网络，维持着心脏泵血的循环。血管狭窄或者血管堵塞是某些心血管系统疾病的根源。

P42–43 图：肉眼就能看见起牵引作用的肌腱，它们是协助心脏瓣膜工作的腱索。

左图：左右冠状动脉的分支环绕心脏，为心肌输送氧气，维持心脏跳动。

心脏在哪里？

心脏与双手握成拳后叠在一起的大小差不多。心脏位于胸腔中部略微偏左的位置上，男性的心尖（心脏左下端的尖部）在体表的投影与乳头高度平齐，但女性们就没办法以这种标准做比较了。

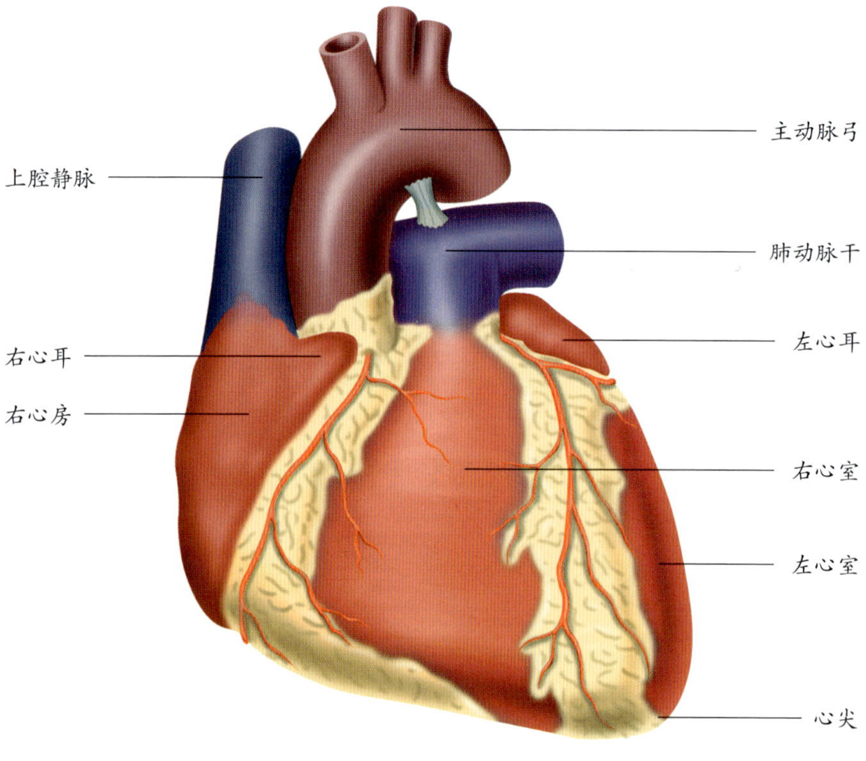

泵：将缺氧血液泵送给肺，含氧血液输送到身体其他部位。

心脏如何工作？

心脏连接静脉和动脉，静脉将回流的血液收入心脏，动脉把心脏泵出的血液运往全身。心脏分为四个腔：左心房和左心室，右心房和右心室。心脏左右两侧的血流彼此独立：静脉血含氧量低，通过右半心泵送到肺；从肺部回流的动脉血含氧量高，通过左半心输送到全身各处。左右半心协同一致，两只心房几乎同时收缩，两只心室也步调统一。

心房是血液回到心脏后经过的第一个部分。心房上还长着一个奇怪的附属物，外观有点像耷拉下来的耳朵，它们被称为“心耳”。心房内壁光滑，但心耳内壁却满是褶皱，非常奇怪。这种皱巴巴又有盲端的小东西却长了在心房上面，有点不合适。从心耳的外观看来，就像一条注定会堵塞的死胡同，里面的血液似乎容易凝成血栓。说实话，虽然心耳在储血方面有一定作用，但确实很容易形成血栓。

右心房一侧的房间隔（左右心房间的隔膜）上有个椭圆形的凹陷，这就是卵圆孔留下的痕迹（其实就是“洞”，在我们常用的解剖学术语中称之为“孔”)。胎儿的心脏长有卵圆孔，血液穿过卵圆孔从右心房直接流向左心房。因为来自胎盘的含氧血液进入胎儿右心房后，需要以极快的速度流到左半心再输送给各个组织，所以才会有卵圆孔存在。也可以说，血液绕开了肺部直接从卵圆孔这条“捷径”中通过。卵圆孔在新生儿第一次呼吸时就应该闭合，就像阀门一样。卵圆孔未闭合是一种严重疾病,有的人出现“阀门”故障,那他的心脏就真的开了个“洞”。如果未闭合的孔很小，可以不必重视；如果稍微大一点，那就得通过手术缝合。

两侧心房各自有一扇通往心室的闸门，被称为“瓣膜”，连结右心房与右心室的是三尖瓣，连接左心房与左心室的是二尖瓣。二尖瓣又叫“僧帽瓣”，因为两个瓣尖排在一起看起来有点像主教戴的冠。瓣膜的边缘与状似拉索的腱索相连，防止心室收缩时瓣膜外翻。由此可见，心弦是确实存在的。

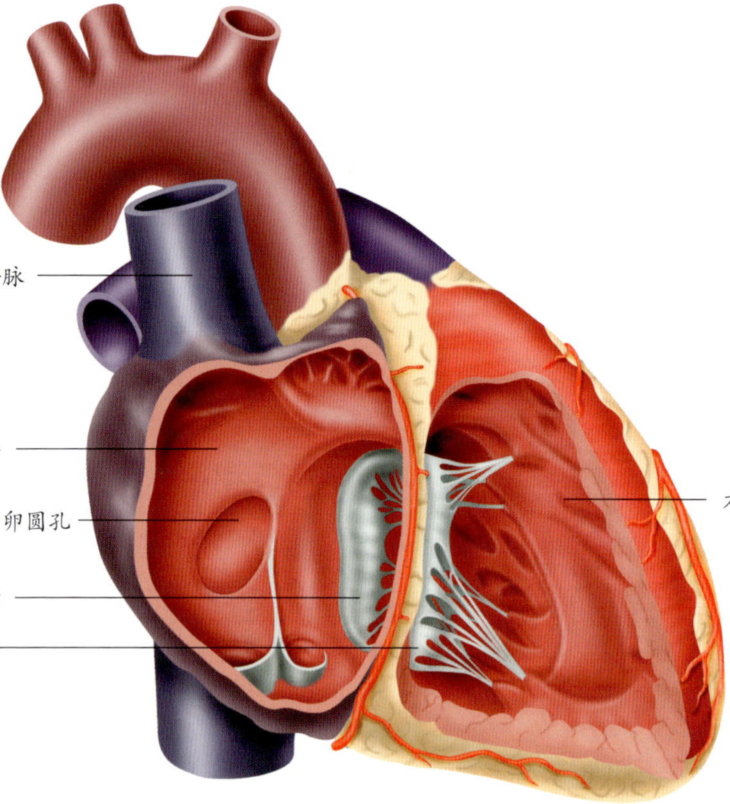

心脏解剖图：被“切开”的右心房和右心室。图中描绘的是三尖瓣在两次心脏搏动之间的状态，血液流入右心室，心室收缩后三尖瓣再次闭合。

“室”这个词说明这是一个中空的部位。心室的内壁肌肉粗糙，左心室壁的肌肉厚度大概是右心室壁的 3 倍，所以左心室收缩能产生更大的压力。心脏需要有足够的压强把血液送往身体各处（血液从左心室泵出），不论是大脑、指尖，还是脚趾，都得有血液通过。如果肺循环中血压过高（血液从右心室泵出），毛细血管中的血液可能被挤进肺泡，心力衰竭就属于这种情况。心脏无法快速有力地泵出血液，同时肺内压力升高，患者的肺泡中充满了体液导致呼吸困难。当咳出的痰液呈泡沫状时，事态就十分危急了。但患者可以使用药物缓解病情，增强心脏的力量。

心跳是怎样发生的?

心脏和肺一样，都不受自主意识控制。平时的心脏搏动根本不受大脑约束——潜意识也与此毫无关系。心脏是一个完完全全的自控器官，心肌是一种特殊的不随意肌。与组成其他器官和血管壁的梭形平滑肌细胞完全不同，心脏细胞呈网络状排列。

这张网可以迅速地传导电荷，就像大火从森林里一卷而过，随之而来的是心肌收缩。究竟是什么促成了心肌收缩呢? 右心房的顶端有一簇特殊的心肌细胞，

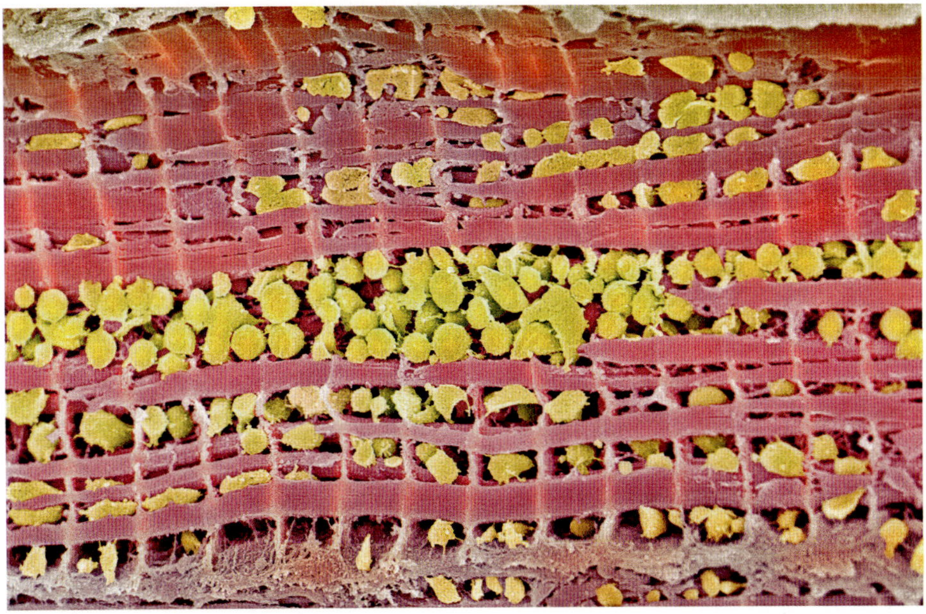

心脏肌细胞的内部：细胞内堆积的蛋白质束（粉色部分）可以使细胞收缩，填充在间隙里的是线粒体（黄色部分），它们是微型细胞发电站。

可以自动改变电荷运动方向，频率在每分钟 70 ~ 80 次。每次放电都会刺激心房收缩，将血液传输到心室。

心肌收缩的原理远不止这些。由于心室收缩先从底部开始再传到上部，电流要先迅速地沿着心房传导到心脏底部后才能释放出来。瓣膜纤维呈环形，在心房和心室间起绝缘作用，阻止电流通过。但也存在例外。有一小片区域中存在一组特殊的细胞，它们将电流引向心底的一簇细胞，这些细胞又分出几束纤维与心内膜下方相接。心内膜下方的细胞放电引发心室底部收缩，压力让血液上涌进入大动脉，流出心脏（心脏左侧的是主动脉，右侧的是肺动脉）。

把电极贴在胸部能捕捉到心脏的生物电活动，这就是心电图（ECG）的工作原理。从心电图的波形能看出心电依次通过心房和心室，然后心脏复极，电荷状态恢复后准备下一次放电。医生能从心电波形的变化判断出心脏哪个位置有问题：比如，如果心脏病发作造成某个部位心肌坏死的话，就会改变波形。

心脏里的“线路”有时也会出毛病，可能是先天性原因造成的，也可能是心脏受损造成的，比如心脏病。心脏受损会导致心律失常，让患者感到头晕目眩，心悸，重者甚至昏厥。心律失常严重时能干扰心腔各腔室的正常收缩顺序，致使心脏输出血量不足（也就是心力衰竭），或者根本不能输出血液。

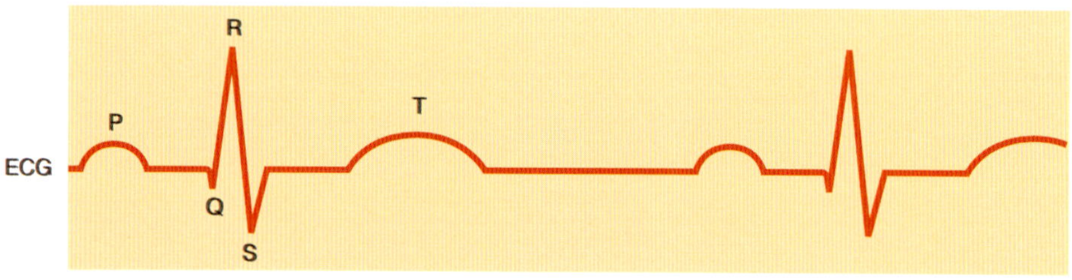

心电图：P 波代表电流通过心房，间隔一段时间后，电流通过心室（QRS 波），心脏复极后出现 T 波。

心脏瓣膜控制血液的正常流向。心脏处于两次搏动之间的舒张状态时，血液会涌入心房，再穿过下方的二尖瓣和三尖瓣流进心室。心房收缩时，涌入心室的血量更大。接下来心室收缩，随之产生出压力让二尖瓣和三尖瓣恢复关闭状态，迫使血液穿过主动脉和肺动脉流出心脏，防止反流入心房。等心室再次舒张时，血液在主动脉瓣和肺动脉瓣的阻隔下无法向心脏逆流。主动脉瓣和肺动脉瓣都分别有三片瓣膜。血液反流时，瓣膜就变得鼓鼓囊囊的，紧紧地闭合住。

实际上，所谓的“心跳声”不是心肌收缩的声音，而是心脏瓣膜关闭的声音。我们先听见的是二尖瓣和三尖瓣同时关闭发出“嘭”声，然后听见的是主动脉瓣和肺动脉瓣关闭时发出的“嗵”声，所以心跳的声音是“嘭嗵……嘭嗵……嘭嗵……”

情动于心

人们过去认为情感发源于心脏，这种说法产生的原因应该不难理解。虽然心脏是由自主控制的器官，但来自大脑的信号（并非有意识地发出的信号）也能让心跳加快或者减慢。信号沿着自主神经传递，人们感到紧张或者害怕时，心跳就加快；感到放松时，心跳会放缓。

心跳速度的快慢与人体组织的需求有关。如果一个人感到害怕，身体会准备逃离或者应战，这些反应都需要肌肉的配合。所以说，自主神经兴奋和分泌肾上腺素都会引起心跳加速，向准备调动的肌肉中泵入更多血液。胸膛传出的心跳声看似“情之所至”，实际上其中的机制合情合理，给人类创造最佳的生存机会。对儿童和青年来说，自主神经有时产生奇怪但还算正常的心率，吸气时心跳加快，呼气时心跳减缓。

人在运动或者感到紧张和害怕时，人体组织对氧气需求量增加，因此心跳加快。心脏的本质是肌肉，所以可以通过日常锻炼变得更强壮。运动员的心跳普遍较慢，甚至有时一分钟不到 60 次，这是因为锻炼提高了他们心脏的效率。

氧气如何进入心脏？

心脏需要富含氧气的血液来维持正常工作。血液通过主动脉分出的两条冠状动脉流入心肌，它们与主动脉瓣的上端相连。左右两侧的冠状动脉把心脏包裹在中间，分支出的血管与心脏下端直接相接。只要心脏还在泵血，就能向人体的每一处组织、每一个细胞持续不断地提供最关键的补给物质；但心跳一旦停止，人体就全乱套了。大脑是人体中氧气和能量消耗得最多的器官，一旦得不到补给，几分钟就罢工了。如果心脏不能迅速恢复供血，大脑就会受到永久性损伤。

常见的心脏病及防治方法

最常见的心脏病就是冠心病，它能诱发心肌梗死，而且发病原因与生活、饮食习惯有很大关系。冠心病是西方国家所面临的最严重的健康问题，虽然有的人受遗传影响容易发病，但还是可以通过健康的生活和饮食习惯降低患病的风险。除冠心病外，健康的生活习惯还能降低其他心脏疾病的风险，比如高血压、心律失常、心力衰竭和深静脉血栓（DVT）。

冠心病

想要弄清楚心脏病的病因，就得对心脏解剖知识多少有些了解，因为这些患者心脏有一点设计缺陷。正如前文所说，两条冠状动脉及其分支出的血管把氧气输送到整个心脏，但它们彼此没有连接。所以说，如果其中一条冠状动脉或者分支出的血管被血栓堵塞住，血管里的血液就无法流向心脏的其他通路，只能被阻滞住，最终导致这块心肌缺氧死亡。心肌梗死在医学上被称为“心肌梗塞”（缩写为“MI”）。“心肌”顾名思义，就是“构成心脏的肌肉”；“梗塞”这个词有点抽象，字面上讲是“堵塞”的意思，这里指血栓堵住了冠状动脉。

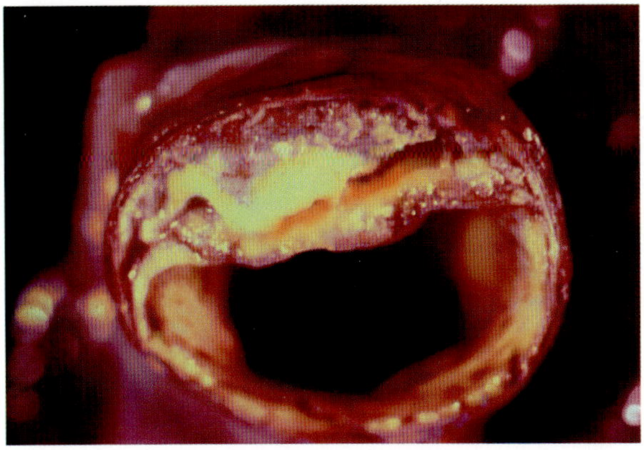

动脉粥样硬化：患有动脉粥样硬化的动脉壁，堆积的黄色脂肪导致动脉变窄。

即使血管没有被堵塞，如果动脉狭窄也会造成血流量减少而引发其他问题。心脏在剧烈搏动的情况下（比如锻炼身体）所需要的血液就比静坐歇息时要多得多。一旦发生动脉狭窄，心脏无法获得全部所需血量（当然还有氧气），所以会像抽筋一样地疼。患者可能误以为这种来势汹汹的疼痛源于肩膀或者脖子（由于支配心脏的神经还同样负责肩膀和脖子，大脑就会分不清疼痛信号到底是从哪个部位传来的），这就是心绞痛。发生冠状动脉狭窄时，全力工作的心脏无法满足自身的氧气供应，就像一场自我“扼杀”。

那么怎样保养自己的心脏呢？不妨从预防冠心病开始吧！首先，我们需要让冠状动脉维持良好的通畅状态；其次，减少血液形成栓塞的可能性。

如果脂肪斑块在动脉血管壁中堆积导致动脉狭窄，那么这条动脉很可能被血栓彻底堵住了。这些堆积在一起的脂肪被称为“粥样硬化”，发病部位并非在动脉血管壁的表面而是在动脉内膜里面（“动脉内膜”是个很恰当的词，本质上就是动脉的“内衬”）。“动脉粥样硬化”（由粥样硬化引发的动脉狭窄）可能由动脉内膜损伤诱发，可能的发病原因有感染、毒素（比如香烟的烟雾）、高血糖以及高血压导致的机械性损伤。白细胞寻找到受损害的内膜后进入其中，然后产生一系列的神奇变化：白细胞对胆固醇的执着很古怪，它们会吸纳大量的胆固醇直到装满所在位置，变成鼓鼓囊囊的大口袋。在显微镜下，它们看起来像鼓胀起来的泡沫，因此被称为“泡沫细胞”。

动脉内膜上的泡沫细胞聚在一起，形成了脂纹，最终发展成纤维斑块。斑块引发动脉狭窄时尚不危险，但斑块状态不稳定时，真正的危险就出现了。如果斑块的表面出现裂痕，伤口就会凝结出血栓（就像手指割伤后会结痂）。血栓的形成速度很快，可能完全堵塞冠状动脉，诱发心脏病。人在剧烈运动或者感到紧张时，血压急剧升高，导致斑块破裂并形成血栓。除此之外，从其他部位的血栓上分离出的血块流入动脉也造成堵塞。从血栓上分离出来的血块可以顺着血液四处流动，它们被称为“栓子”。当栓子进入粥样硬化的血管后，就会卡在发生病变的位置，阻塞动脉。

“好胆固醇”和“坏胆固醇”：如果动脉粥样硬化斑块中含有胆固醇，患者就得减少胆固醇的摄入量以防心脏病，比如说少吃蛋类。这就是 20 世纪上半叶“膳食—心脏假说”的核心观点，胆固醇从此迅速变成了头号公敌。随后，根据生物化学的研究结果，胆固醇在血液中以轻重不一的球体形态传输。问题更复杂了。看来，两者间的平衡和血液总胆固醇含量对防治心脏病至关重要。“坏胆固醇”（重量小的低密度脂蛋白）相对水平高，会增加患心脏病的风险；而“好胆固醇”（重量大的高密度脂蛋白）相对水平高，会降低风险。

饮食中的胆固醇含量对血管内胆固醇总量或者胆固醇的存在形式似乎没什么影响，需要注意的是食物中的脂肪含量，尤其是饱和脂肪酸含量。饱和脂肪经常以固态存在，常见于黄油、猪油、肥肉、奶酪、蛋糕和巧克力中；不饱和脂肪酸经常以液态存在，橄榄油和菜籽油都含有丰富的不饱和脂肪酸。饱和脂肪酸——尤其是反式脂肪酸，会导致血液中“坏胆固醇”水平的增高。

人们真正需要了解的是反式脂肪酸会破坏“好”“坏”两种胆固醇的平衡，所以要尽量避免食用。我们食用的大部分反式脂肪酸都是通过油炸、烘焙的手段人为制造的；除此之外，还有经过氢化的植物油，它们更加稳定，比如人造黄油。反式脂肪酸同样也存在于天然食品中，比如牛奶、奶酪、鸡蛋和肉。就现况而言，英国相关机构建议人们反式脂肪酸的每日摄入量应低于 5 克，少吃油炸食品和加工食品就能达到标准。添加剂含量越少的食物越值得购买。

地中海式饮食：减少脂肪摄入量并且确保食用健康的脂肪就可以保持心脏健康。饱和脂肪酸与心脏病的关系不言而喻，地中海式饮食是指食用橄榄油和大量的蔬菜、水果。经证明，这是一种能大大降低心脏病发病率的饮食习惯。水果和蔬菜起到非常重要的作用，因为它们富含维生素和抗氧化剂，可以降低冠心病和其他疾病的患病风险。如果“坏胆固醇”被氧化，被动脉内膜吸收的可能性更大。抗氧化剂能防止胆固醇被氧化，因此有减缓动脉粥样硬化的效果。英国卫生部建议人们每天要吃五份水果、蔬菜。这是一条由经验总结而来的建议，其实您可以尽可能地多吃新鲜水果、蔬菜，不必拘泥于数量！

研究还提到了地中海式饮食的几样食材，比如大蒜和洋葱，对心脏病、高胆固醇和高血压可能有独特的预防效果；坚果，尤其是杏仁和核桃，包含丰富的抗氧化剂，有助于提高血液中“好胆固醇”的水平。苹果、洋葱和红酒（还有茶叶）中含有黄酮醇，这是一种功能强大的抗氧化剂，可以显著降低冠心病患者的死亡率。有趣的是，虽然有大量资料能证明水果和蔬菜对人有益，却没有任何证据可以说明维生素或者抗氧化剂类的补品在防治冠心病方面有哪些作用。补充剂对不良饮食的弥补是有限的。

地中海式饮食的传统菜式中有各种各样的鱼，鱼油中富含 ω–3 脂肪酸。这个名字对了解有机化学的人来说可能并不陌生，但它到底是什么呢？这要先从它的分子结构讲起——现在我要穿越时空，以我当年优异的化学成绩为保证，用大学本科学过的生物化学知识在此解说，请大家相信。

好了，脂肪酸本质上是一条与许多氢原子相连的长碳链。ω–3 脂肪酸中，碳链最末端的 3 个碳原子由双键链接（ω–3 脂肪酸因此得名，ω 是希腊字母表中最后一个字母）。ω–3 脂肪酸与 ω–6 脂肪酸都是“必需脂肪酸”，不能由人体细胞合成，只能从食物中摄取。必需脂肪酸对人体的积极作用包括以下几个方面：放松、舒张动脉，降低血压和血糖水平，减少血栓风险，改善心脏功能。总而言之，对心脏健康有积极影响。不爱吃鱼的人和素食主义者也不必惊慌，你们同样可以从植物中获得身体所需的 ω-3 脂肪酸，比如亚麻籽油、菜籽油、绿叶菜，还有核桃。

地中海式饮食中,酒精对保护心脏也有帮助。酒精可以提升“好胆固醇”水平，降低“坏胆固醇”水平，从而削减血管内积累的动脉粥样硬化。酒精同样还能起到抗血栓的效果。需要格外注意的是,凡事应有节制。研究证明,每天喝适量酒(酒精度为 12% 的葡萄酒 80~160 毫升)酒能将心脏病发病率降低 40%，但若是一口气喝光整整一周的分量就对心脏没什么好处了(而且对哪个器官都没好处)。《我是医生，请相信我》的作者菲尔·哈蒙德医生，在这本内容丰富又好读的书中写道:周六酗酒根本不能提高其余六天的抵抗力。就心脏而言,偶尔饮酒没什么好处,因为酒精的正面效用只有一天的时限。滴酒不沾的人也不必动摇：对不喝酒的人来说，酒精对心血管的好处还不至于让人特意端起酒杯，对酒精过度依赖或者因为肝脏出现问题而戒酒的人尤其应该冷静。

适量饮酒对心脏有益，尽管法国人每天吃掉大量胆固醇和脂肪，但由于他们每天都喝葡萄酒，所以心脏病的发病率低于其他欧洲国家。根据统计数据，这一差距很明显：英国格拉斯哥的冠心病死亡人数是法国图卢兹的 3 倍。享受到这份健康馈赠的并非只有法国人，南欧国家的心脏健康程度整体高于英国及北欧国家。这就是葡萄酒的功绩：研究表明，葡萄酒对心脏的保护效果远远超过啤酒和烈酒。除了含有酒精之外，红酒富含能够抗氧化的黄酮醇，可以抑制早期动脉粥样硬化的形成。

锻炼心脏:锻炼对于保持心脏健康非常重要。定期做有氧运动(比如散步、游泳、骑车)可以增加心肌适应性，有助于降低血压。此外，锻炼对心脏的益处还

骑自行车是保持心脏健康的方式之一（但是我不知道图中这位伙计怎么骑车上坡，他骑的车没有变速齿轮）。

包括其他方面，定期锻炼与适量饮酒一样，都能降低血液中的脂肪和胆固醇含量，提升“好胆固醇”水平。定期锻炼能使血液不易凝结。近期一项面向健康年轻人的研究结果表明，经常运动的人和久坐沙发的人存在巨大的健康差异。虽然研究对象的年龄都在 40 岁以下，但是久坐沙发的人动脉已经很僵硬了，患冠心病的风险大约是经常锻炼的人的 2 倍。

对冠心病患者而言，锻炼至关重要：经常锻炼可以降低 25% 的发病致死风险，但运动量需要与医生再做协调。健康的人定期锻炼可以降低心脏病发病率；心脏病患者定期锻炼则可以降低死亡风险。

可是，运动量过大会导致斑块破裂形成栓塞，引起心脏病发作。那么，如何权衡锻炼的风险和益处呢？习惯久坐不动的人突然大量运动，很容易发生危险。血流突然加速不但容易引发斑块破裂，更有可能形成血栓，因为他们的血管溶解栓塞的能力并不突出。对每天运动的健康人来说，做运动时心脏病发作的可能性较低。经常锻炼可以缓解心跳加速，防止血压突然升高，而且不容易患血栓，自然清除血栓的能力更强。身体状态不好的人做任何剧烈运动——包括性行为，都可能有危险；相对的，只要健康状态良好，不论是性行为还是其他运动，诱发心脏病的可能性就小很多了。缺乏运动与肥胖的关系显而易见，因此体重超标的人患心脏病的可能性更大已经不足为奇了。

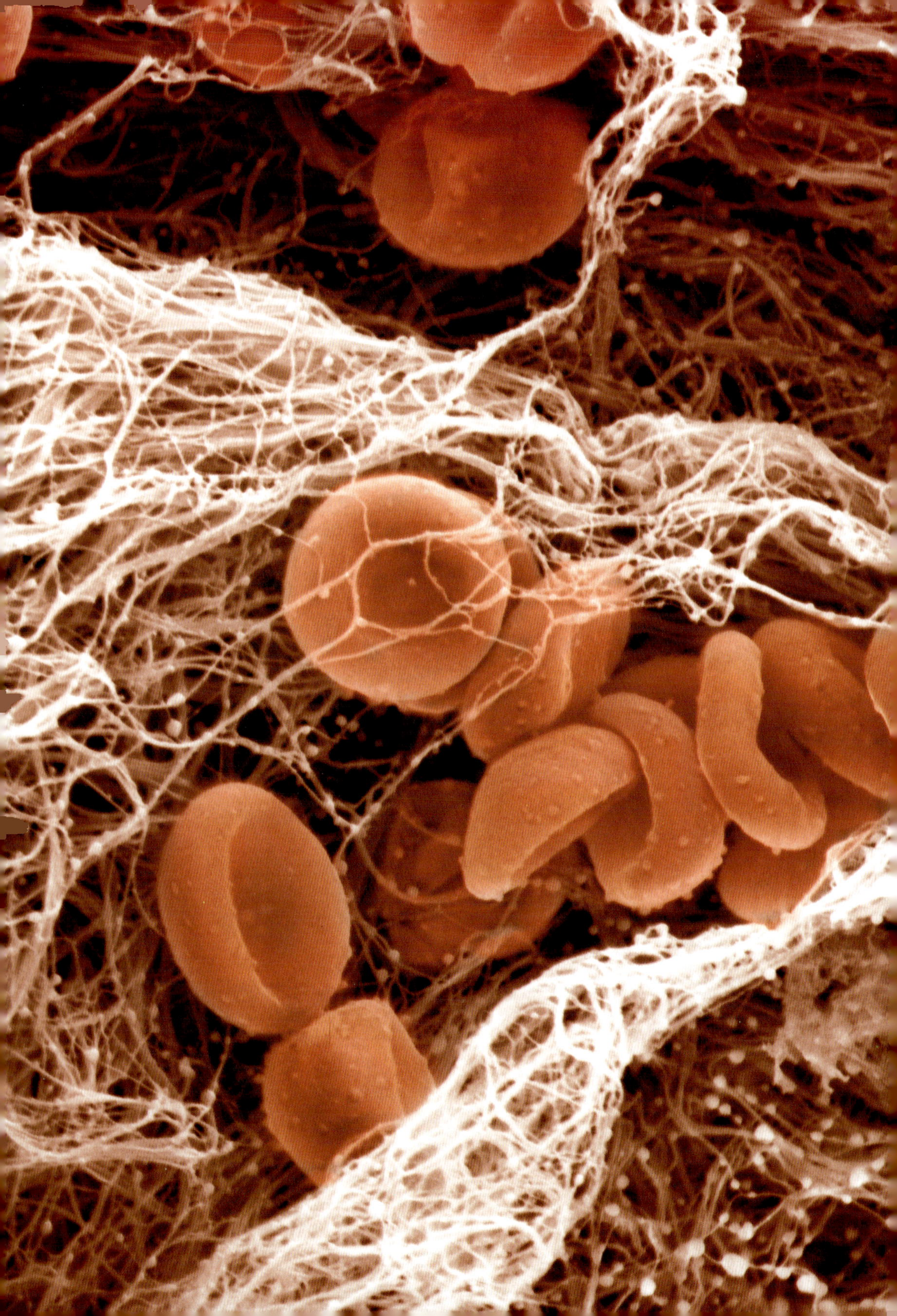

精神压力：我到目前为止讲到的都是生理因素，除此之外，精神压力也是引发心绞痛和心脏病的不容忽视的原因之一。精神压力的影响巨大，即使肉体处于休息状态，精神压力也能导致心肌供血不足。精神压力会激活交感神经系统，让心脏搏动得更有力、更迅速，但人体又没有做任何运动，所以这种反应根本没必要。精神压力同样会导致心律失常，虽然没有动脉栓塞，但心脏若无法有效搏动，还是会导致心肌缺血。精神压力让血液更容易凝结，而血块难以自然消除，这就意味着形成血栓的风险更大。愤怒、恐惧、焦虑都会增加心律失常、心绞痛和心脏病的患病风险。

香烟与毒品：可卡因和大麻会增加患心脏病的风险，两者都能导致心跳加速，其中可卡因还会导致动脉粥样硬化，引发动脉狭窄。吸烟就算不是导致冠心病的最重要诱因，也是关键因素之一。对心脏和动脉来说，吸烟百害而无一利：吸烟诱发动脉内膜炎，妨碍正常的动脉功能；吸烟与红酒的作用相反，吸烟能氧化“坏胆固醇”，促使其被动脉壁吸收；吸烟还能让血液更容易凝结。每天吸烟量越高，吸入的烟雾越多，心脏患病风险就越大。在英国，吸烟是导致患病和死亡人数最多的单一因素，而这一切原本是能避免的。请牢记，被动吸烟与主动吸烟一样，心脏患病风险都会增加。

以下情况取决于你：虽然一个人的基因组成影响患病概率，但很多情况下，是否会发病还要取决于自身行为。80% 患者的冠心病都是由“坏胆固醇”水平高、吸烟、糖尿病、高血压和腹部肥胖诱发的，这五种因素既是潜在因素，又是可变因素。换句话说，虽然年龄和性别让人无能为力，但以上几种因素却能人为掌

左图：凝固的血块。蛋白质纤维、血小板、红血球三者交缠成一张网，它们在某些条件下很快就会阻塞冠状动脉。

控：保持健康膳食，多食用蔬菜、水果，定期锻炼身体，戒烟以及适量喝酒都可以降低这五种因素造成的风险。有证据表明，健康的饮食和生活习惯发挥的综合作用要比它们各自展现出的作用要大得多。全方位的健康生活是保持心脏健康的关键。这条建议对冠心病患者也同样适用。改变饮食和生活习惯，尤其是戒烟，能减缓心脏病病情恶化，降低心脏病发作的死亡风险。至于证据，已经多到不胜枚举了。

高血压

高血压同样能增加心脏病的发病风险。血压升高会破坏动脉粥样硬化的斑块，长期患高血压会对心肌有影响。患者的心脏的搏动必须更加用力，高血压会引起左心室肥大，多出来的肌肉让心脏需要更多的氧气。

高血压是由血管问题引发的，包括血管内膜和血管壁肌肉的病变。自由基通常是过度反应的氧分子，它们可能会损伤血管内膜。一氧化氮是一种很有用的小分子，可以让动脉保持扩张的状态，而自由基能使一氧化氮失去活性。一氧化氮缺乏活性导致动脉收缩，但通过血管的血流量却没有变化，所以血管内部的压力就会增加。自由基引发的其他问题也能导致高血压：它们损伤血管内膜，氧化“坏胆固醇”使其更容易被血管内膜吸收，还会提高血液的葡萄糖水平。抗氧化剂通过中和这些分子形态的“定时炸弹”与自由基抗衡，让“战场”上有更多的一氧化氮，从而保持动脉的通畅，控制血压升高。

高血压会增加患心绞痛、心脏病等许多疾病的患病风险。如果医生给一个人测量手臂血压时发现数值很高，就说明他身体内所有动脉、所有器官的血压都高。高血压意味着患者罹患脑卒中的概率要高出健康人 6 倍，更可能造成四肢动脉变窄，还会危害肾脏。

如何控制血压是个非常关键的问题。改善生活习惯可以降低血压，防治冠心病的生活方式十分值得参考：保持健康饮食，维持日常锻炼，减轻体重，还有戒烟。想要降低血压，就得减少盐摄入量，多吃水果、蔬菜、饱和脂肪含量低的坚果和乳制品；减少咖啡因和酒精的摄入量也有益于降血压（有证据表明，每天饮酒量超过 3 杯的女性和每天狂饮 4 杯以上的男性血压容易升高）。虽然服用某些药物可以迅速降血压（比如利尿降压药和 ACE 抑制剂），但患者若能同时改变生活和饮食方式的话，降压效果会更好。在某些情况下，只对饮食习惯加以改善就取得了与服用药物同样的效果。

降血压饮食的关键有点类似于数千年前的饮食习惯：多摄入钾元素，多吃水果、蔬菜、瘦肉和鱼类（ω-3 脂肪酸还能促进一氧化氮的合成，有助于动脉保持通畅）；少摄入钠元素，少吃饱和脂肪和胆固醇含量高的食品。维生素 C 和来自植物的类黄酮（葡萄酒、大豆、甘草及许多种类的水果、蔬菜中都含有类黄酮）抗氧化效果显著，有助于清除自由基，舒张动脉。大家先别急着买补品，你们完全可以从各种各样的食物里获得抗氧化剂（主要是水果和蔬菜）；多吃这些食物，你们就能获得身体所需的各种维生素和抗氧化剂。相同重量的蓝莓与维生素 C 补充剂，前者所含的抗氧化剂效果更加明显。

好像有些食物在降血压方面有特殊的疗效：芹菜、山楂（我觉得有点神奇）、大蒜、紫菜、金枪鱼、沙丁鱼、蛋黄，还有富含纤维素的食品。就防治高血压而言，所有既含维生素又含抗氧化剂的食物都比只含单一种类养分的补品更胜一筹。对于缺乏特定种类维生素或者营养物质的高血压患者，可能需要根据实际情况服用补品。比如，辅酶 Q10（通常缩写为“CoQ10”）是一种重要的抗氧化剂，但人们很难从饮食中获取。人体内辅酶 Q10 水平低会导致高血压、冠心病和糖尿病，一旦缺乏，医生会建议患者服用含有辅酶 Q10 的补品。

人体每天至少需要摄入 0.5 克左右的钠元素，而美国人的平均摄入量超标 9 倍，有的人甚至每天吃掉 20 克的钠，达到最低摄入标准的 40 倍！事实证明，少吃盐对降血压非常有效。但是严格限制钠的摄入也会使得身体缺少其他物质，比如钾和钙，反而导致血压升高，人体各元素保持平衡才是关键。事实证明，最有效的降血压方法是，在逐步减少钠摄入量的同时，多吃蔬菜、水果、低脂乳制品和富含纤维素的食品。盐分和高血压之间的关系已经是老生常谈了，其原因至今仍众说纷纭。对健康人而言，食盐的弊端被宣传得有些过分了，盐依然是餐桌上的主要调味料。人们从盐中摄取的钠元素不但是细胞和细胞液的重要组成部分，而且对人体肌肉收缩和形成神经冲动也有不可忽视的作用。盐和胆固醇一样，总是被人冷眼相待。实际上，只要食用量不超标，盐和胆固醇就不会给人体带来任何伤害；只要合理食用，它们也是健康饮食的重要组成部分。

静脉曲张

我在上文中一直讨论心脏与动脉的问题，现在让我们抓紧时间讲讲静脉，以及常见的静脉疾病有哪些。

在拉丁语中,“曲张” 这个词的意思就是 “扭曲”。静脉曲张指的是浅静脉——尤其是下肢浅静脉，变得弯曲又肿胀。静脉里长着很小的瓣膜，它们可以防止血液逆流。心脏搏动带来强劲的脉压和动脉血，犹如一条急流涌出心脏。相比之下，静脉血向心脏回流，流速就慢很多。下肢静脉里，血流克服重力向上流，因此很容易出现血流缓慢甚至停滞的情况。下肢深静脉位于几块腿部肌肉之间，肌肉收缩挤压血管推动血流，而静脉瓣能保证血液流向正确：向着上方的心脏进发，而不至于倒流。

皮肤下层的浅静脉与肌肉间的深静脉是互相连通的，有些静脉瓣的任务是确保血液从浅静脉流向深静脉，不至于误入歧途。但静脉瓣出现故障的话，就会导致血液淤积在浅静脉，造成浅静脉和静脉瓣扩张，淤积的血液就更多了，造成恶性循环，这就是静脉曲张的病因。如果静脉受压迫，下肢血液很难上流，发生静

右图：这张彩色的血管造影片（方法是在拍摄 X 光前向静脉注入染料）中，小腿肚上的血管出现静脉曲张。

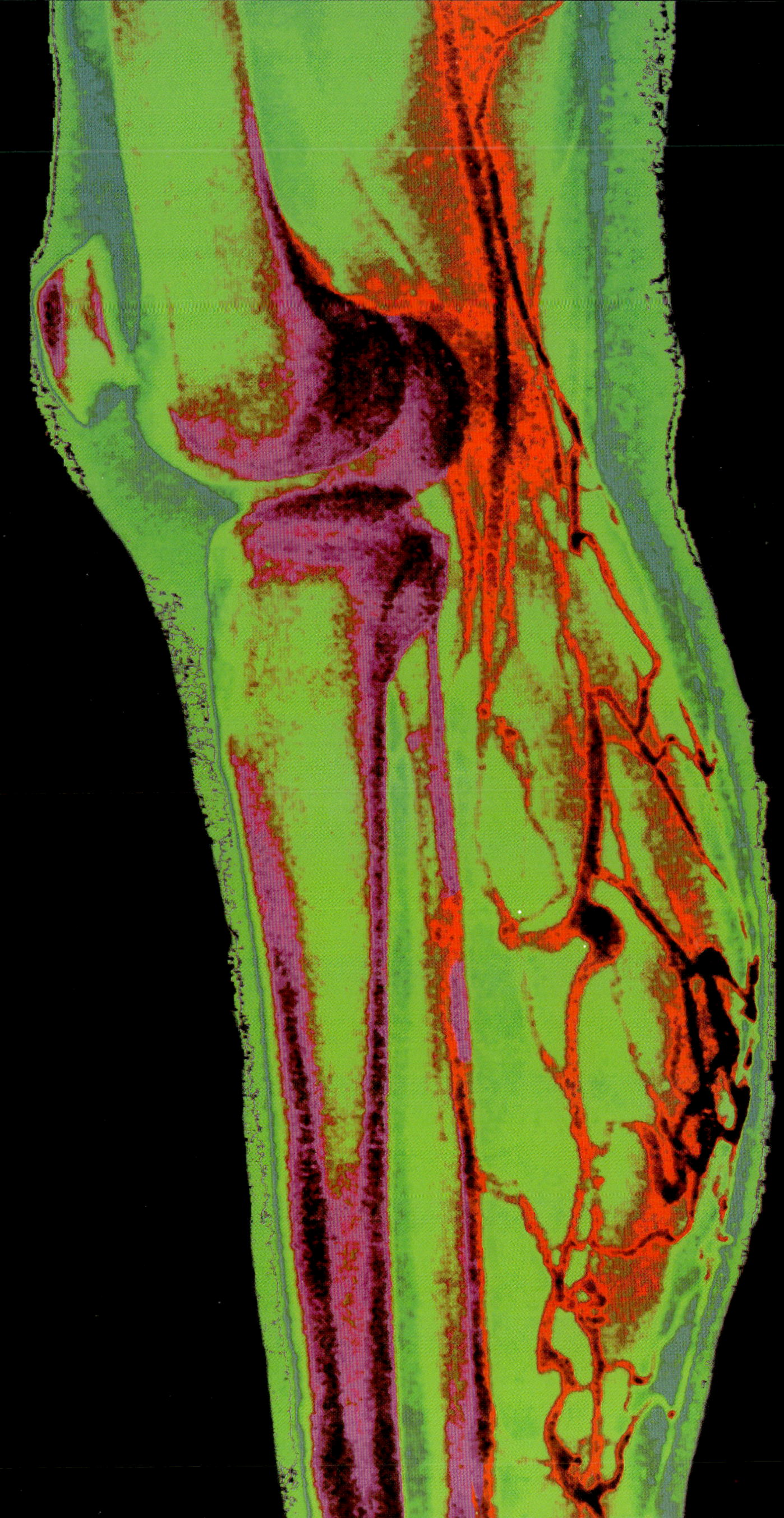

脉曲张的可能性会更大，孕妇和过于肥胖的人也许会出现这种问题。减肥和运动可以保持腿部肌肉的收缩力量，从而降低静脉曲张的发病风险。

深静脉血栓

深静脉血栓（DVT）是各个媒体的热门话题，因为长途飞行很容易引发深静脉血栓。血液在某条下肢深静脉凝结成块后，就形成了让患者们苦不堪言的深静脉血栓。血栓有脱离的风险，这让人分外担忧。血栓一旦脱离可能沿着血管进入心脏，穿过右心房和右心室流入肺部，堵住比较细小的动脉，引起“肺栓塞”。虽然某些遗传因素可能会造成肺栓塞，比如有的人血液容易凝结；但像吸烟、肥胖、久坐不动这类人为因素，还是要尽量避免。长途飞行的乘客们在座位上久坐不动，所以要格外留心深静脉血栓。

五种保持心脏健康的方法：

- 不要吸烟。

- 采用地中海式饮食，多吃水果、蔬菜、麦片、全麦面包、低脂乳制品、油性鱼类、瘦肉，还有坚果（尤其是杏仁和核桃）；减少脂肪摄入量，用不饱和脂肪代替饱和脂肪（用橄榄油代替荤油）；少吃盐。

- 喝酒——要适可而止，不能一醉方休！女性每天喝一两杯（酒精度为 12% 的葡萄酒 80~160 毫升），男性不要超过四杯（酒精度为 12% 的葡萄酒 330 毫升）。蔓越莓和紫葡萄的果汁有强大的抗氧化作用。

- 充分锻炼——每天至少做 30 分钟有氧运动，比如散步、骑单车、游泳和园艺劳动。

- 尽可能地缓解压力。

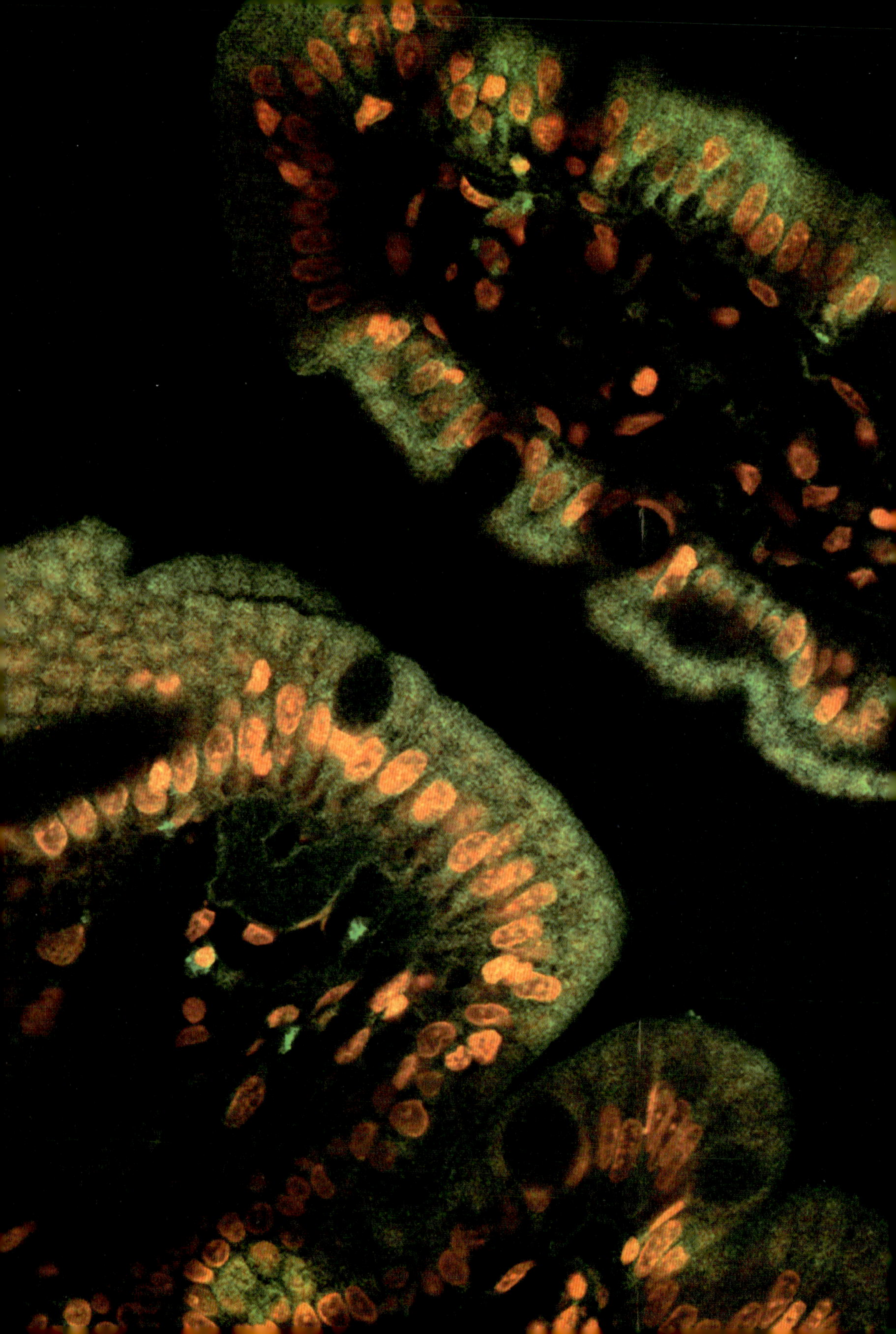

第三章

胃肠

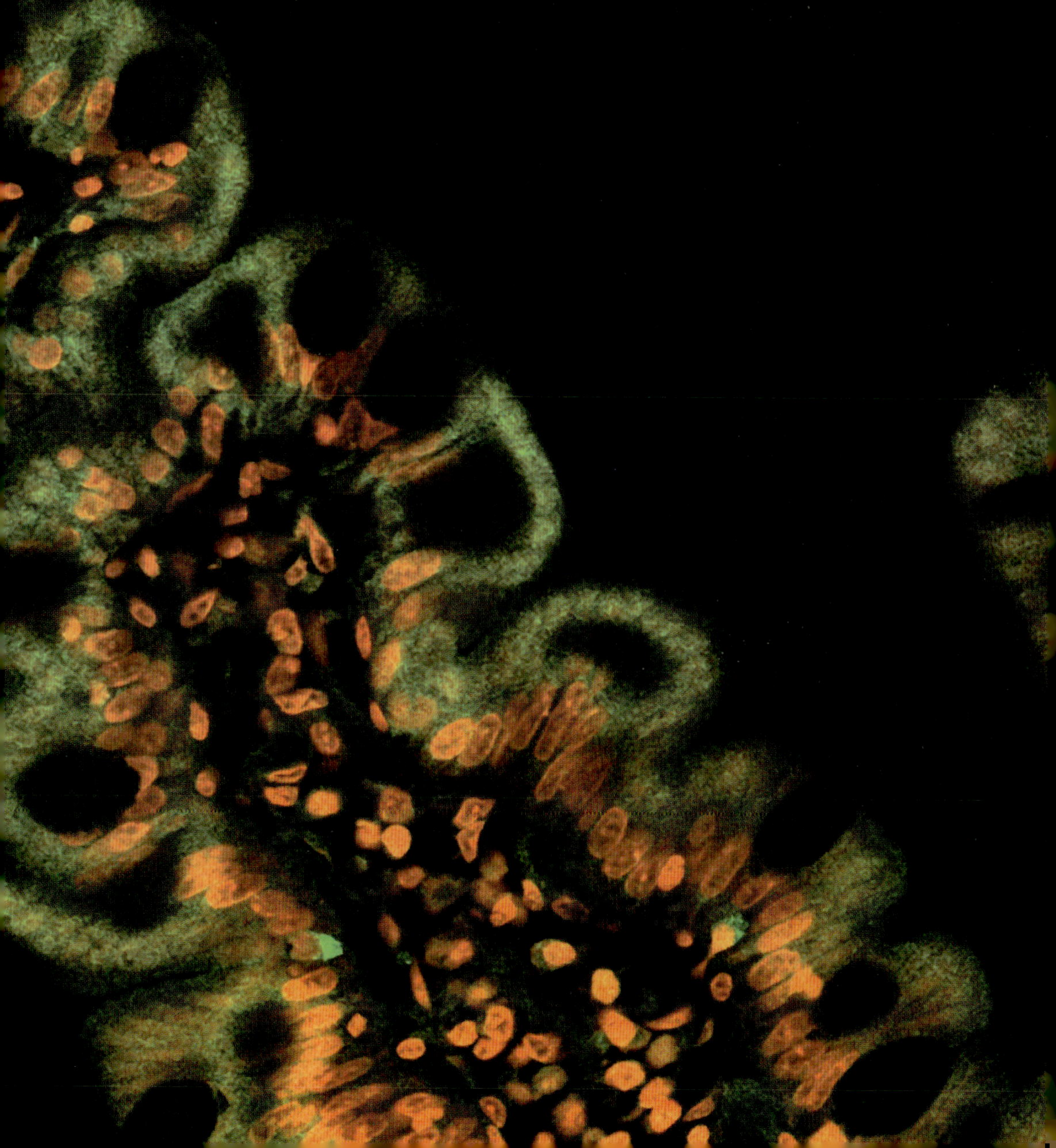

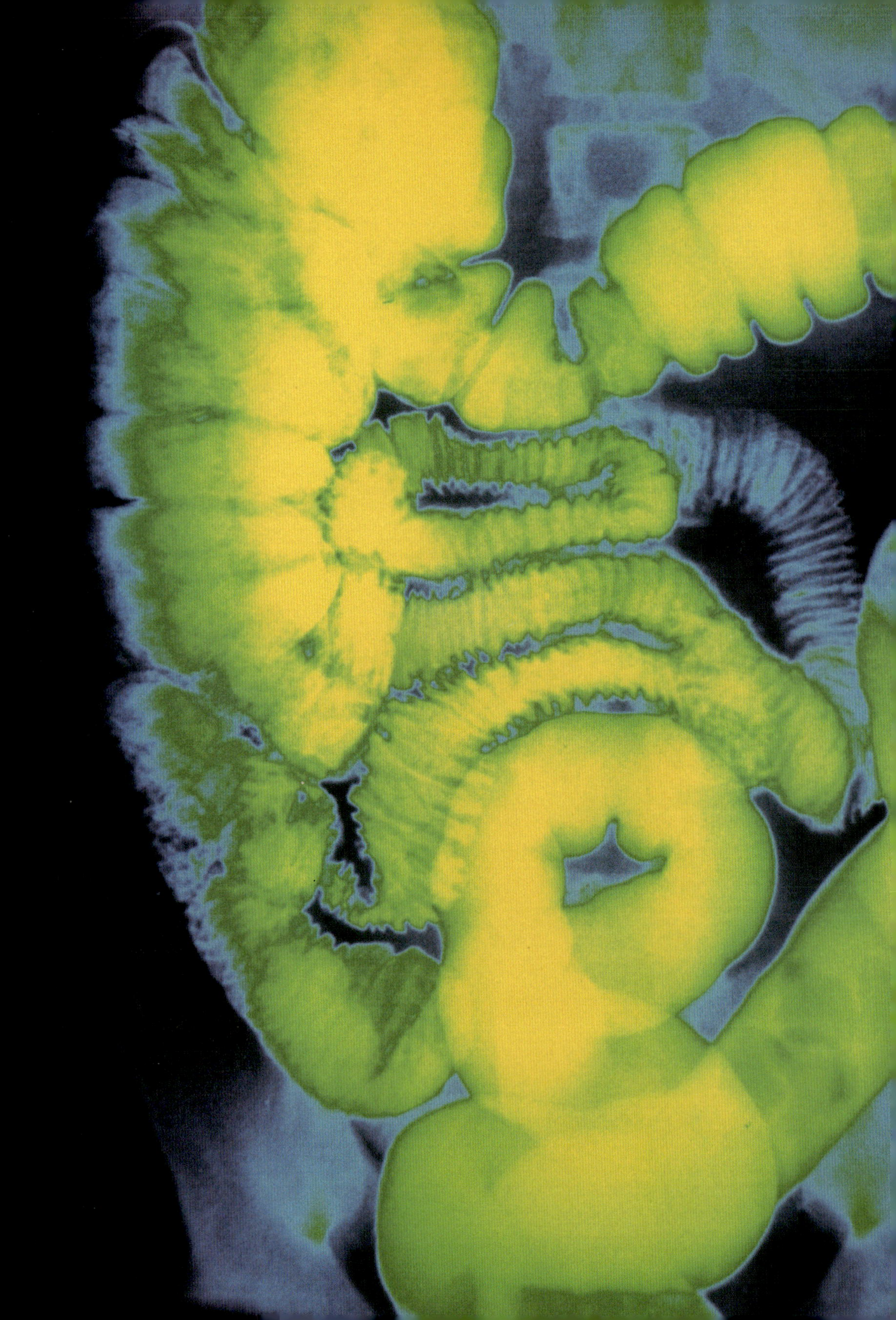

人体内有一条从口腔贯通到肛门的长管，胃肠就是其中的一段，而且是业务最“繁忙”的一段，承担消化、吸收食物的主要任务。

一般来说，食物进入口腔后，要经历长达一两天的消化吸收过程，才能排出体外。但实际情况要由每个人摄入了多少膳食纤维（植物性物质）决定，素食主义者通常消化得更快。

胃与肠合称为胃肠道系统，它们的任务是将大块的食物分解成碎块，方便血液吸收，为身体增加营养。你可能觉得下列观点有些奇怪：动物和人一样，吃掉从外界获取的食物，然后消化、吸收并把它们变成身体的一部分。从这个角度思考的话，我们的生存方式和寄生虫有相似之处，都是从周围环境中获取食物。

P66–67 图：十二指肠中的绒毛，染色后的细胞核呈现橙色。

左图：肠道中的钡。钡元素让用 X 光拍摄肠道内部成为可能。图中，周围一圈的粗管道是结肠，中间“之”字形的是小肠。

胃肠在哪里？

胃在人体的上腹部，大部分被左侧胸廓包住。食物穿过咽喉，顺着食道一路而下，沿途经过胸腔和横膈膜，最后全部倾入胃里，再由胃传送给肠道。肠道是一条整齐地盘绕在腹部中下位置的长管，末端延伸到盆腔内，就在膀胱和子宫等脏器的上面。

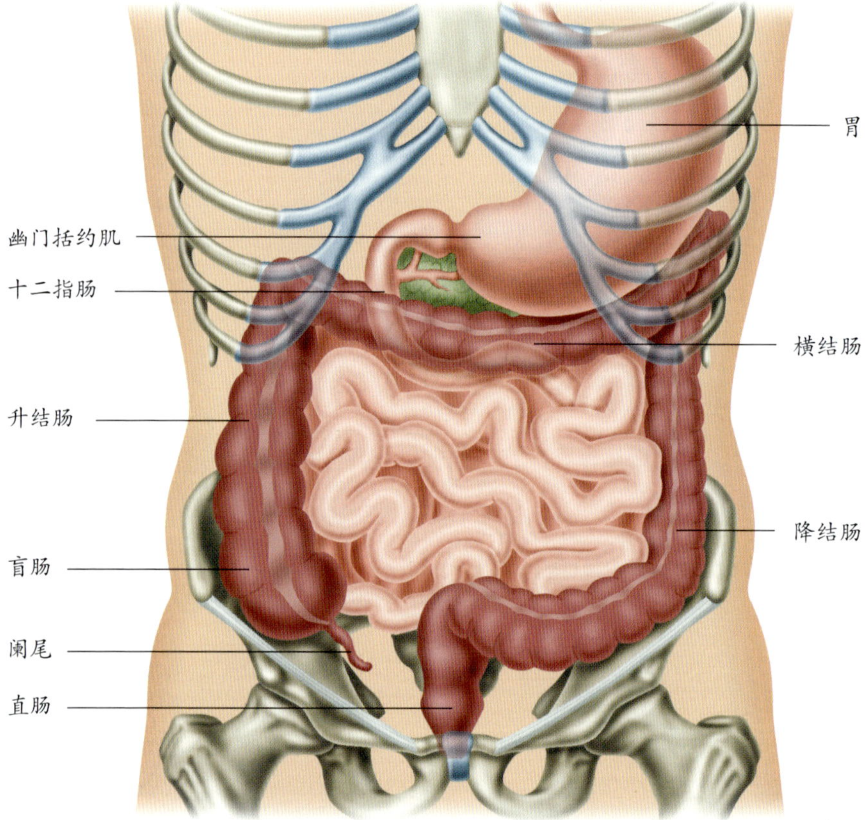

杂食动物的肠道：人类的肠道结构相对简单，与牛马截然不同，既没有四个胃，也没有巨大的盲肠。

胃和肠是如何工作的?

胃是一个由肌肉组成的口袋，它能自如伸缩，装下人们吃下去的食物。胃先将食物搅拌分解,然后开始消化并把食糜慢慢地推进狭窄的小肠。小肠长3～5米，食物在这段漫长的旅途中得到进一步消化，消化、分解出的物质被血液吸收(血液将营养物质输送给肝脏，再由肝脏决定如何分配，或是马上投入使用，或是贮存起来以备不时之需)。食物在被小肠消化成浆状物后流入大肠。与小肠相比，大肠的肠道虽然更宽，但并不长。浆状物中的珍贵水分被大肠吸收进入血液，遗留在肠道的固体被送往直肠。直肠可以扩张内存，在人体需要“清空库存”前暂时存放这些固体。

有人说，英国人对肠道问题过于执着，但这种担心并非无中生有。胃癌患者、结肠癌患者和直肠癌患者共占癌症患者总数的20%。全球每年有将近100万人患上结肠癌，将近50万人死于结肠癌。饮食习惯对常见胃肠疾病有巨大影响，这已经是老生常谈了。

胃肠怎样消化食物?

从大块的食物到能被血液吸收的小分子，这一变化过程既包含食物尺寸减小的物理变化，又包含把复杂大分子分解成小分子的化学变化。

食物的物理消化从口腔开始，牙齿把大块食物撕成小块，食物与唾液混合后被人吞下去。唾液的润湿作用能让食物沿着食道进入胃，除此之外，唾液中的酶还能发生化学反应分解食物，将淀粉分解成为糖分子。

经过咀嚼的食物被吞入胃里，胃是一个容器，食物进入肠道消化前暂时存放于此。但实际上并非仅仅是“存放”那么简单,胃在消化过程中也发挥了独特的作用。

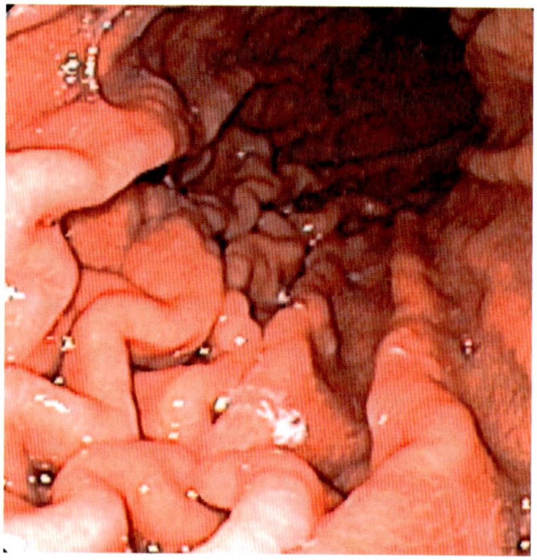

一层层皱襞：皱襞在食物进入胃后扩张，以便容纳食物。

胃里的食物浸泡在盐酸（盐酸能杀死随着食物吞入人体的细菌）和酶（酶能分解食物中的蛋白质）的混合物里。胃内壁上覆盖着一层厚厚的黏液，可以保护胃不被强酸腐蚀。

胃部的肌肉富有弹性，所以胃容量是可以扩张的。如果你剖开一只空荡荡的胃，就会发现胃黏膜叠出了一层层“皱襞”；等胃里填满食物之后皱襞就展平了。皱襞就像伞面被收起的状态，只是表里相反而已。消化的第一步是牙齿咀嚼，物理性分解食物。食物接下来进入胃，厚实的胃壁肌肉再通过反复舒张收缩将食物搅拌分解。与此同时，胃也会向肠道发出化学讯号，通知“食物即将抵达”的消息。

胃慢慢地将食物推进小肠前段，一次送入一点。胃的出口叫作幽门，周围有一层厚厚的括约肌，叫“幽门括约肌”。我在进入医学院念书前就懂得一点解剖学知识——我的父亲生来幽门就比别人窄（即“幽门狭窄”），后来做了扩大括约肌的手术。那次手术虽然在肚子上留下了一条长长的疤痕，但却救了他的命。

幽门狭窄遗传给下一代的可能性很大，而且患者中男性居多。在父亲 35 岁那年，我的兄弟出生了，他也患了同样的病——由于喝进胃里的乳汁几乎无法穿过幽门进入肠道，所以他根本不会饿，而且每次喝奶都会吐。他后来也做了手术，当时技术已经进步，手术留下的疤痕很小，也没那么骇人了。

当幽门括约肌扩张时，胃消化出的食糜会被推入肠道的第一段——十二指肠。十二指肠弯成一个环形——先往右弯，然后垂直延伸一段，再往左上方回弯，最

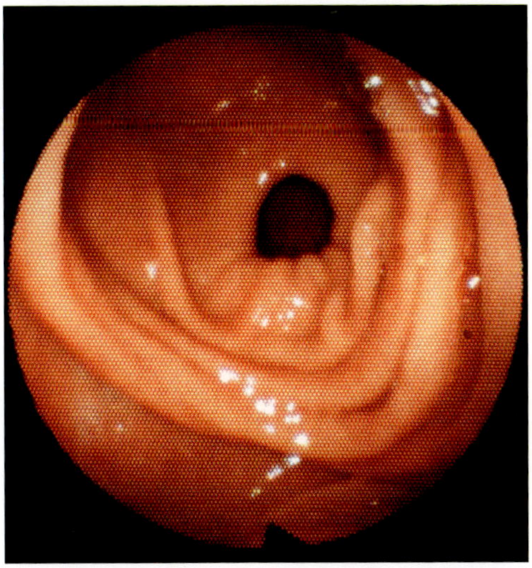

守门人：胃的出口缩成一只小孔，只能允许少量经过消化的食物进入另一侧的十二指肠。

后与下一段小肠相接。十二指肠的肠壁上有个乳头形状的突起，上面有个小口。胰腺和肝脏的分泌物经过这个小口进入肠道，其中包括肝脏分泌的胆汁和胰腺分泌出的酶，胆汁由肝脏分泌并贮存在胆囊里。

此时，食物完全变成流质，准备好进入下一段肠道。这段肠道松散地盘绕在腹腔中（虽然有把肠道挂在腹腔后壁上的肠系膜），前几米叫“空肠”，接下来的部分叫“回肠”。空回肠是一条长长的肌性管道，外侧肌肉纤维排列方向与小肠的走向相同，内侧肌肉纤维呈环形。两个肌肉层交替收缩，将流体食物向前推动。所以医生做手术时能见到这样的神奇场面：切开患者的腹部发现肠道沿着环形轨迹收缩，就像扭动的蚯蚓一样。这种独特的肌肉收缩有一个专门的术语——“蠕动”，指的是肠道类似蠕虫的运动。

肠道与身体其他器官一样，无需意识操控就能正常工作。肠道既负责传递食物，又负责消化吸收。它有一套单独的神经系统（有时人们也称之为“肠脑”），可以操控肠蠕动。肠道通过反射能力能够得知来自其他部位的信息。食物进入胃部后触发反射，促使结肠运动加速（即“胃结肠反射”），准备清理空间迎接下一餐的到来，这就是婴儿被喂食后很快就会排泄的原因（还好人们在成长的过程中习得了如何控制反射）。肠子和心脏一样，也有自主神经，并且可以根据神经发出的信号加快或者减慢肠蠕动。

小肠没有被牢牢地固定住，而是在肠系膜的包裹下悬挂在腹腔后壁上。食物

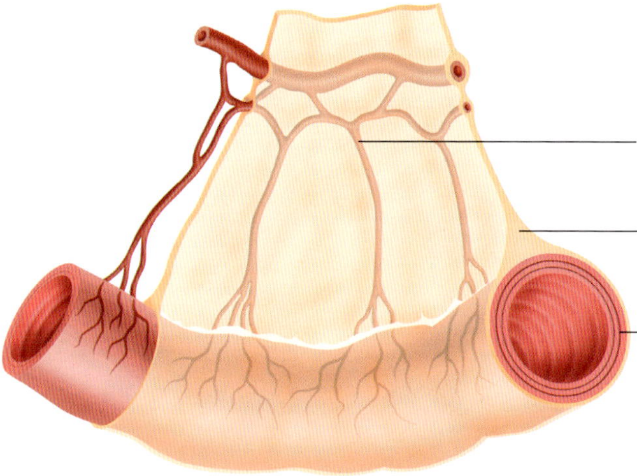

小肠没有被牢牢地固定住，而是在肠系膜的包裹下悬挂在腹腔后壁上。食物通过肠道时，在相邻环形肌肉的推动下前进。

通过肠道时，在相邻环形肌肉的推动下前进。

剖开小肠就能看见沿着肠道有一圈圈环形褶皱，它们增加了小肠的表面积以便吸收营养，再将营养传递到血液中。除此之外，肠黏膜上的细小突起也能增加吸收营养的肠道面积，但人类的肉眼是无法看到这些突起的。在显微镜下，肠道黏膜的质地与天鹅绒类似，上面覆盖着一层绒毛。如果通过更高倍数的显微镜观察每个细胞，就能看见更细的“微绒毛”，就像发丝一样。环形褶皱、绒毛和微绒毛的作用都是增加小肠的表面积，尽最大可能地从食物中吸收营养。

食物在小肠中完成了长途跋涉之后，营养成分基本也被消化吸收得差不多了，余下的残渣进入盲肠——也就是大肠的前段。绝大多数动物的盲肠是一个很小的囊袋，或者说是一条只有单侧开口的死胡同。因此，有些动物的盲肠能发酵植物细胞中的纤维素：盲肠培养出的有益菌种可以将纤维素分解成糖，使其更容易吸收。马就是这样的动物，它们长着巨大的盲肠，从骨盆一直延伸到胸腔。与马形成鲜明对比的是人类。我们不需要消化那么多的纤维素，所以盲肠也不怎么显眼，只是一个长在结肠前端的小囊袋而已，位置就在腹部的右下方，藏在这一侧骨盆突起的骨节旁边（医生们都知道，那里就是大名鼎鼎的髂前上棘）。

盲肠的远端有一根小管，看起来就像一条趴在盲肠边的蚯蚓，所以被称为“蚓突”。简单说来，其实就是“阑尾”。阑尾长度通常只有几厘米，但实际上因人而异。我曾经在一场阑尾切除手术中担任助手，那次手术给我留下了难以磨灭的印象。我记得被切掉的阑尾大概有 15 厘米长，向上翘起穿过腹腔，末端几乎贴到肝脏！不论阑尾遭到怎样的诋毁，它的作用都不可忽视。阑尾是由含有白细胞的淋巴组织构成的，它是免疫系统的一部分。

盲肠后端连接结肠。结肠分为四段：最前端的是升结肠，上行到肝脏附近；接下来的是横结肠，从胃下方横穿而过，直到左侧腹腔临近脾脏；而后是降结肠，下垂至骨盆；最末端的是乙状结肠，将内容物排入直肠。结肠与小肠一样，通过肌肉收缩舒张推动消化物沿着肠道向前移动，这些物质中的水被肠壁吸收，只剩下固体的粪便。这很重要——如果结肠无法从准备转化成粪便的物质中吸收水分，那么人体就会流失大量的水。人在腹泻时，水分会迅速流失，并出现脱水的症状，所以必须得多喝水以弥补肠道排出的液体。结肠和小肠不同，不能吸收任何营养成分，所以肠道上也没有绒毛和微绒毛。

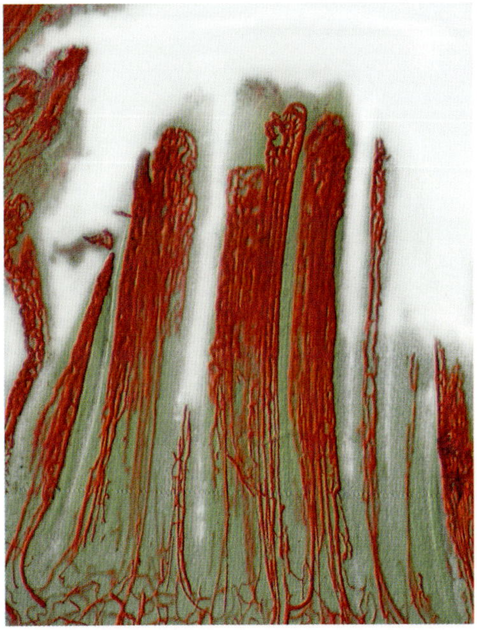

回肠中的绒毛，染色部分是吸收了养分的血管。

直肠长约 12 厘米，而且富有弹性。结肠通过收缩，把粪便推进直肠并渐渐填满——不必担心，直肠会通知你的。但好在直肠可以暂时存放粪便，给你留出做准备的时间。排便时，直肠末端的括约肌张开，肛管处于放松状态，横膈膜和周围的腹部肌肉收缩，将粪便挤出 4 厘米长的肛管，通过肛门排出体外。

常见问题以及防御措施

我在上文中已经对健康的胃肠功能做了解说，现在来聊聊常见的胃肠疾病。和以往一样，这里重点讲几种能通过改善饮食和生活习惯防治的疾病。我们先从对食物的不同反应，食物过敏以及针对食物的不耐受症状开始，然后讨论消化道溃疡、胃癌、炎症性肠病以及大肠癌这几种疾病。

益生元和益生菌是当下的热门话题，下文中也会梳理有关信息；在本章结束前，我们来谈谈一种时髦的疗法——肠道水疗。

食物过敏

食物过敏的表现是免疫反应，这种免疫反应不但针对某种特定食物，还包括以这种食物为原料制造出的其他食物。对小麦过敏的人接触小麦制品时身上会起荨麻疹或者其他红疹，甚至在烹饪时喘鸣（有时也被称为“面包师哮喘”）、流鼻涕。麸质是小麦中的一组蛋白质，麸质过敏症患者对任何含有“麸质”的食品都过敏。

过敏性休克：过敏性休克是一种严重的全身性过敏反应，有致命危险。比如说，对花生严重过敏的人吃了含一丁点花生的食物都会出现过敏性休克，全身都出现症状。还有的过敏只是身体局部有反应症状，比如接触性荨麻疹浮现的红肿瘢痕。特应性反应（见本书第 34 页）是指出现反应症状的部位与身体最初接触过敏原的部位有一段距离，因此又称为异位性反应。特应性反应症状包括起皮疹、

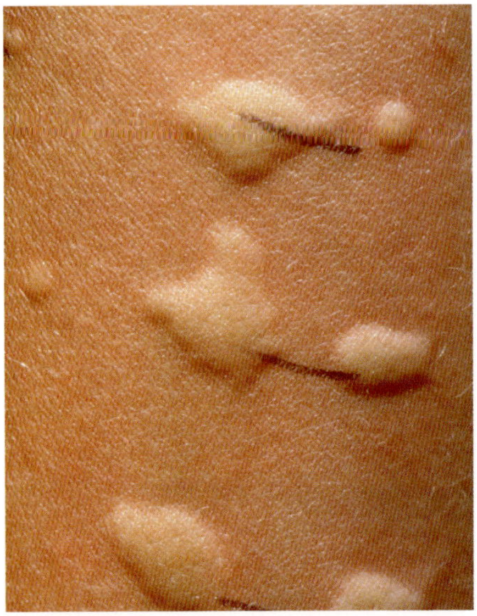

真正的过敏原检测：向皮下注射过敏原后，皮肤的红肿痕迹就是过敏反应。

流鼻涕和喘鸣。过敏性休克更加剧烈，全身都有明显的反应症状，人体的抵抗力急转直下。

通常来说，免疫系统会一直有条不紊地保护人体免受各种病原体的侵害，但有时未免也会错把某种无关紧要的物质当作威胁健康的劲敌，最后造成了“杀鸡用牛刀”式的后果。这其实是人体设计的缺陷：如果过敏性反应不存在，人们恐怕就不会面临这些麻烦了。过敏性反应可能是人类为了获得免疫功能而付出的代价。患者发作过敏性休克时，血压骤然下降，心率迅速上升，面部和咽喉水肿，同时伴有恶心、呕吐和腹泻症状。咽喉水肿可能致使患者无法呼吸，命悬一线。好在人们已经研究出控制免疫系统的方法：当发病者表现出生命垂危的征兆时，注射肾上腺素可以挽救他们的生命，抑制免疫反应。

上文中对于过敏性休克的描述也许让大家心惊肉跳，其实你们大可放心，绝大多数人不必随身携带肾上腺素。大部分情况下，过敏反应仅仅是皮疹和喘鸣而已，不会是像过敏性休克那样的全身反应。虽然食物过敏的病例与日俱增（总体上看，特应性反应的病例也是如此），其实没有人们以为的那么常见。有 25% 的人认为他们对这样或那样的食物过敏，而真实的过敏群体数量要远低于此：只有 1% 到 2% 的成年人和 6% 的儿童对食物过敏。

请各位小心食物过敏测试！其中可能有假。真正的食物过敏可不仅仅是头疼乏力那么简单，一定会有更具体的表现，比如说吃了东西之后嘴唇肿胀，眼睛浮肿，起皮疹或者出现喘鸣。如果你出现以上症状，那还是去医院为妙。受过职业培训的过敏专科医生会仔细分析你的饮食，记录下你的身体会在食用可能导致过敏的食物后有什么表现，然后给你做皮肤点刺试验。

90% 的过敏病例是由这样几种食品引发的：花生、榛子、核桃和海鲜容易导致成年人过敏；鸡蛋、牛奶、大豆和小麦是几种最可能导致儿童过敏的食物。好在大部分孩子长到 3 ~ 5 岁后，就不再对上述食品过敏了。如果有人在成年之后患上了某种过敏症，很不幸，他恐怕这辈子也甩不开了——但是，请记住，只有 1% ~ 2% 的成年人才是真的对食物过敏。

烹饪也许会降低食品过敏的可能性：生的水果、蔬菜、鸡蛋、海鲜都比烹饪之后更容易导致食物过敏。烹饪手法也会产生一定影响——油炸或者蒸煮过的花生不太可能诱发过敏反应，而烤花生却能加重病情。这大概就是为什么中国人很少对花生过敏，中国人虽然常吃花生，但很少吃烤花生。

免疫系统的错误应答是诱发食物过敏的原因，其中原理与第一章中所讲的室尘螨和花粉导致身体错误判断有点相类似。健康的肠道不但要在检测到有害病菌或者病毒后做出免疫应答，还得有识别无害细菌的能力，并且不会对此形成干扰（这对肠道菌落和益生菌的繁殖至关重要）。总之，肠道不应该对食物中的无害物质给予过多关注。

与成年人相比，物质很容易穿透婴儿的肠道，所以从婴儿肠道中通过的抗原数量更大（能刺激免疫反应的物质）；此外，会引发婴儿过敏的食品更多。对于成人而言，酒精、阿司匹林和锻炼都能暂时促进肠道的抗原吸收。

母乳喂养和推迟断奶时间都有助于预防食物过敏。家里有特应性疾病遗传史的婴儿最好母乳喂养 6 ~ 12 个月，而且 5 个月之前都不要吃辅食。实在不行可以用低敏配方奶粉代替或者补充母乳，但不要选择豆奶，因为会导致婴儿过敏。如果母亲吃下某种含有抗原的食物，很可能母乳中也含有同种抗原。但是，目前尚无充分证据证明，母亲在怀孕和母乳喂养期间不吃含有抗原的食物就能降低婴儿患上特应性疾病的风险。

有食物过敏反应的人其实很难避开特定的过敏原。无论是复杂的生产工序，还是让人眼花缭乱的标签，都让辨别加工食品是否含有某种过敏原变得难上加难。我们应当亲自下厨的理由之一就是可以一一辨识食材。至于儿童的饮食管理，那就更加难办了：学校午餐吃什么了？与别的孩子分享食物会出什么问题？如果孩子食物过敏严重，家长们肯定会为这些问题惴惴不安。

食物不耐受

食物不耐受与食物过敏截然不同，虽然更常见，但不会诱发变态反应（虽说血细胞被整体免疫激活也是可能的原因）。胀气、腹胀、胃痉挛以及腹泻都可能是胃肠道营养吸收不良的表现。出现以上情况的诱因可能是人体内缺少某种特定的酶（从这个意义上说，可能是天生就没有）。

比方说，乳糖不耐受患者的基因中缺少乳糖酶，所谓“乳糖”就是牛奶中的糖。乳糖不耐受的发生率在不同人群中也不一样。亚洲人几乎都有点乳糖不耐受的症状；生活在加勒比地区的黑人乳糖不耐受比例占 80%；而北欧人这个比例只有 50%。很多人以为自己对乳糖不耐受，实际并非如此。所以如果怀疑自己缺乏乳糖酶，那最好还是让大夫给你诊断一下。对乳糖不耐受的人也不必对所有乳制品敬而远之，其中的大部分人只要每天牛奶饮用量不超过 350 毫升，就不至于引起任何令人难堪的后果。相比之下，酸奶更容易被人们接受，因为它们是经过发酵的牛奶。

消化道溃疡和胃癌

消化道溃疡是指消化道黏膜上的开放性溃疡，常见的发病部位是胃和十二指肠。患消化道溃疡非常痛苦，甚至可能出血。

消化道溃疡的真正病因一直不为人们所知，其中最能让人接受的一种说法就

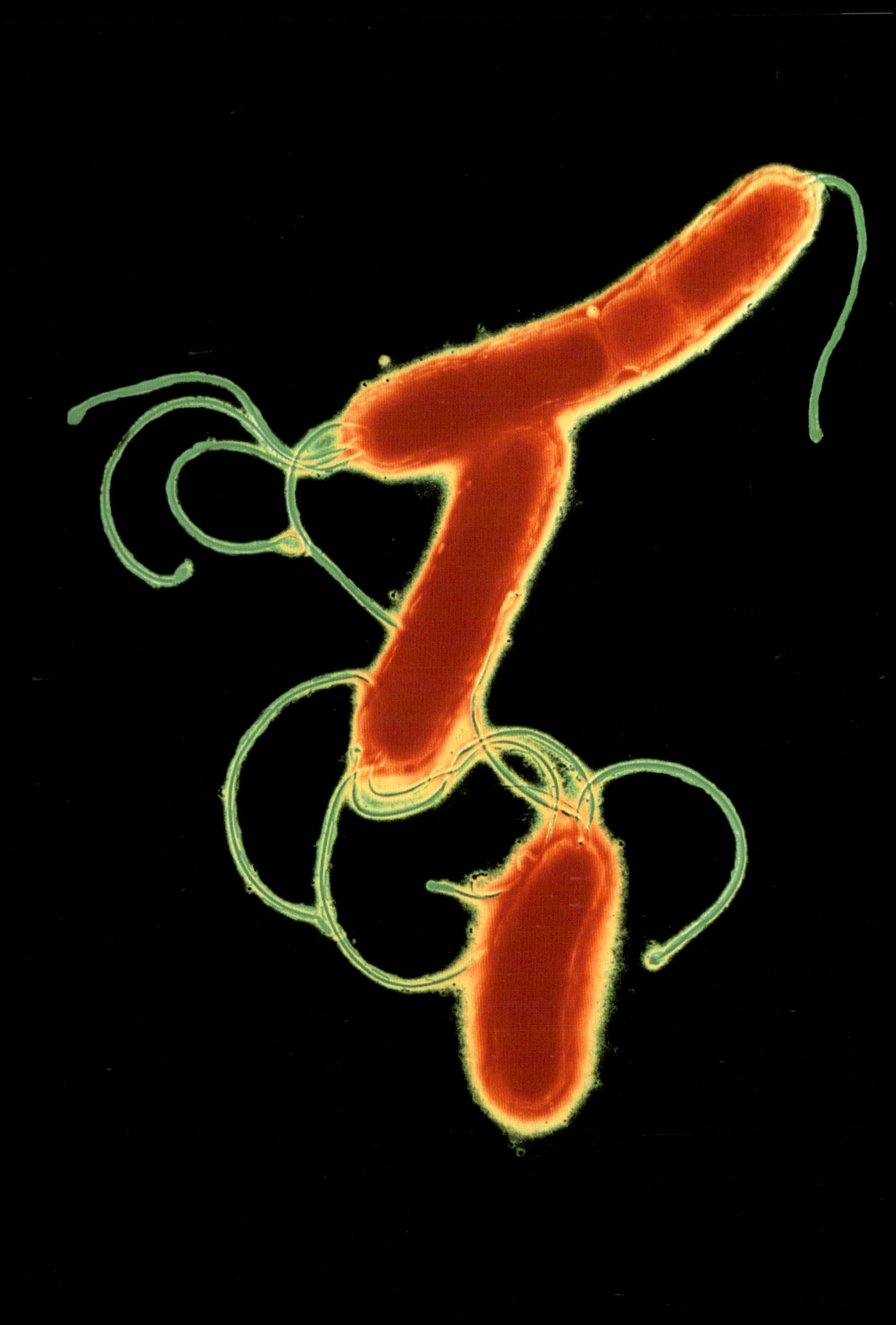

是压力大，除此之外还有服用非甾体类消炎药（NSAID），比如阿司匹林和布洛芬。但现在真相已经揭晓了——消化道溃疡主要是细菌感染导致的，抗生素对治疗消化道溃疡很有效果。这种细菌叫作“幽门螺杆菌”，是一种喜欢藏匿在括约肌周围的螺旋形细菌。

但是微小的螺杆菌会导致溃疡：20 世纪 90 年代开始有越来越多的证据显示，感染幽门螺杆菌能增加胃癌的患病风险。但全球各地胃癌发病率有很大差异，日本山形县的胃癌发病率是美国洛杉矶市的 14 倍。这是否可以反映出不同国家感染幽门螺杆菌的比例不同呢？还是有其他的原因？

罪魁祸首似乎是硝酸盐。胃酸分泌较少时，硝酸盐在胃中还原成亚硝酸盐。亚硝酸盐与氨基酸反应（蛋白质分解成氨基酸）形成致癌物质。蔬菜是人们主要的硝酸盐来源，那么多吃蔬菜是否会导致患胃癌呢？答案是否定的，绝对不会。多吃蔬菜、水果可以预防胃癌——每周吃 5 ~ 20 份蔬菜、水果的人比一点也不吃的人患胃癌的风险要低一半。只有通过全面观察及分析大量案例，人们才能知道饮食和生活习惯对健康的影响是多么巨大。腌制肉类和鱼类也需要用到硝酸盐，经常吃风干或者腌渍的肉类和鱼类的人患胃癌的风险高于常人（比如日本人）。含有太多盐分和硝酸盐的食品会直接伤害胃黏膜。

看来不同国家胃癌发病率与饮食和感染幽门螺杆菌情况有关。如果肉干和鱼干吃得太多，胃中致癌物含量也会超标，进而导致盐和幽门螺杆菌引发更加严重的炎症。多吃水果、蔬菜，少吃盐就能抑制炎症，中和可能致癌的物质，防治胃癌。

非甾体类消炎药（NSAID）：服用非甾体类抗炎药（NSAID）应该注意什么呢？对于溃疡患者来说（实际上没有溃疡的人也是如此），应该有节制地使用非甾体类消炎药。此外，非甾体类消炎药不能空腹服用。有不少人空腹吃布洛芬，这

左图：导致胃溃疡的幽门螺杆菌长着像触手一样的鞭毛（图中卷曲的绿色线条），用于推动自身的运动。

简直是自找麻烦！这种酸性药物不但直接损伤胃黏膜，而且会间接引发更可怕的问题。非甾体类消炎药通过抑制前列腺素的分泌消除体内炎症，但前列腺素也能“激活”胃中的黏液保护层。所以说这种药物让胃黏膜与胃酸直接接触，造成伤害。最近人们发现，阿司匹林不但能引发胃溃疡，还能导致胃肠穿孔（胃壁和肠壁上开了个洞）。

有些食品，尤其是口感辛辣的，可能会刺激胃。消化道溃疡患者最好离这些食物远点，否则会造成病况恶化。

炎症性肠病

炎症性肠病主要分两种，溃疡性结肠炎和克罗恩病。这两种疾病在发达国家的发病率都很高，尤其是北欧地区和美国。大约 220 万欧洲人饱受炎症性肠病折磨；在发展中国家炎症性肠病的发病率也逐年攀升。炎症性肠病在不同群体中的传播方式不同，这就说明环境因素发挥了很大作用。一个重要诱因就是吸烟，而另一个重要的非遗传因素很有意思——阑尾切除术。炎症性肠病与吸烟之间的关系有点奇怪。吸烟会降低溃疡性结肠炎的致病风险，但是会增加克罗恩病的致病风险。阑尾切除手术也有神秘的“副作用”：做了阑尾切除手术的人患溃疡性结肠炎的风险降低了，可是患克罗恩病的风险随之增加了。可能阑尾炎本身能保护人体不受溃疡性结肠炎困扰，但促使患克罗恩病的风险增加。切除阑尾也许有一定效果，可以通过某种方式改变肠道的免疫力，在预防克罗恩病的同时更容易患上溃疡性结肠炎。

由于炎症性肠病与免疫系统有关，人们推测源于食物或者病菌的抗原可能是致病原因之一。甜食、巧克力和可乐也许会增加发病风险，与此相反的是，蔬菜、水果和含有纤维素的食品能起一定保护作用。

儿童群体的情况比较复杂：有些研究表明，经常得传染病的孩子更容易患上炎症性肠病；但另外有研究指出，其实两者关系不大。有些克罗恩病患者的肠道中感染了分枝杆菌（与引起结核病的细菌类似），抗生素治疗尚无明显效果。

环境因素可能加大了炎症性肠病的患病风险。只要人们能弄明白到底有哪些致病原因，就能做出相应调整。有很多人正在努力钻研这个问题，所以我的建议是多多关注，与此同时保持健康的饮食习惯。

结肠直肠癌

结肠直肠癌是第二常见的癌症。其发病率仅次于肺癌，在发达国家比发展中国家更高。与大多数癌症一样，遗传和环境的相互作用影响结肠直肠癌。诱发结肠直肠癌的饮食因素主要是肉类和脂肪吃得太多，而纤维素、钙质和叶酸摄入得太少（维生素 B 族中的一种，主要存在于绿叶蔬菜中）。其他引发结肠直肠癌的生活习惯还包括久坐不动、肥胖、胰岛素抵抗和糖尿病、吸烟和过量饮酒。溃疡性结肠炎和克罗恩病患者患结肠直肠癌的风险更大。经常锻炼可以降低结肠直肠癌的发病率以及致死的风险。

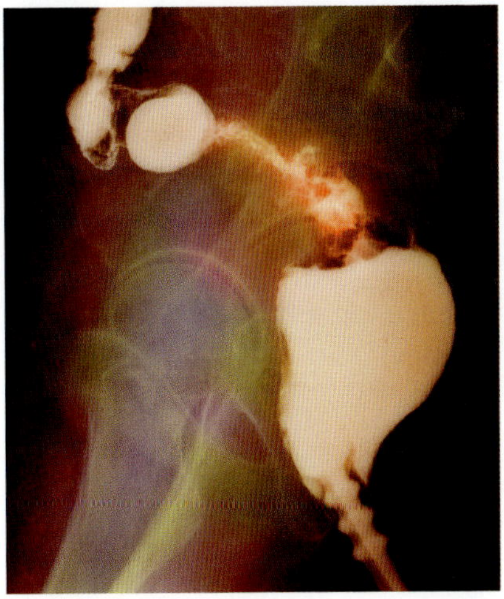

结肠直肠癌：肠道里灌满了钡，其中一部分肠道（橙色斑点区域）因为癌变而变窄。

基因突变导致细胞失去控制后会诱发癌症，好比细胞丢弃了某条固有遗传信息就会忘掉原本的意图，开始分裂出一堆癌细胞：形成肿瘤并渐渐恶化。结肠直肠癌与许多癌症一样，基因突变也许直接导致细胞生长失去控制，也许在细胞中给 DNA 修复系统添乱。

饮食也是致癌物的潜在来源之一。除了随着食物直接进入人体的致癌物外，消化过程可能会在肠道合成致癌物。肉类经过煎炸、烧烤等之后，表面会形成致癌物（即“杂环胺类化合物”）。如果肉吃得太多，肠道菌群会制造出更多的致癌物（亚硝基化合物）。红肉（牛肉、猪肉和羊肉）和加工类肉食品（香肠、汉堡、火腿、培根肉、肉罐头）都会增加患结肠息肉（肠黏膜上的小突起）和结肠直肠癌的风险，吃得越多，风险越大。包括益生菌（这个话题我们一会儿再谈）在内的某些细菌能中和这些致癌物。肠道中经过发酵的纤维素似乎也能抑制癌细胞繁殖。

肠道菌群、腹泻以及抗生素

人类的肠道中生活着 300 ~ 500 种细菌，细菌总量是全身细胞数量的十几倍。我们应该清醒地认识到：在这块地盘上，对方的数量占压倒性优势。人体只是细菌的“殖民地”而已。

就像每个国家有自己的本土植物一样，人体有自身的微生物群落，而且只能完全依附于人。“微生物群落”这个富有诗意的词深得我心，令我联想到肠道黏膜上开着一片片花朵的画面。虽然现实没那么美好，但也有一种富有哲思的美感。我们的肠道里生存着数十亿细菌，双方构成了共生关系。共生关系不仅是相互容忍，更是互利互惠。肠道给细菌提供了舒适的生存环境：食物充足，敌人也不多；作为回报，肠道中的细菌会保护人体免受致病细菌的侵扰，细菌的发酵作用还能制造养分和维生素 K。这种共生关系对人类更有利——生活就是这样不公平，站在细菌的角度想想，肯定感触更深。不管在别人肠子里把工作干得多么出色，只要时间一到，不走不行。细菌占人类粪便的 60%。新生

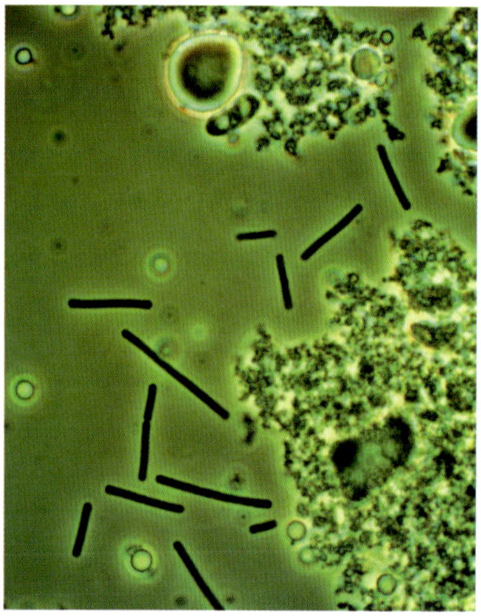

有生命的酸奶：图中的黑色细棒是放大 800 倍后的乳酸杆菌。这些微小的野兽对一切无所畏惧，它们是人类对抗细菌病原体的盟友。

疑点重重：结肠灌洗疗法

清理结肠的历史至少可以向前追溯 3 000 年，古埃及文献中就已经有相关记载。不幸的是，能说明结肠灌洗有益人体健康的证据至今不曾存在。有一位好心的朋友为了劝我相信结肠灌洗的好处，曾经借给我一本书，字里行间堆积着艰涩的术语和佶屈聱牙的行话，可惜都是伪科学。根本没有任何实际证据可以证明“大肠水疗”的种种“好处”。支持者们提到了一种神奇的“自动排毒”理论——人体因堆积在大肠中的毒素而中毒。这种理论曾在 19 世纪流行一时，到了 20 世纪初就没人相信了。现在再搬出这一套，有点过时了吧？结肠灌洗不但没有任何好处，反而严重危害健康——生理失调、心力衰竭、胃肠穿孔都是潜在的后果。消毒不彻底的操作器械也会造成严重感染。就算侥幸没有遭致严重的身体伤害，肠道中的有益菌也会被清理得一干二净，反而更容易感染疾病。

儿的肠道是没有细菌的，但出生之后不久，寄生者们就纷纷赶到，与人体相伴一生。

肠道中的益生菌不是额外的健康福利，而是肠道健康的基本条件。如果微生物群落在肠道中不够活跃，致病的细菌就会攻城略地，比如会导致腹泻的梭状芽孢杆菌和沙门氏菌。如果还用植物做类比，我认为这些有害细菌就是可恶的杂草。它们是腹泻致病因素，导致人体快速脱水，妨碍营养的吸收。遇到这种情况，发达国家的人们理所当然地认为应该使用抗生素（继续采用上文中的类比，抗生素相当于除草剂），因为它可以快速消灭病原体，让人恢复健康。人们对腹泻总是不够重视，实际上在发展中国家每年有上千人因为腹泻而丧命。上述应对方案也带来了新的问题：广谱抗生素不但能消灭肠道中的病原体，还会杀死微生物菌群，让肠道处于“手无寸铁”的状态。这就是为什么用抗生素治疗其他感染之后，患者经常会腹泻的原因。

有句话叫防患于未然。聪明的做法是把降低腹泻的风险放在首位。平时要注意卫生，这非常重要，连洗手这样的小事也绝对不能马虎。

益生菌和益生元

益生菌：《柳叶刀》杂志曾刊载的一篇文章是这样评价益生菌的："活性有机物……对宿体有益，能改善宿体中的微生物菌群，防止人体内滋长腹泻病原体……（提高）免疫力。"用更简练的话来说，益生菌就是"友善的细菌"。有的发展中国家由于卫生条件差还没有可用的疫苗，因此对研究如何以益生菌抵抗腹泻很重视。有证据表明，友好的细菌可以促进肠道微生物群落的繁殖，降低腹泻风险。

在发达国家，腹泻，尤其是抗生素诱发的腹泻，仍然是个问题。抗生素不分青红皂白地消灭掉肠道中的微生物群落，而益生菌对群落的恢复可能有帮助。虽然人们目前还不清楚所有来自益生菌制品的"友好细菌"是否都能抵达肠道（别忘了，路上还有一只装着酸液的桶），但它们总体上是对肠道健康有益的。此外，益生菌不但具有潜力对抗致病细菌，还能制造出乳酸（病原体非常不喜欢乳酸），促进与人体共生的肠道微生物群落的繁殖，刺激免疫系统，中和饮食中的致癌物质。你们可以买益生菌胶囊，也可以买含有类似菌类的活菌酸奶和酸奶饮品（但有些饮品含糖量很高）。买的时候要注意检查是否含有嗜酸乳杆菌和双歧杆菌这类菌株。活菌酸奶还有一个优势，其中所含的蛋白质和钙类会刺激免疫系统，有益肠道健康。对于乳糖不耐受的人来说，活菌酸奶也许是从饮食中摄取钙质的新办法——活性细菌可以消化乳糖并消除不耐受症状。

益生元：益生元是"友好细菌"喜爱的食物分子，但本身不含菌。如果说微生物群落是人体的宠物，那益生元就是宠物的食品。除了糖之外，来自小麦、洋葱、大蒜、韭菜、洋蓟、香蕉等天然食品的有机化合物也是让乳酸杆菌和双歧杆菌感到快乐的零食。虽然益生元补充剂的效果迄今为止还没有得到证实，但并没有耽误各种商业化营销。请牢记，蔬菜、水果中也含有相同化合物。

五种保持胃肠健康的方法：

- 多吃蔬菜、水果和富含纤维素的食物，少吃风干肉和风干鱼，减少盐的摄入量，可以保持肠道健康，降低癌症风险。
- 注意体重——肥胖不但与癌症息息相关，还能造成胃酸反流（胃里的酸性物质被挤回食道）。
- 尽量不吃给胃部带来烧灼感的食物。
- 彻底清洗水果、蔬菜可以降低胃肠感染的风险。没有可靠生活用水的人们可以喝瓶装水，对未经烹调的食物慎重考虑，比如沙拉。
- 绝对不要空腹服用阿司匹林和布洛芬（非甾体类消炎药）。

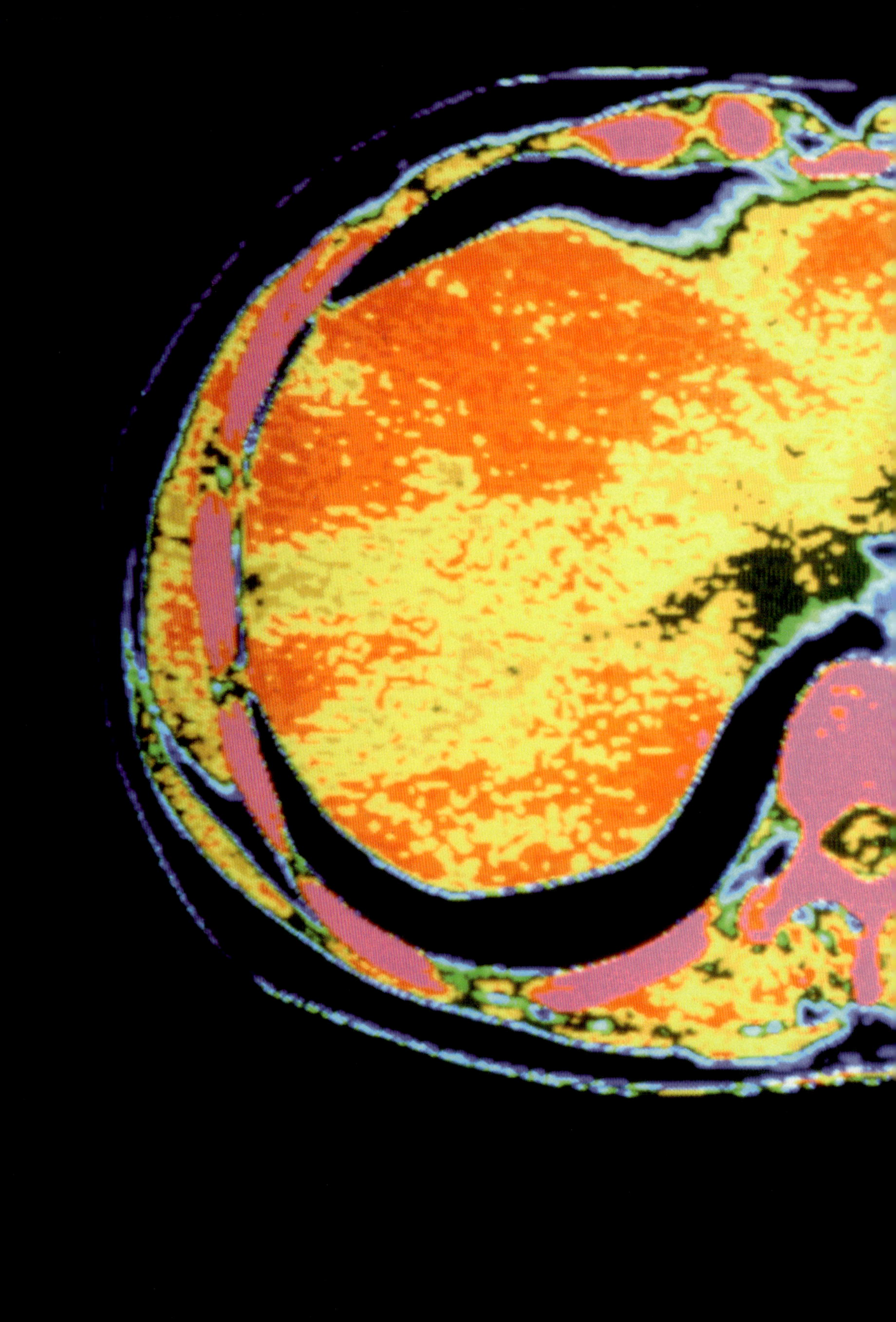

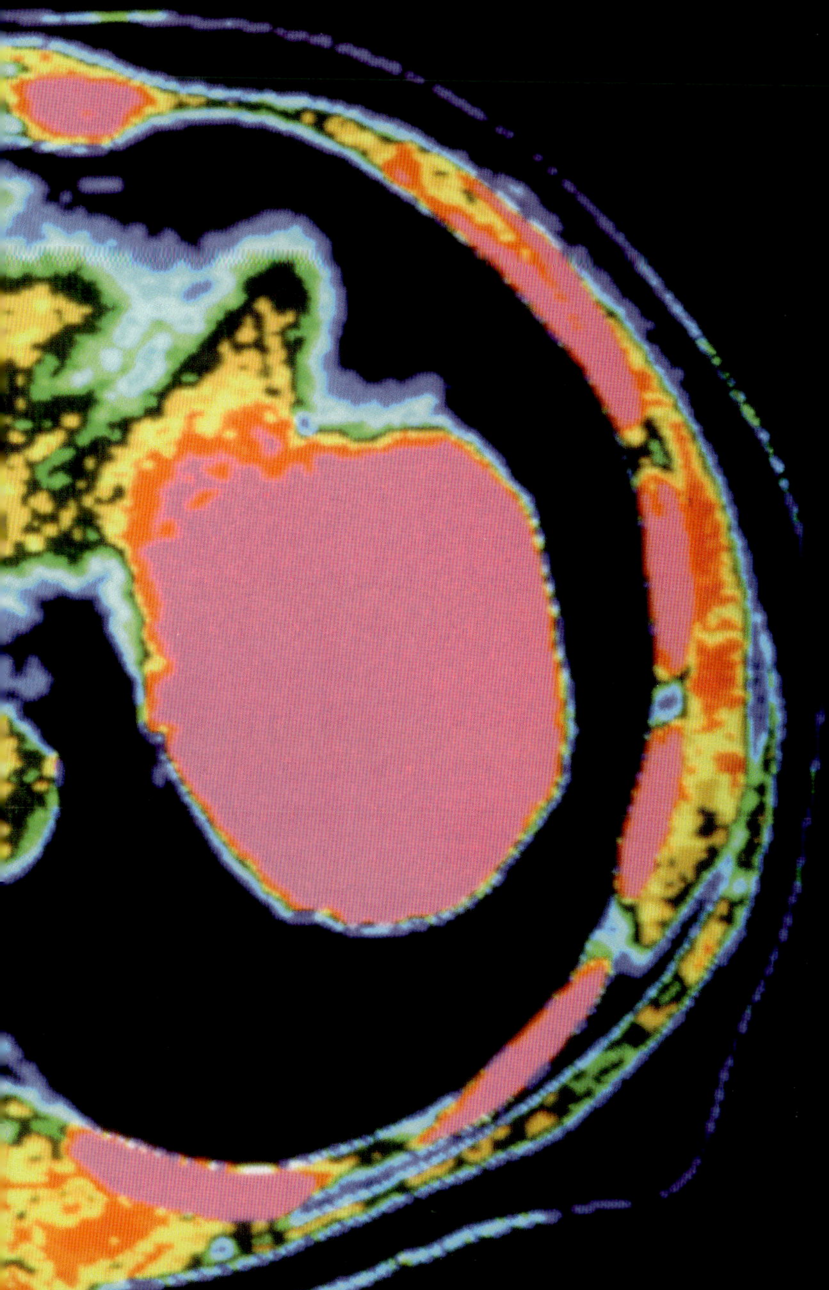

第四章

肝脏

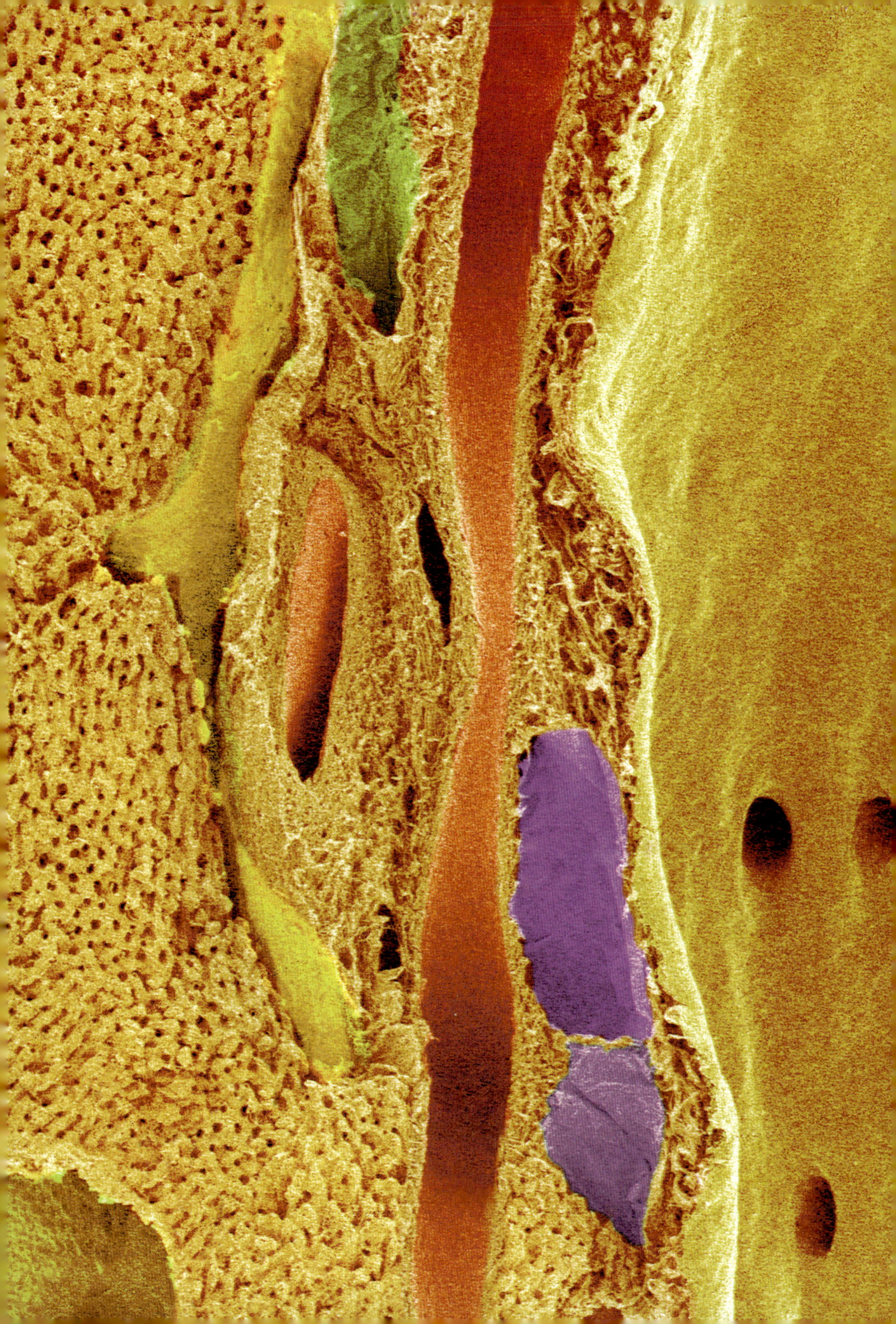

肝脏是人体中最大的器官（不算皮肤的话），重量在 1 250 克左右。肝脏是一个神奇的多面手，能把上百种工作安排得井井有条。它的主要功能是制造和分解蛋白质、碳水化合物和脂类（即脂肪）。肝脏将从肠道中获取的作为原材料的营养物质，根据身体的需求调节分配，像配备了回收车间、仓库和废物处理设施的工厂。肝脏可以合成新的葡萄糖、脂类、胆固醇，还有凝血所需要的重要蛋白质。

肝脏也是消化过程的主要参与者之一。肝脏分泌出的胆汁贮存在胆囊中，帮助肠道从食物中吸收脂肪。肝脏还承担排毒和灭活的重要任务，如能分解药物和酒精。肝脏的任务如此繁杂多样，难怪肝病会带来严重后果。一旦肝功能失常，身体会无法存活。

P88–89 图：肝脏切片图。彩色 CT 扫描胸廓下部显示的横截面，图上黄色和橙色的部分是胃，粉红色呈圆形的是肝。

左图：辅助肝脏工作的管道。在电子显微镜放大的肝脏上，红色的是动脉，紫色的是胆管，右侧橙色的是肝门静脉。

肝脏在哪里？

肝脏是一个非常大的器官，就蜷缩在右侧肋骨的下方。横膈膜顶端向胸腔突起，立在横膈膜右下方的器官是肝脏，位于横膈膜左下方的器官就是胃。肝脏与其他许多器官一样，要靠周围结构才能保持器官自身的形状——如果将其从腹腔中取出，肝脏会不由自主地垂坠，放到桌子上更是摊成一片。人类的肝脏和其他动物的肝脏质感非常相似，而且都近似红棕色。肝脏分为左右两叶。肝脏前上方有镰状韧带，它隔在肝脏的两叶之间将肝脏与腹腔内壁连接起来。

肝脏是什么样子的？

有的器官即使被解剖开，人们也很难看出其中的奥秘，肝脏就属于这样的器官。人们肉眼很难看清肝脏的大部分细节，仅仅能看见一块厚实的红棕色组织，把肝脏翻过来的话，倒是能找到一些线索。

挂在肝脏下方的一只梨形的袋子，也就是胆囊；肝动脉向肝脏传输含氧血液，肝动脉周围还有一条大静脉叫肝门静脉，同样进入肝脏。就在这片区域上还有一条绿色的管子伸出肝脏，这就是胆汁流出肝脏的通道。肝脏下表面与各条管道连接的区域是“肝门”。

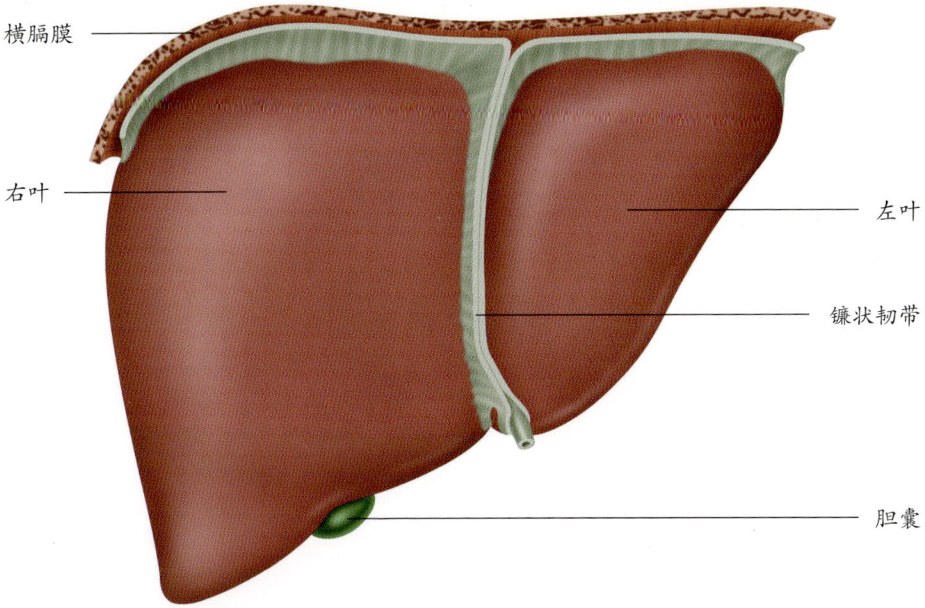

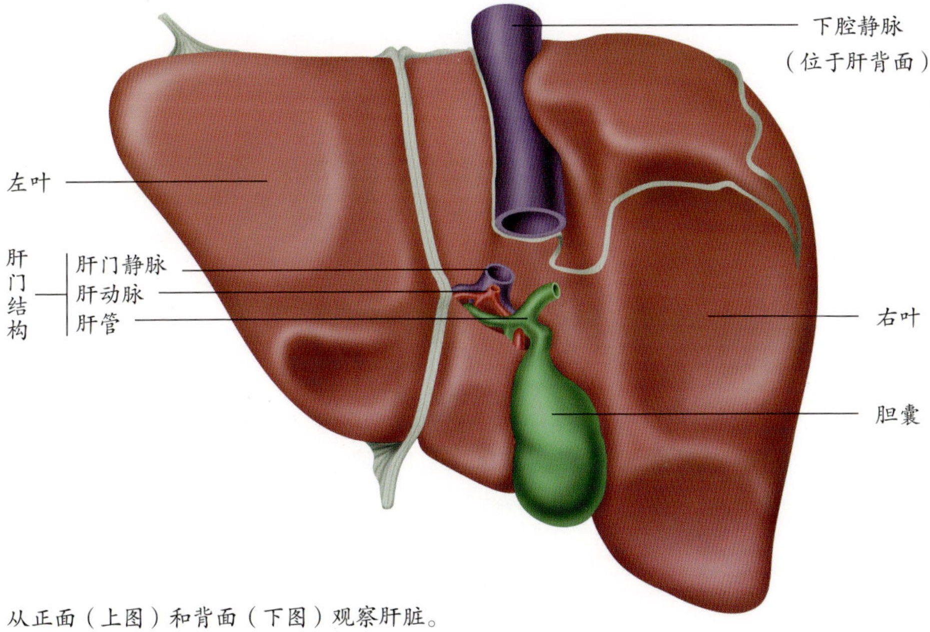

从正面（上图）和背面（下图）观察肝脏。

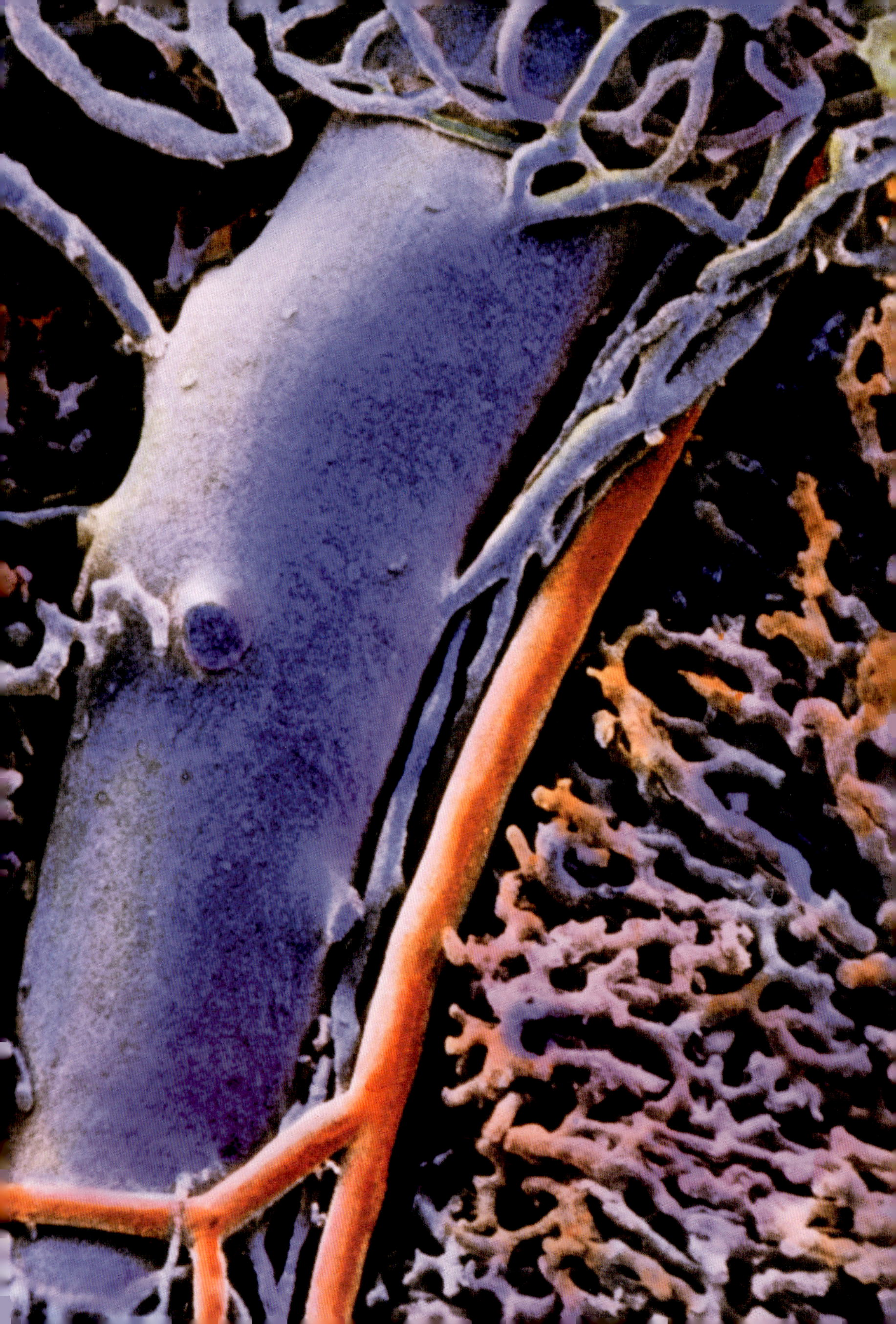

肝脏如何工作？

肝门静脉将消化生成的物质（通过肠道进入血液循环中的营养物质）输送到肝脏进行分类。用餐之后，肝门静脉的血流量升高。这种血液含有丰富的营养，是合成人体所需的重要蛋白质、碳水化合物和脂类（脂肪和油）的基础。

氨基酸是蛋白质的基本组成单位。如果身体有需求，氨基酸在肝脏中就会合成新的蛋白质；如果身体没有需求，氨基酸会在分解后合成尿素，经由肾脏与尿液一同排出体外。肝脏吸收葡萄糖分子后，把它们合并成大分子——糖原，然后将其贮存起来，当人体需要用贮存的糖提供能量时，肝脏能分解糖原并还原成葡萄糖。这就像你有一大块糖，需要吃的时候从上面切下来一小块就行（肝脏除了分发贮存的葡萄糖，还有另一项非常巧妙的技能：在人体需要时，肝脏可以合成新的葡萄糖）。

肝脏还能合成和分解脂类。由于油和水互不相溶，肝脏的一项重要任务就是把油滴裹成球形，方便在血液中传输。肝脏从肠道中获得血液供应，所以也承担检查监督的任务，确保没有细菌进入体内。肝脏中还有免疫细胞，可以识别并吞噬异物。

肝门静脉把毒素输送给肝脏，而肝脏的任务是在毒素伤害其他任何部位前就消灭它们。肝脏将毒素分解成相对安全的低毒物质或清理成无毒物质后，再把它们安全地送回血液，最后通过尿液排出体外。酒精和其他药物的代谢也是如此。肝脏还会分解激素，使其失活。激素是人体的“化学信使”。比方说，当人处于紧张状态时，肾上腺素会加快心脏搏动。但如果激素在血液中不断循环持续发挥效果，就对人体没什么好处了，分解激素的工作就由肝脏来执行。

左图：营养充足的肝脏。门静脉（蓝色）主干管道的分支进入肝组织，肝动脉（红色）在它的旁边。

肝脏的另一项工作是将血红蛋白分解成胆红素。胆红素随着胆汁被排入肠道后随粪便离开人体。但是，胆汁不仅仅是一种需要代谢的废品，其中还包含对肠道有益的物质：胆汁酸（肝脏利用胆固醇合成胆汁酸）。胆汁酸和洗涤剂一样有清洁作用，它将体积较大的脂肪分解成小球（这就好比油脂被洗涤剂分解成小球后就能从盘子上冲掉了），脂肪小球接下来可以继续被分解、吸收。

虽然肝脏会源源不断地分泌胆汁，但人类并不会每时每刻都在吃东西，所以

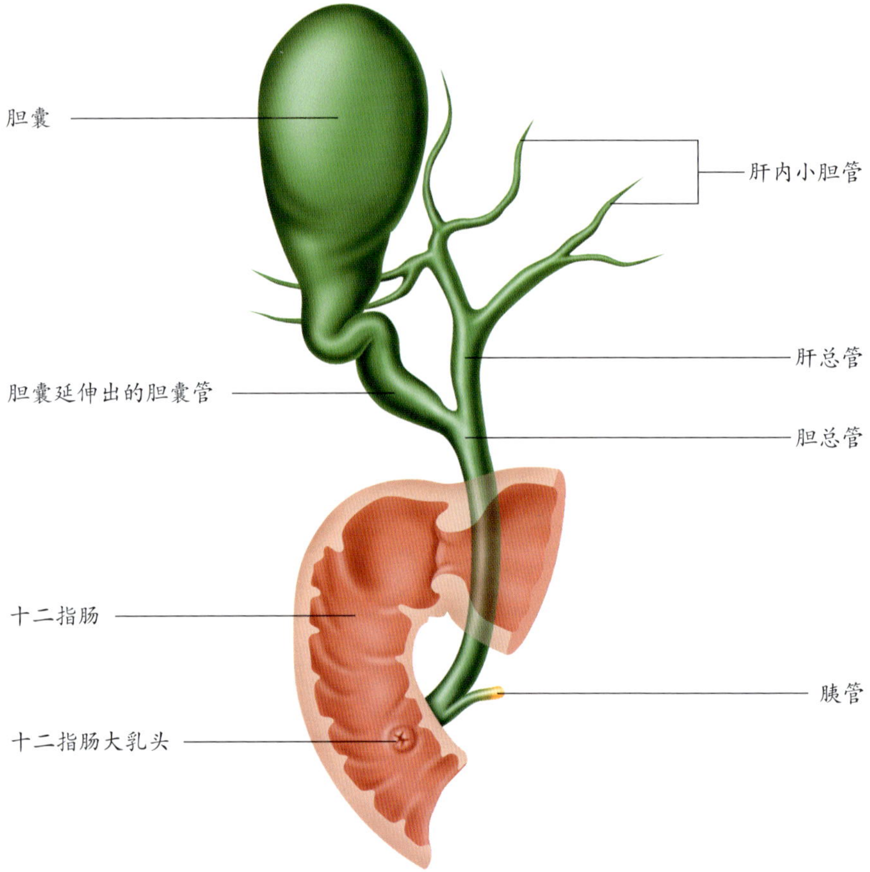

胆道树：像树一样分支的管道，从肝脏中延伸的肝内小胆管出肝后汇成肝总管，最终和胆囊管形成主干——胆总管。胆汁通过这个结构进入十二指肠。

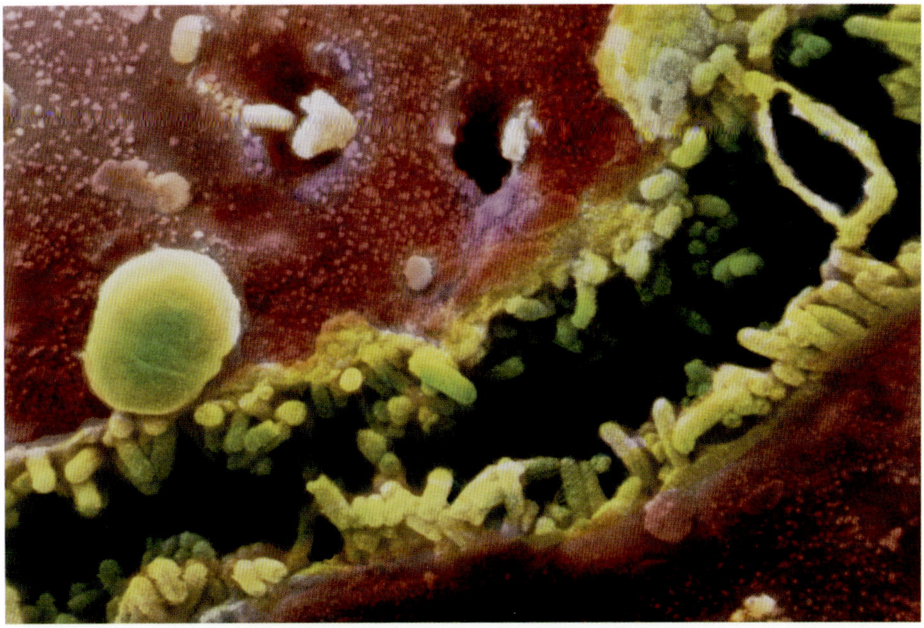

肝脏内的微小导管，即微胆管（绿色），收集了肝细胞分泌的胆汁。图片是实际结构大小的 3 万倍。

肝脏拥有一只可以贮存胆汁以便随时满足人体需求的囊袋，也就是胆囊（有些动物是没有胆囊的，比如说老鼠。它们一刻不停地进食，所以根本就没有在两餐之间贮存胆汁的必要）。肝脏分泌的胆汁由肝内小胆管收集起来，并逐步汇合成左、右肝管出肝脏，左、右肝管再汇合成肝总管，后者与胆囊管汇合成胆总管。等到吃饭时，胃部发出化学信号，通知胆囊收缩并释放出亮绿色的胆汁，胆汁通过胆总管后，与富含酶的胰腺分泌液在同一位置注入十二指肠。

顺带说一句，胆总管的末端和周围的肌肉环分别叫作“乏特氏壶腹”和“奥狄氏括约肌”，两个名称都很棒。天文学家用自己的名字给星体命名，解剖学的命名方式也有点类似，许多人体零件以第一个对该部位做记载的人的名字命名。当下的趋势是不再以与人同名的方式命名，“乏特氏壶腹”的学名叫作“肝胰壶腹”。对此我觉得有些遗憾。原有的名字已经很好了，它们让人体结构听起来就像《指环王》里的景物一样奇妙；而且无法以这种方式来纪念各个结构的发现者也令人扼腕叹息。

常见的肝脏疾病以及如何预防

最常见的肝病是一种与生活习惯密切相关的疾病——酒精肝。其他肝病也深受饮食和生活习惯影响，比如说病毒性肝炎和胆结石。下文将向大家做简要介绍。

酒精肝

损害肝脏健康的最常见因素就是饮酒过量。喝酒的时候，酒精就会从肠道进入血液。给人带来欢愉的物质都含有毒素，酒精也不例外，其实醉酒就是中毒。一想到装着冰爽可口的桑塞尔葡萄酒的酒杯其实是被投毒的圣餐杯，就让人很沮丧了。好在我们有肝脏保护，健康的肝脏每个小时可以清除掉一杯酒所含的毒素。如果饮酒的速度比肝脏代谢的速度快，肝脏就得奋力挣扎，这时人会感觉到喝醉了。

酒精给肝脏造成一系列破坏，不光导致脂肪变性，甚至会诱发肝炎和肝硬化。肝脏在解酒的过程中生成脂肪，一个人如果喝了太多的酒，肝细胞内就会堆积很多脂肪，变得肿胀不堪。在显微镜下看，肝脏变得像一块滑稽的“瑞士奶酪”。还好这种情况不会伤害人体，只要少喝酒就不会再出现了。

酒精性肝炎是一种肝脏炎症。白细胞进入肝脏组织后导致肝脏坏死。如果到这个阶段还不戒酒的话，就会不可避免地患上肝硬化了。肝硬化是一种奇怪的疾病，肝脏有一部分变得瘢痕累累，功能尽失，但肝脏组织却试图结节性再生。肝脏一开始变得肿大，但随着瘢痕的扩散，肝脏渐渐萎缩。

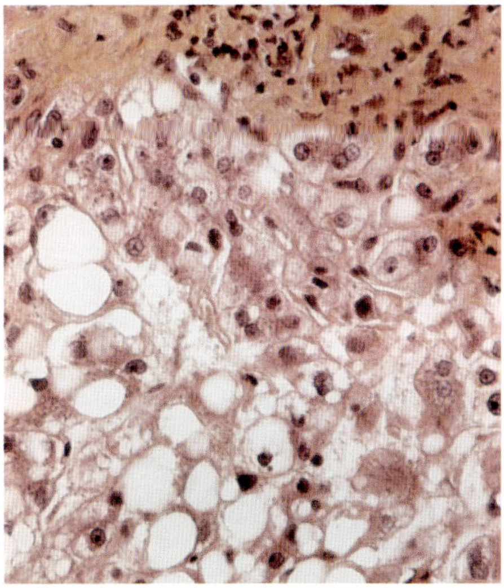

看起来像瑞士奶酪一样的脂肪肝（“孔”是细胞内的脂肪球）。

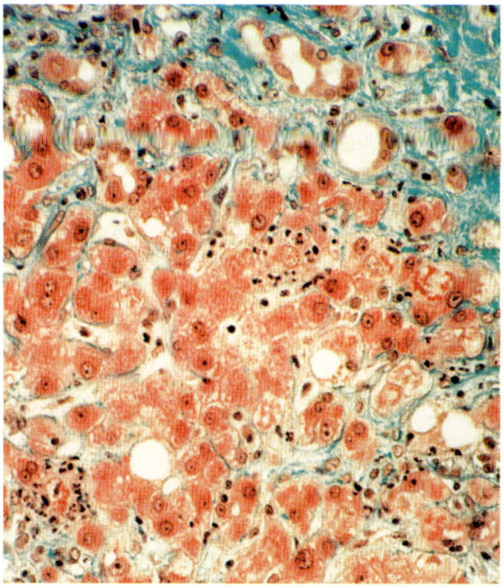

肝细胞中的黑色颗粒是患酒精性肝炎的前兆。

长期未能治愈的肝病会影响人体其他部位，其中最广为人知，也是最显而易见的影响是黄疸病，患者的眼白和皮肤都染上黄色，这是红细胞分解出的胆红素发生沉积的后果。沉积的胆红素会引发瘙痒和黄染。肝脏能让激素失活，所以肝脏病变会导致激素水平不正常。男性表现为：乳腺发育，睾丸萎缩；胸腔上部呈现蜘蛛纹样的毛细血管；手掌变红；腿部积聚组织液，出现水肿。如果肝脏不能解毒，血液中会开始积累对大脑有影响的有毒物质，让人嗜睡且神志不清，出现定向障碍。肝脏一旦患上危及生命的重症，这些毒素会引发昏迷甚至致人死亡。

我们要不要戒酒？以上风险是否说明我们应该滴酒不沾？不，事实并非如此。少喝几杯葡萄酒，肝脏还是能完全解毒的——我们已经知道了酒精对心血管系统有益。保持肝脏健康的关键是适度。注重肝脏健康的人在喝一杯啤酒或者葡萄酒的时候，肝脏也会及时相助。但你千万别把这当作理所当然的事儿，也千万不要过量饮酒。肝脏的各种功能是人体必需的，无法轻易取代。每天喝几杯酒对心脏

GIN LANE.

Gin cursed Fiend, with Fury fraught,
Makes human Race a Prey,
It enters by a deadly Draught,
And steals our Life away.

Virtue and Truth, driv'n to Despair,
Its Rage compells to fly,
But cherishes with hellish Care,
Theft, Murder, Perjury.

Damn'd Cup! that on the Vital
That liquid Fire contains
Which Madness to the Heart con
And rolls it thro' the Veins.

有益，一旦过量，患癌症和肝硬化的风险就会增加。酒水消费的上升与肝硬化的增长率密切相关。

曾有研究者认为英国的酒精肝增长率低，现在并非如此了。自2000年以来，酒精诱发的疾病死亡人数增长了18%。从1960年到2002年，英国人消费的酒水总量翻了一番，究其原因有三：酒水降价，全天销售，广告做得铺天盖地。肝硬化的发病率也节节攀升，北欧的势头尤其猛烈——我们在全球范围内分享这种饮酒的文化。

大约40年前，英国政府制定了两项干预措施，有效地缓解了英国人的酒精肝问题：其一是保持酒水高价来降低购买量，其二是严格管制酒类经营场所的营业时间。如今的英国政府虽然被经常批评为“保姆国家”，可似乎一遇到和酒精（以及吸烟）相关的问题，就会避免采取有实际防病效果的措施。正如我们所见，以往的监管措施已经解除；“以消费者健康为唯一要务”实际上不属于英格兰和威尔士实施的新许可法案管理范围了。此外，虽然英国广告标准管理局禁止酒精饮料做广告，但人们照样可以轻而易举地买到酒。

所以说，控制饮酒还要靠自觉。根据英国卫生部的建议，男性每日最多喝三四杯酒（普通的淡味拉格最多喝1 000毫升，酒精度为12%的葡萄酒最多喝330毫升），女性每日最多喝两三杯（普通的淡味拉格最多喝500～750毫升，酒精度为12%的葡萄酒最多喝250毫升）。超出这个量，患肝病的风险也随之增加——每多喝一杯，患病风险就增加一分。

大多数时候，饮酒量只会影响自身健康。要说会不会影响到他人，对于男性而言（似乎女性也越来越多了）是酩酊大醉之后打架滋事，对女性而言是在怀孕期间喝酒。孕妇喝酒对胎儿的生理和心理发育都有影响，酗酒的危害更大。胚胎

左图：英国艺术家威廉·荷加斯的作品《金酒小巷》。烈酒在十八世纪被视作社会弊病之一，现在它们再一次威胁国民健康。

发育最脆弱的阶段是前两个月，所以胎儿很可能在母亲确认怀孕前就已经受到伤害。对于备孕女性来说，想要完全规避风险，最好的办法就是滴酒不沾，而不是发现怀孕之后再采取行动。

病毒性肝炎

有的病毒专门感染肝脏，其中一些甚至会留下可怕的后果。虽然人们已经找到了治疗方法，但并非特效疗法。好在这类感染都可以防治。

甲型肝炎病毒（简称“甲肝病毒”）感染肝脏后会就地增殖，然后依次进入胆汁和肠道，最后随着粪便排泄体外。由此可以推论出，甲肝病毒在卫生条件差的环境和被污染的饮用水中传播得格外迅速。生活在污染水域中的贝类携带病菌，所以要尽量避免饮用可能被污染的水或者食用被污染的贝类。如果必须喝水却无法确定水质，可以把水烧开后再沸腾 10 分钟，杀灭甲肝病毒后饮用。甲肝病毒引发肝炎并伴有黄疸和肝肿大。虽然大部分人在肝炎发作后的 6 周时间内就能恢复，但偶尔也有病况恶化最终致命的情况。

乙型肝炎病毒（简称“乙肝病毒”）既能通过血液传播，比如输血或者共用针头，又能通过不安全的性行为传播，因为精液中也有病毒。乙肝感染的第一阶段难以察觉到，或者表现为与甲肝病毒感染类似的全身性症状。虽然大部分人都能康复，但还是会有人因此患上长期肝病。在英国，在工作中容易被乙肝病毒感染的人都会接种疫苗，比如医务人员。

除了其他类型的肝炎之外，偶尔也有别的病毒导致的肝病，比如“爱泼斯坦－巴尔二氏病毒”（引起腺热病）和巨细胞病毒。

胆结石

胆结石患者（顾名思义，他们的胆囊里有石头）在 30 岁以下群体中不常见，而且女性患者多于男性患者。总的来说，英国有 10% 的成年人患胆结石，60 岁以上群体中胆结石患者占 25%。

胆结石的大小和形状有很大差异：有的结石圆润光滑，有的结石表面粗糙，还有的结石棱角突出。虽然结石中可能含有胆红素（由血红蛋白分解而成）和钙质，但主要成分是胆固醇。胆汁中含有胆固醇属于正常情况，但胆汁溶解的胆固醇过多就会停止溶解——即“过度饱和”，胆固醇便结晶形成胆结石。胆囊过于“懒惰”而收缩不够频繁，也是胆结石的成因之一。胆固醇的结石呈珍珠白色，如果含有血红素则是棕色或者黑色。后者容易在血液病患者身上出现，因为被分解的红细胞数量大；也可能是细菌感染胆囊引起的，胆汁正常流动受到阻塞时也许会发生这种情况。

如果胆结石中含有钙质，腹部 X 光就能检查到。但对于绝大多数结石来说，还有更好的检查方法，那就是超声波检查。虽然大部分结石根本不会引发任何问题或者症状，但有时非常麻烦，偶尔卡在胆管中时会导致右侧肋骨下方剧痛无比。人在暴饮暴食或者吃了油腻的食物之后可能会出现“胆绞痛”的情况，如果胆结石卡在胆管里而且完全堵住的话，胆汁就会淤积在胆囊中导致胆囊发炎。由此，胆囊内壁更容易被感染（这种情况就是胆囊炎）。这是一种很严重的感染，可能造成胆囊破裂、脓液和胆汁流

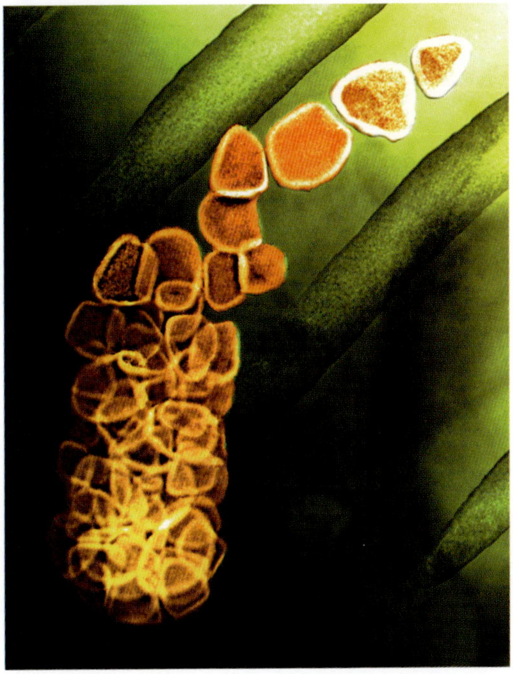

在 X 光下的胆囊，里面塞满了含有钙质的胆结石（橙色部分）。

入腹腔——一旦发生就要迅速手术。通过胆管的胆结石还会堵塞胰管，诱发胰腺炎。原则上一般是这样处理的：一旦胆结石诱发症状，就立刻摘除胆囊，现在可以通过腹腔镜做微创手术来实现。

当我还在医学院念书时，有这样一句话受到广泛认可："年过四十的肥胖白人女性"容易患胆结石。这一观点未免有些诋毁的意思，而且也不正确，刻意针对女性的年龄、体重和肤色是完全没必要的。话虽如此，胆结石女性患者还是多于男性患者，而且女性似乎因为生育或者服用避孕药，患病的风险更大了。如果家族中有人患胆结石，其他成员患病的风险也会大于常人。

胆结石与动脉粥样硬化的病因非常接近，不健康的饮食习惯（高热量、低纤维素食品以及精制碳水化合物摄入过多）和久坐不动的生活习惯都可能增加患病风险。肥胖本身就是一个风险，但骤然节食和速效减肥也不例外。糖尿病患者更容易患胆结石，令人奇怪的是，咖啡似乎可以降低这一风险。

五种保持肝脏和胆囊健康的方法：

- 饮酒适量：每日饮酒量超过 2 杯（酒精度为 12% 的葡萄酒 160 毫升）的女性和超过 3 杯（酒精度为 12% 的葡萄酒 250 毫升）的男性有患酒精肝的风险。

- 安全性行为：肝炎能通过性交传播。

- 健康饮食：健康的饮食习惯可以降低患胆结石的风险，多吃纤维素含量高的食品，少吃精制糖含量高的食品。

- 减轻体重：虽然肥胖会增加患胆结石的风险，但不要采取骤然节食的方法，减肥过快也会致病。

- 经常活动：久坐不动的人容易患胆结石，经常运动的人通常不会如此。

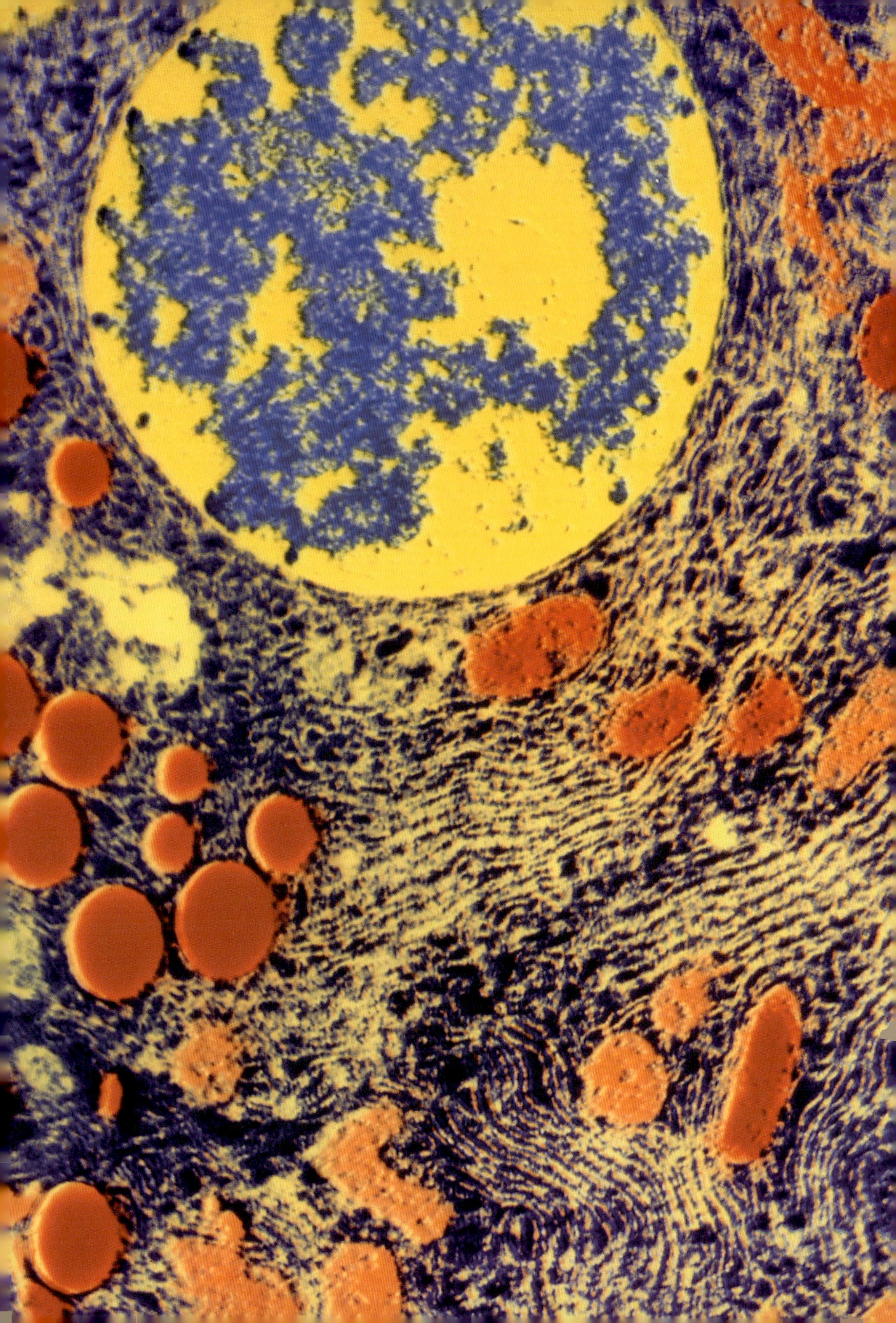

第五章

胰腺

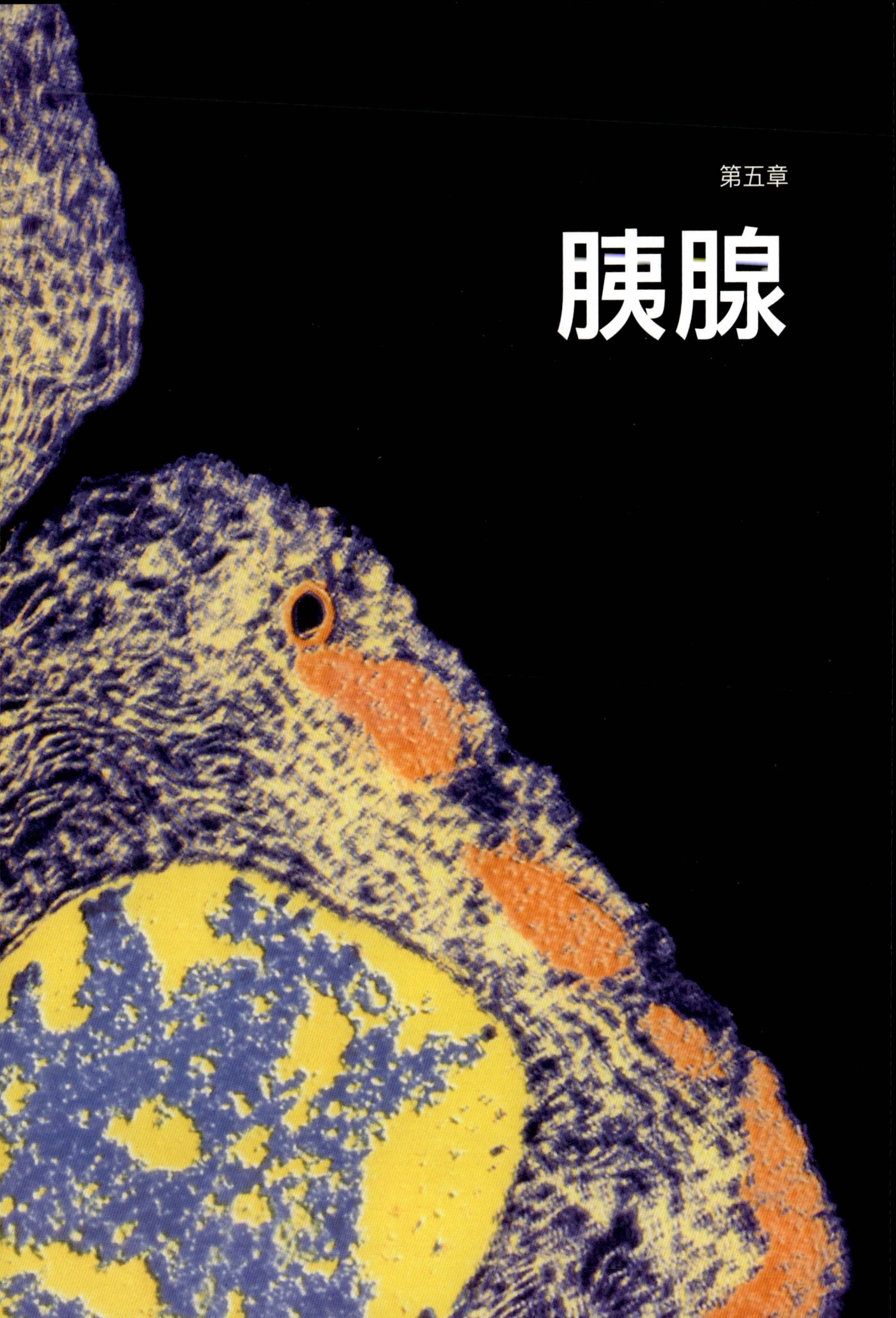

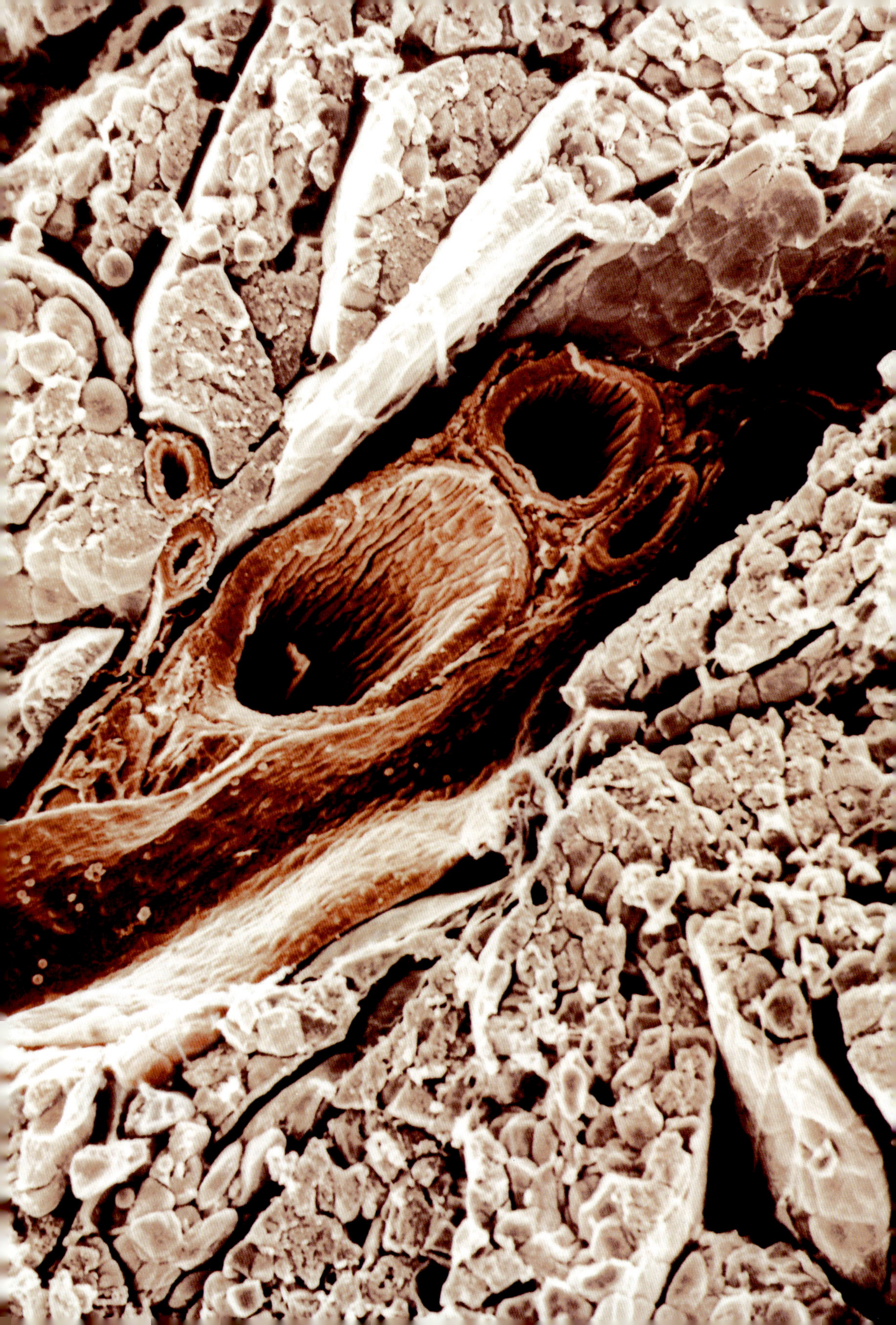

胰腺的外观像一片细长的树叶，它的上面是肝脏，前面是胃。胰腺是一种特殊的腺体，之所以这样说，是因为胰腺的工作有两项：一项是分泌进入血液循环的激素，另一项是分泌进入肠道的胰液。

胰腺所分泌的激素主要是胰岛素和胰高血糖素，二者的作用是将血糖变化控制在较小的范围内。血糖太高会损伤血管内膜，血糖太低则无法满足脑能量的供给。胰液中含有能中和胃酸的碱性物质，还有可以分解蛋白质、碳水化合物和脂肪的消化酶。胰腺分泌出的胰液进入胰管，胰管与胆管汇合后，从同一个开口通向十二指肠。如果胰管堵塞，富含消化酶的胰液就无法排入肠道，只能淤积在胰腺中。

P106–107 图：电子显微镜下的胰腺细胞，细胞里填充着消化酶（橙色），准备向肠道进发。

左图：帮助消化。排列在胰腺管周围的细胞簇，它们将消化酶带入十二指肠。

胰腺在哪里?

解剖学家将胰腺比喻成一只长着脑袋、脖子、肢干和尾巴的小动物。胰腺的“脑袋”蜷缩在十二指肠的“C”形凹陷里；“肢干”向左侧延伸至胃后侧；“尾巴”的尖端位于左侧肋骨的下方，与脾相连。

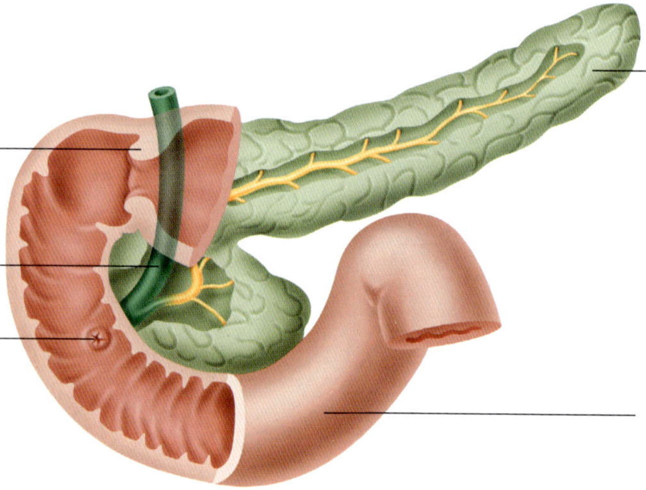

胰腺与十二指肠紧密相接

胰腺是什么样子的?

胰腺的外观具有腺体组织的典型特征，表面凹凸不平。通过显微镜可以看到分泌激素的细胞像小小的蜂巢一样排列在一起，它们被称为“胰岛”或者“郎格罕氏岛”。胰岛中的 β 细胞分泌胰岛素，α 细胞分泌胰高血糖素。胰腺除了分泌这两种主要激素外，还分泌许多其他类型的激素。分泌消化液的细胞夹在分泌激素的胰岛之间，也是一簇簇地排列在一起，它们的开口通向小导管，最终会合形成主胰管；排列在一起的细胞则被称为“胰腺泡”。主胰管就像一支葡萄藤的茎，上面挂着一串串“葡萄”——腺细胞。

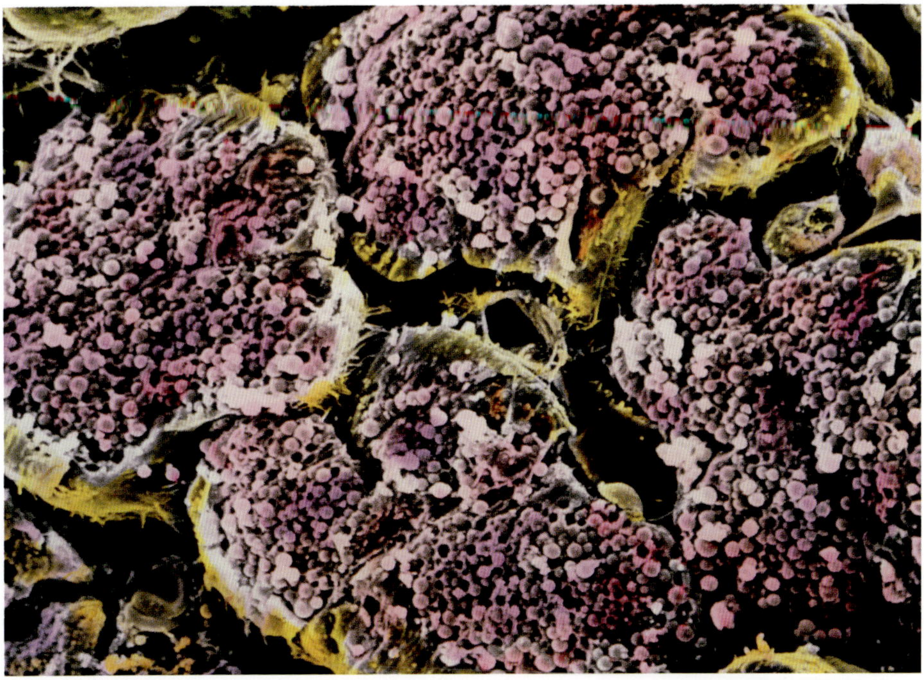

一簇簇腺泡细胞（紫色）像葡萄藤上的葡萄。

胰腺如何工作？

将血糖变化水平控制在一定范围内非常重要。肝脏将葡萄糖输送给血液，尽管在必要情况下肝脏也能合成全新的葡萄糖，但这部分葡萄糖主要源于被肝脏分解的贮存糖原。接下来，葡萄糖离开血液，给人体细胞提供能量。最为贪婪的要数脑细胞，人体每天要消耗 200 克葡萄糖，其中一半被大脑消耗。

胰岛素水平在两餐之间很低。餐后，胰岛会分泌出胰岛素降低血液中的葡萄糖水平。胰岛素促进包括脂肪和肌肉在内的组织吸收更多的葡萄糖，与此同时，还通知肝脏停止合成新的葡萄糖。然而，同样由胰腺分泌出的胰高血糖素则效果相反：提升血糖水平。另一种提升血糖水平的激素叫肾上腺素，来自肾上腺。作为“应激反应”或者通俗的称为“战斗或逃跑反应”的表现之一，人在面对压力时就会分泌出肾上腺素；肾上腺素使大脑保持清醒，让葡萄糖供应充分。

肾上腺素的另一项功能完全与食物消化有关。胰管将胰腺泡分泌的胰液收集起来，输送给十二指肠。吃饭时，人体分泌出的胆汁和胰液同时进入肠道。那它们怎么知道什么时候开始行动呢？总而言之，在一系列灵敏的神经反射和激素的刺激下，胰腺的分泌物和胆囊内贮存的胆汁一起被推入十二指肠。人们只要看到食物或者闻到食物的气息，大脑就会兴奋，并通过迷走神经向胰腺和胆囊传递讯号。这对神经从脑干开始延伸，然后一直沿着颈部、胸腔，最终达到腹部。

迷走神经中包含自主神经纤维，这种神经会自动维护人体运转。人们不用惦记着“啊！食物来了，胰腺和胆囊，你们准备好了吗？”之类的问题，交给迷走神经照管就好。人们可以专注于食物本身，而不必额外花心思安排肠胃消化刚咽下的食物。等胃里填满食物时，迷走神经也会对胃扩张做出反应，并向胰腺和胆囊传递信息。

激素也参与其中。食物进入小肠后，肠黏膜细胞释放出两种激素：胆囊收缩素和胰泌素。前者刺激胆囊排出胆汁，后者促使胰腺腺泡细胞分泌富含酶的胰液。胰液中的酶有两种，分别是将淀粉分解成糖的淀粉酶和将蛋白质分解成氨基酸的蛋白酶。胰腺还分泌碳酸氢盐，可以中和混在食物中的胃酸。经过消化的食物通过十二指肠和空肠进入回肠之后，由其他激素通知胰腺暂停胰液分泌。

常见的胰腺疾病以及如何防治

由生活和饮食习惯诱发的胰腺疾病主要是 2 型糖尿病，其他胰腺疾病也受这两种因素的影响，比如胰腺炎。

糖尿病

如果胰腺无法分泌出足够的胰岛素，或者机体组织抵抗胰岛素信息，那么血糖水平就会过高，这就是“高血糖”。高血糖会让人觉得疲劳口渴，小便频繁。健康的肾脏不会排出葡萄糖，但血糖水平过高的话，葡萄糖就会随着尿液排出体外，这种疾病因此而得名。英语中，“糖尿病”这个词由两部分合成，其中一部分源于希腊语的“传递”，另一部分源于拉丁语的“蜂蜜”。也就是说，尿液变甜

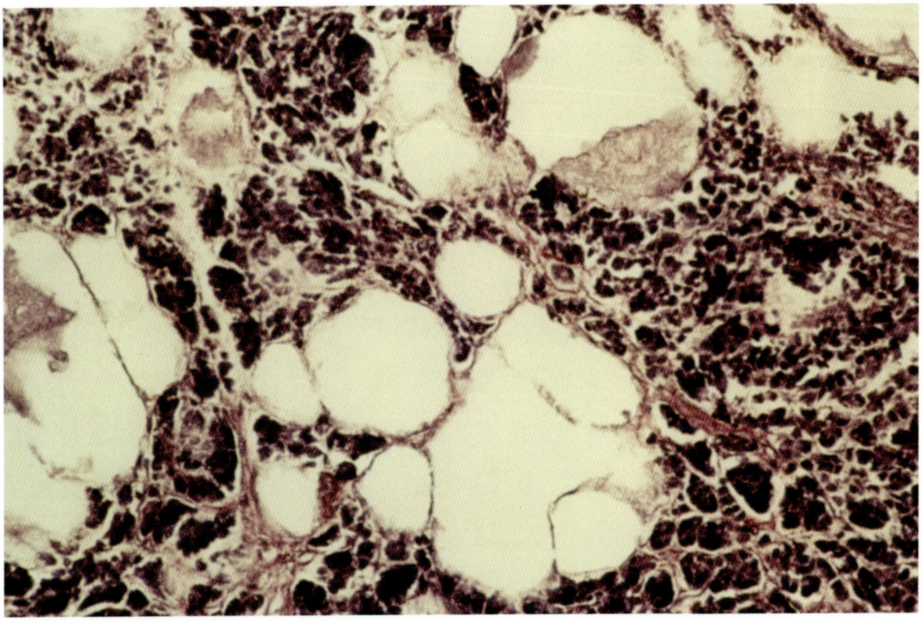

糖尿病患者的胰腺：已经看不出胰岛，只剩下白色区域，而腺泡（紫色）依然清晰可辨。

了。为了排出葡萄糖，糖尿病患者的肾脏要产生比常人更多的尿液才行，所以有患脱水（因为水总是要有来源的）和血栓的风险。长此以往，严重的糖尿病还会损伤血管。因此，得名“糖尿病”。

当人体迅速消耗葡萄糖时，胰高血糖素和肾上腺素这两种激素会提高血糖水平，但如果血糖水平过低（低血糖症），胰高血糖素和肾上腺素就得奋力抗争。为了提升血糖水平，肾上腺会分泌出大量的肾上腺素，导致患者面色苍白、盗汗、心跳加剧、心率加快、身体颤抖。以上都是胰岛素依赖型糖尿病患者及其家人们应该学会识别的症状。如果葡萄糖水平没有升高，脑细胞就得不到渴求的葡萄糖，患者就可能失去意识陷入昏迷。

1 型糖尿病：糖尿病分为两种类型，被人们投机取巧地命名为 1 型糖尿病和 2 型糖尿病。1 型糖尿病又称为“胰岛素依赖型糖尿病”，是一种自身免疫性疾病，患者的免疫系统攻击胰腺并破坏分泌胰岛素的细胞，因此需要注射胰岛素。1 型糖尿病的发病原因兼具遗传和环境因素。虽然我们知道有些人有遗传易感性基因，但对环境因素的了解还不够彻底。病毒感染可能是原因之一，童年生活环境过度清洁也是潜在的影响因素（即第二章中提到的“卫生假设理论”，对特应性疾病和过敏性疾病增多做出了解释）。

2 型糖尿病：是另一种更为常见的糖尿病（2 型糖尿病以前被称为“非胰岛素依赖型糖尿病”），同样受基因和环境的共同影响。2 型糖尿病的患者在增加，这种现象与肥胖、不良的饮食与久坐不动的生活习惯息息相关。人们过去称 2 型糖尿病为“成年发病型糖尿病”，这个称呼如今已经被弃用了。在英国和其他发达国家，2 型糖尿病在儿童中的发病率上升，儿童肥胖症也是如此。过去 20 年中，这一现象在发达国家大大增加：英国约有 8% 的成年人患肥胖症，15% 的儿童严重超重。青少年肥胖（尤其是 2 型糖尿病导致的青少年肥胖）是亟待解决的健康

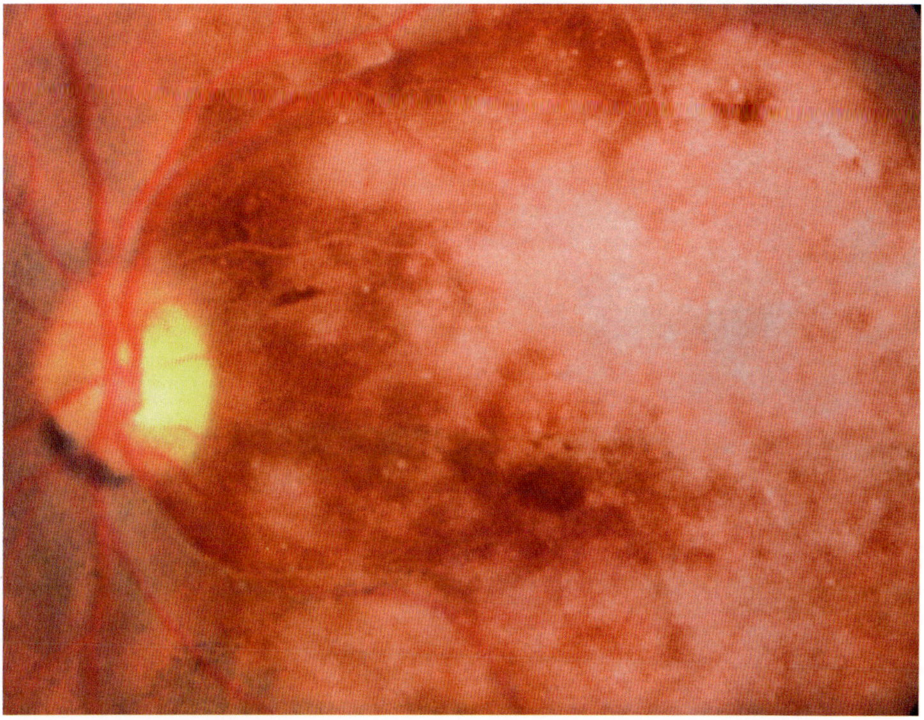

失明的风险：通过检眼镜可以清楚地看见糖尿病对视网膜的损害，即图中右侧斑驳的粉色区域（左侧的黄色区域是视神经盘）。

问题，否则将成为一生的健康隐患。

2 型糖尿病的主因既不在于胰腺本身，也不在于胰岛素的多少，而是身体组织抵抗自身的信息传递。与 1 型糖尿病相比，2 型糖尿病患者的胰岛素水平虽然更高，但胰岛素的效用却下降。高糖分的饮食和久坐不动的生活习惯诱发了胰岛素抵抗：组织对胰岛素的敏感性降低，胰腺在压力状态下分泌出的胰岛素更多，用以降低血糖水平。与经常运动的人相比，习惯于久坐不动的人对胰岛素的抵抗更强烈（或者说敏感度更低）。

看来，虽然狩猎采集的史前生活和饮食习惯已经过时了，但在人体上还是遗留下深远的影响，2 型糖尿病似乎就是这样产生的。胰岛素抵抗看似设计缺陷，但是从进化的角度来看确实有道理：这种机制可能会帮助我们的祖先熬过饥荒，至今在遭受饥荒折磨的国家中可能属于人体的优势。然而，西方国家居民相对富裕，他们“狩猎采集”来得更容易些，受高脂肪和高能量饮食影响的可能性更大。

超出血糖水平：糖尿病的连环反应影响其他器官，严重破坏神经和小血管，伤害视网膜（会导致失明）和肾脏（导致肾衰竭）。不仅如此，糖尿病还会引发脚部溃疡（导致坏疽和截肢）、男性勃起功能障碍、心脏病，以及脑卒中。糖尿病提升了患动脉粥样硬化和高血压的风险：糖尿病患者的心血管疾病风险是健康人群的 2 倍，其中大部分患者死于心脏病。总而言之，糖尿病患者死亡率是普通人的 2 倍——主要因为患心脏病的风险更大。

生活习惯、饮食和糖尿病：生活习惯对防治 2 型糖尿病至关重要。世界卫生组织最近发表了一篇报告，其中提到改变生活习惯是预防和治疗糖尿病的“基石”。控制体重，充分运动，健康饮食，多吃沙拉和蔬菜，能将 2 型糖尿病的患病风险减小一半。

肥胖，尤其是腹部赘肉，是导致 2 型糖尿病和心脏病的重要因素之一。减肥可以提高人体对胰岛素的敏感度，减少患 2 型糖尿病的概率。而且不论体重多重，运动都能降低患病风险。

饱和脂肪酸（主要存在于动物脂肪中）摄入量大，患糖尿病的可能性就大。食用单不饱和脂肪酸和多不饱和脂肪酸含量高的植物油可以降低风险。非淀粉多糖（未经加工或者最低限度加工的碳水化合物，广义上也被称为膳食纤维）也可以保护人们不患糖尿病。这样的碳水化合物存在于全麦谷物、水果和蔬菜中。

人们已经得知了很多食物的“GI”（血糖生成指数）。GI 表示碳水化合物分解成葡萄糖再吸收进入血液循环的速度，食用 GI 值低的食品自然会降低患糖尿病的可能性。出乎意料的是，在关注健康和膳食的人和别有用心的人共同推动下，GI 成了全民追捧的时尚热点话题。虽然一般情况下 GI 能正确引导人们判断某种食物是否“健康”，但也并非百试不爽。比如说，高脂肪的食物 GI 值可能很低，但更重要的是食物的非淀粉多糖含量。行话和无穷无尽的食物清单有时会把简单信息过度复杂化，连医生都可能被与营养相关的海量信息搞糊涂。值得庆幸的是，《柳叶刀》杂志刊载的一篇文章归纳出几条简洁明了的建议。如果你不想吃非淀粉多糖含量高或者 GI 值高的食物（这就不列举数字让大家一头雾水了），那最好做到如下几点：

- → 早餐吃燕麦、大麦和麦麸制成的麦片
- → 吃全麦面包
- → 少吃土豆
- → 多吃水果、蔬菜（除了土豆）
- → 多吃用油醋汁调味的沙拉

胰腺炎

在发达国家，大部分胰腺炎症，是由胆结石和酗酒导致的。由胆结石诱发的胰腺炎似乎与胰管末端被胆结石阻塞，胰腺分泌物造成自身消化有关。虽然如此，但是胰腺炎发病的确切原因还不是那么明朗。

酒精是导致慢性胰腺炎或者长期患胰腺炎的主要原因，它似乎打乱了胰腺分泌的消化酶和酶的抑制因子间的微妙平衡。胰腺分泌出的蛋白酶可以分解来自胃肠的蛋白质。但这种酶也可能分解组织中的蛋白质。因此，胰腺必须抑制自身分泌的酶的分解作用，一旦无法抑制，就面临自身被消化的危险。一旦平衡被打破，胰管就会阻塞并钙化。从 X 光片和 CT 扫描图上可以看见胰腺钙化的迹象——慢性胰腺炎患者的胰管上有一排小白点。

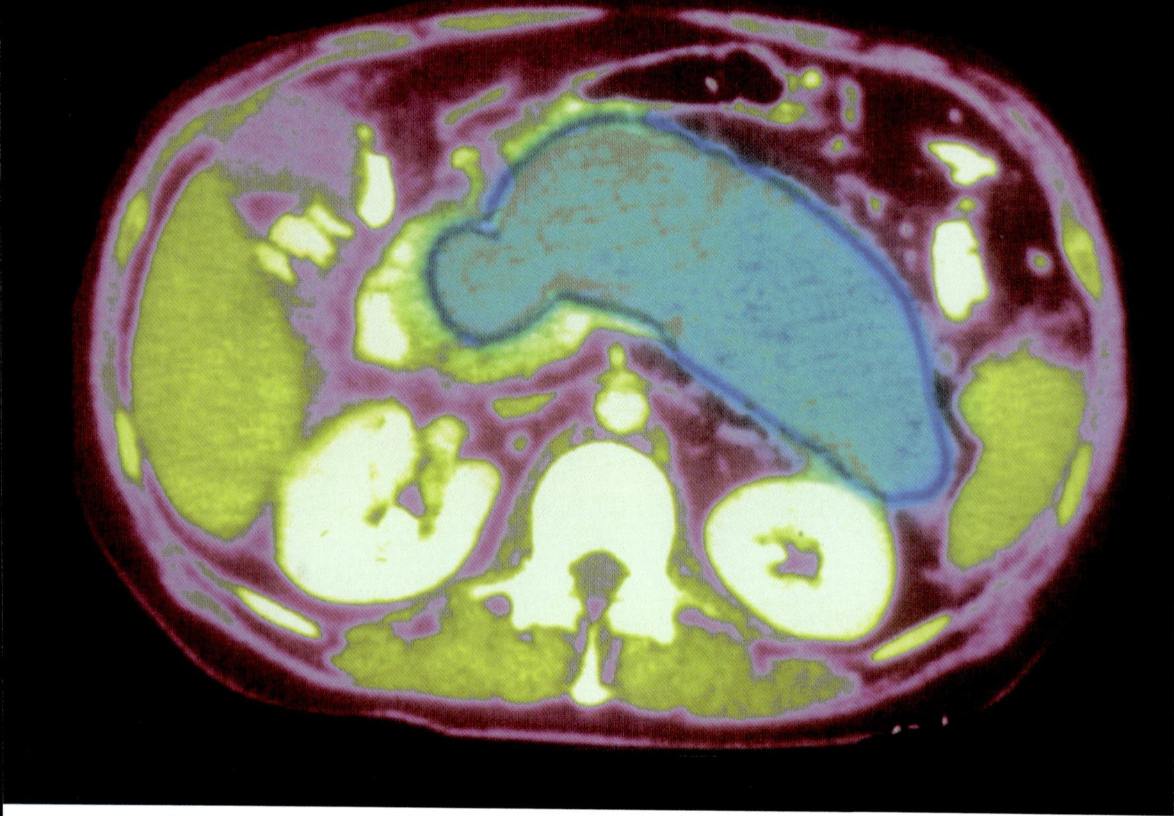

彩色 CT 扫描出的腹部切片，绿松石色的部分是发炎肿胀的胰腺。

胰腺炎发作时，胸骨下方的上腹部能感到剧烈疼痛。胰腺炎患者经常病恹恹的，乃至于无法进食，体重急剧下降。胰腺的消化和内分泌功能都一团糟，没有胰腺分泌的消化酶，身体就没办法消化并吸收食物中的营养；胰岛素不够，就会患糖尿病。慢性胰腺炎患者有发展成胰腺癌的可能性。这样看来，胰腺癌可能由慢性胰腺炎发展而来，但患病风险的大小似乎更取决于基因（虽然烟民的患病风险会增加一倍）。胰头癌变有可能阻塞胆管导致黄疸。

五种保持胰腺健康的办法：

- 控制体重：经过证实，减肥可以降低患 2 型糖尿病的风险。

- 少吃脂肪，用不饱和脂肪代替饱和脂肪；多吃全谷食物、水果、蔬菜（土豆除外），少吃精制糖。这可以降低胰岛素抵抗和患 2 型糖尿病的风险。

- 多运动——身体不活动会增加患 2 型糖尿病的风险。

- 别喝太多酒：女性一天最多喝 2 杯（酒精度为 12% 的葡萄酒 160 毫升），男性一天最多喝 3 杯（酒精度为 12% 葡萄酒 250 毫升），切忌狂饮。这样可以降低酒精诱发胰腺炎的风险。

- 不要吸烟——吸烟会使得胰腺癌的患病风险加倍。

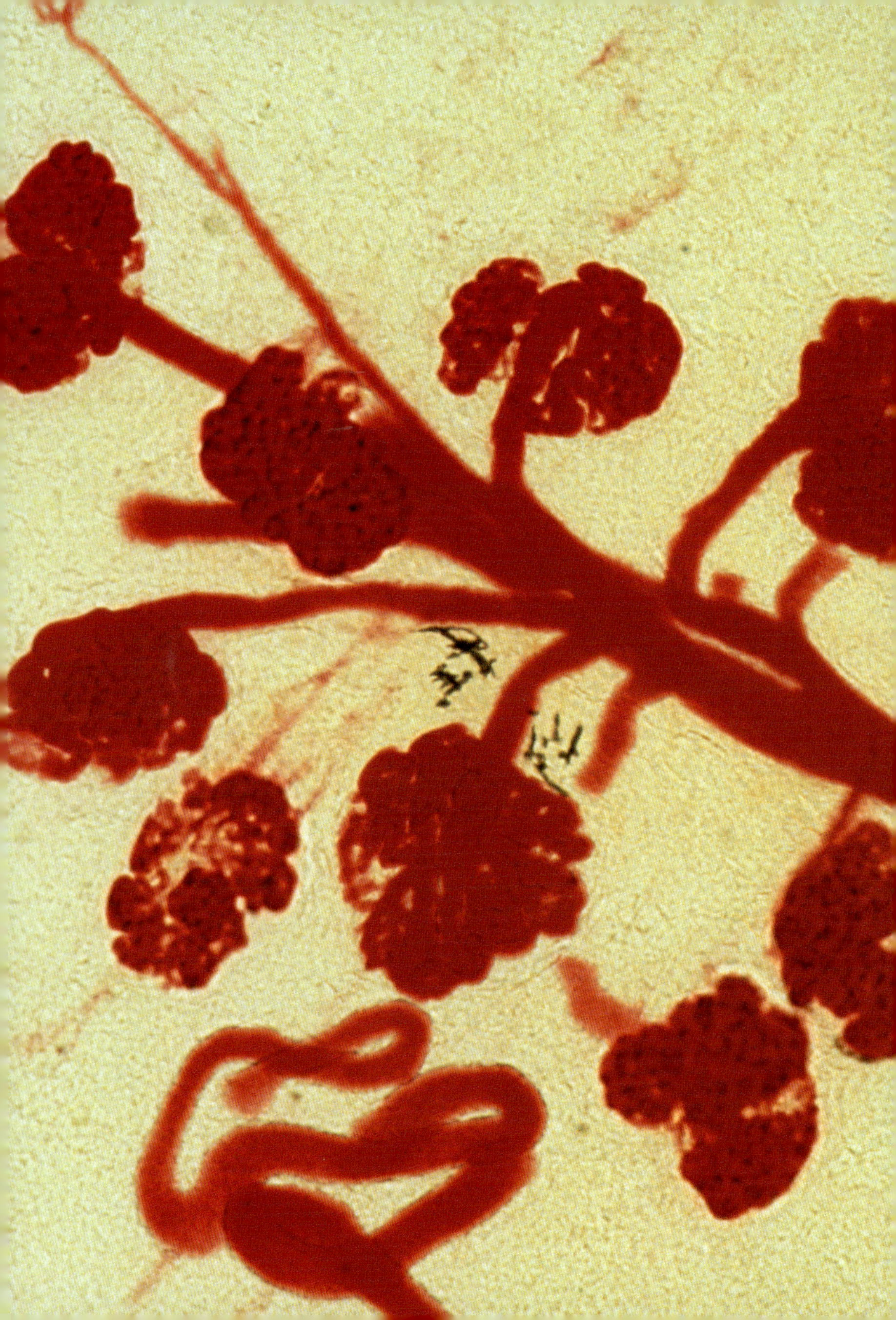

第六章

肾脏与膀胱

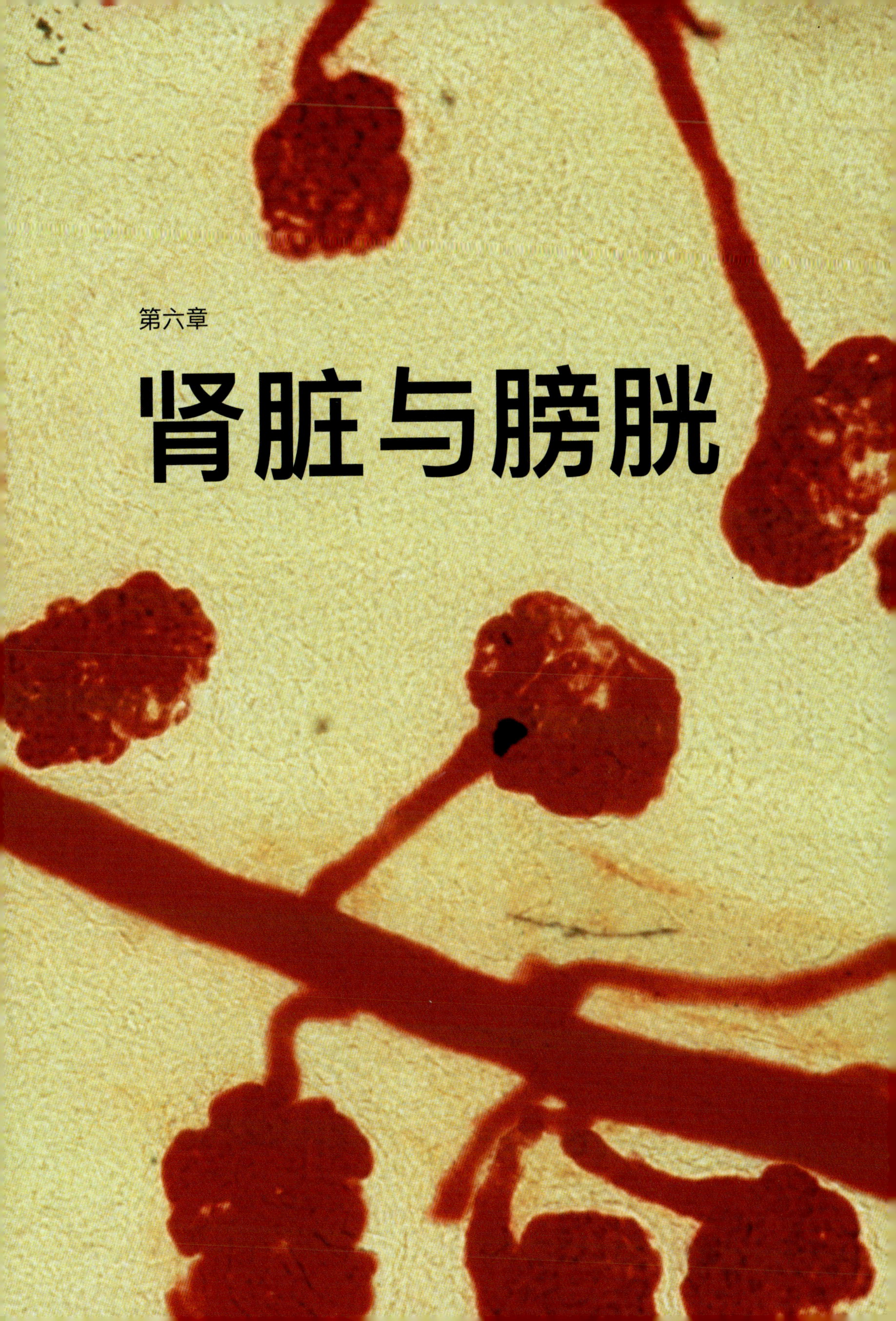

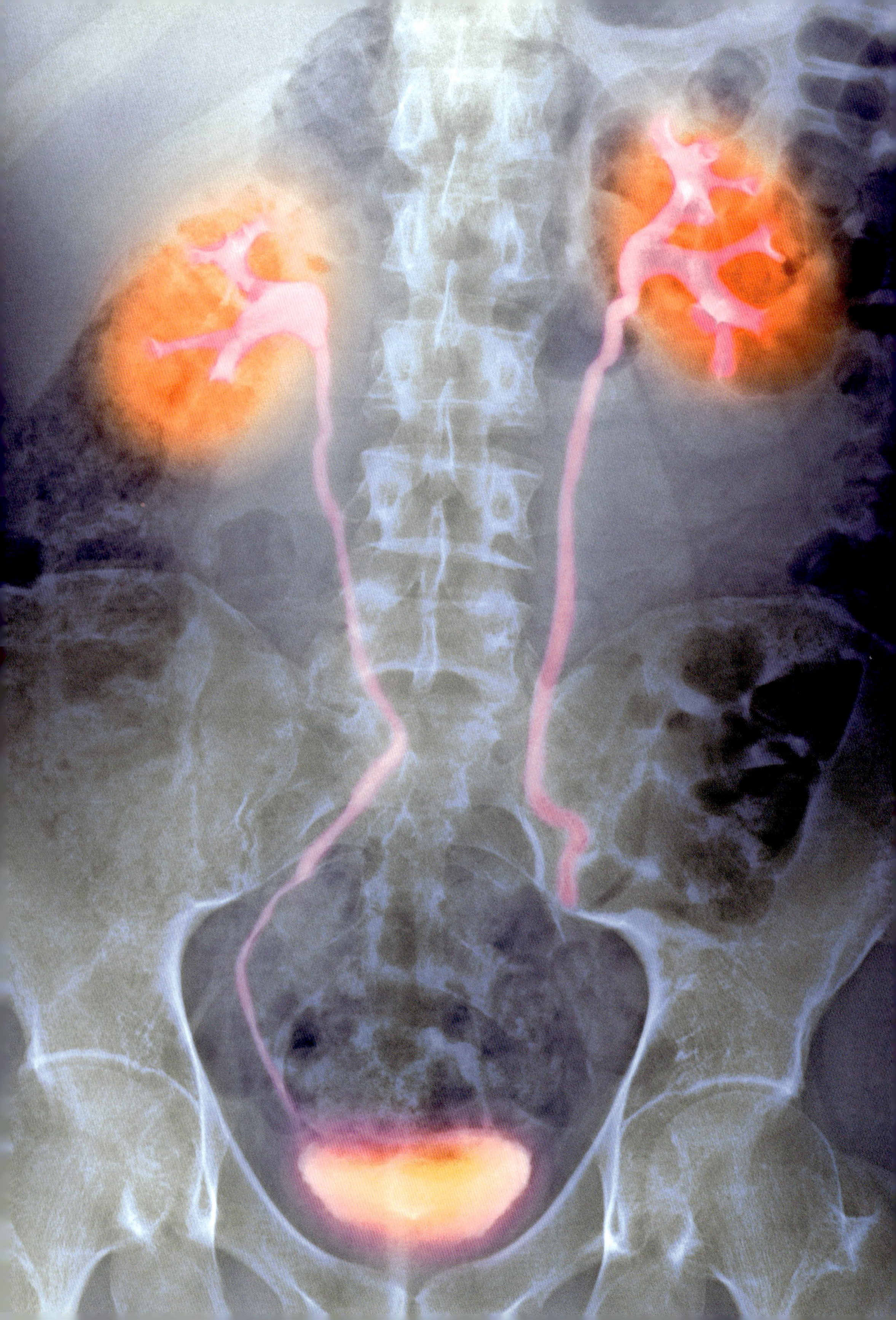

肾脏的工作很了不起。它们能过滤血液，保证血液的电离子浓度适当，让体内所有细胞都处于完美工作的状态（离子是因为失去或者获得电子而带有电荷的原子）。像神经和肌肉这样的“电”组织依靠细胞内外的离子才能正常工作，但血液以及细胞内外液体的离子平衡（电解质平衡）对于每个细胞都同样重要。

肾脏控制体内液体总量，是排泄过程的重要参与者：排出废物，尤其是细胞因蛋白质分解而产生的含氮化合物。这种废物首先以胺的形式存在，肝脏将其降解转化为尿素后毒性被削弱。尿素由血液带入肾脏，并随着尿液排出体外（对植物来说，尿素是极好的氮元素的来源，在堆肥上撒尿很有用）。难怪在当肾脏无法胜任它们所承担的重要职能时，身体很快就会出问题。

P120-121 图：图中像微型绣球花或者小毛球的是毛细血管球，即肾小球，里面的血液经过肾脏过滤。

左图：拍 X 光时向患者体内注入特殊染料，能看见肾脏（图片上部橙色部分）把染料过滤到尿液时发光。尿液顺着输尿管流入膀胱。

肾脏和膀胱在哪里？

“泌尿系统”包括一对肾脏，两条连接肾脏与膀胱的管道（输尿管），以及最终通向人体之外的管道——尿道。

肾脏位于腹腔上部肠道后侧，紧贴腹后壁。肾脏的位置很高以至于上端被最后一条肋骨包住。这说明肾脏下端的大部分区域没有肋骨保护，但是肾脏自带一层独特的保护层：一层厚厚的肾周脂肪，差不多是身体在饥饿状态下最后才被消耗的脂肪。膀胱位于肾脏下方的骨盆腔内，就在耻骨后侧。

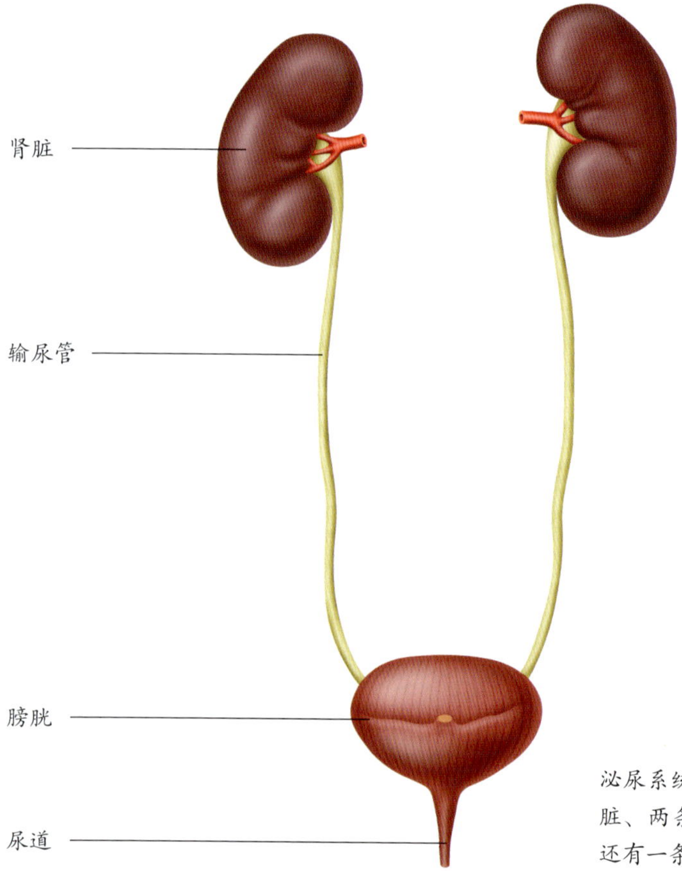

泌尿系统：两只过滤血液的肾脏、两条输尿管、一只膀胱，还有一条排出尿液的尿道。

肾脏是什么样子的?

肾脏，形如蚕豆，在脊柱的两侧，左右各一。每侧肾脏约 10 厘米长，5 厘米宽，2 厘米厚，呈深红棕色，表面光滑。把肾脏解剖开，可以看见像河口一样的结构，尿液通过条条支流汇入肾盂，尿液进入细窄管道后，沿着越来越窄的“河口”向下，经过输尿管流入膀胱。从剖面还能看到肾脏被分成两部分，分别是由粉红色锥体构成的实质或者称为“髓质”和组成褐色外层的皮质。肉眼无法观察到锥体和皮质的细节，除非借助显微镜。它们是由毛细血管和细小管道交织成的密集网络，负责过滤通过毛细血管的血液，排出废物和多余液体。这些细小的管道属于肾单位，每侧肾脏大约有 100 万个肾单位。

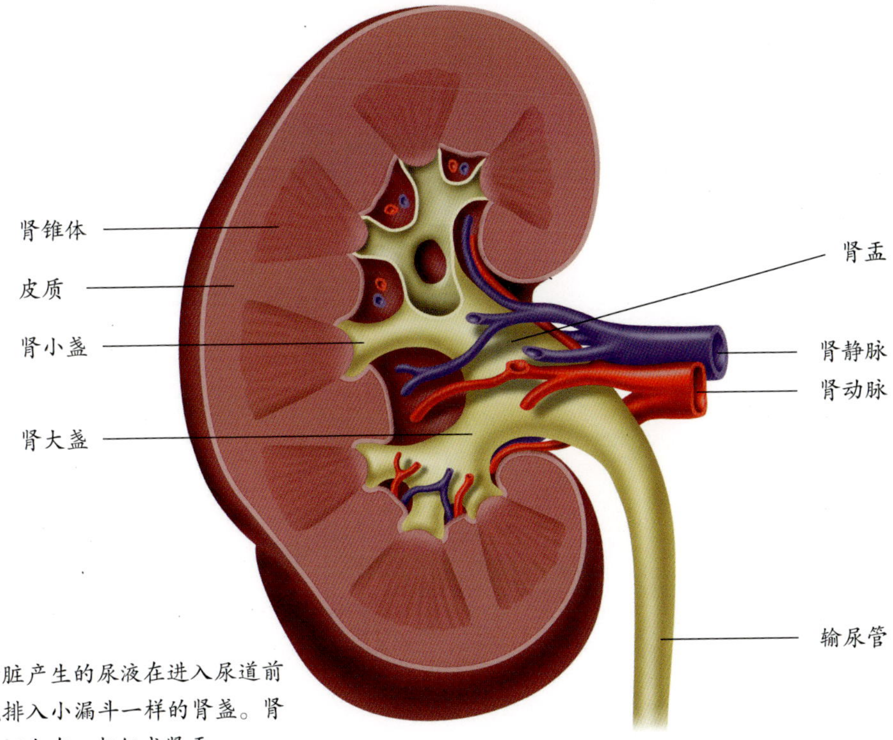

肾脏产生的尿液在进入尿道前先排入小漏斗一样的肾盏。肾盏汇合在一起组成肾盂。

肾脏如何工作?

流入肾脏的血液来自直接从主动脉分支出的肾动脉。肾动脉深入肾脏的内侧边缘，然后分出更细的分支，直到最终形成一团团细微的毛细血管。血液从这些

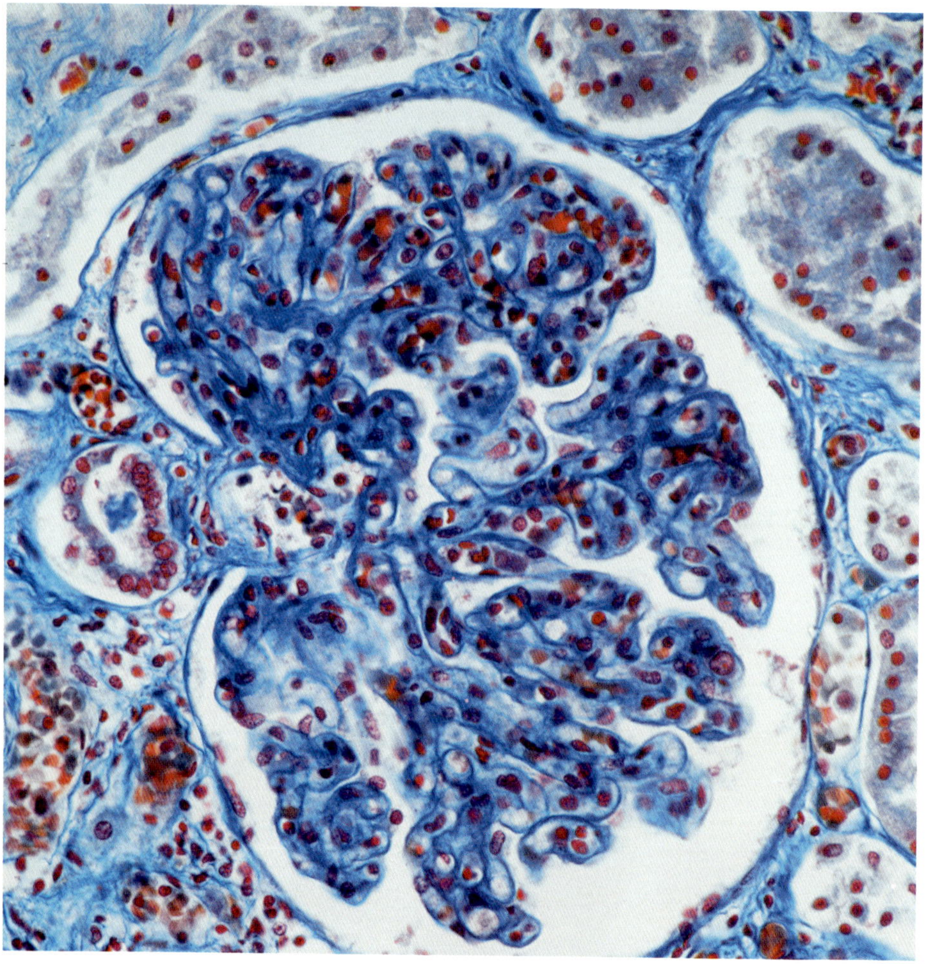

过滤血液：盘绕在肾小球上的毛细血管（蓝色，内部有红细胞），裹在它们周围的是鲍氏囊（里面白色的是空白区域）。

毛细血管流出，进入细小的静脉后最终流入肾静脉。血液离开肾脏后流入大静脉，即下腔静脉，从腹腔后部向上运行。

过滤血液

每一团毛细血管球都位于杯形的“鲍氏囊”中，这就是肾单位的发端，肾脏过滤血液就是从这开始的。毛细血管壁具有渗透性，血液中的液体能够穿透血管壁滤出。液体从鲍氏囊外层形状像蕨叶一样奇怪的足细胞间流过，进入肾单位。肾脏每天要过滤 180 升液体，真是令人惊异。这个数字远远高于人体内的液体含

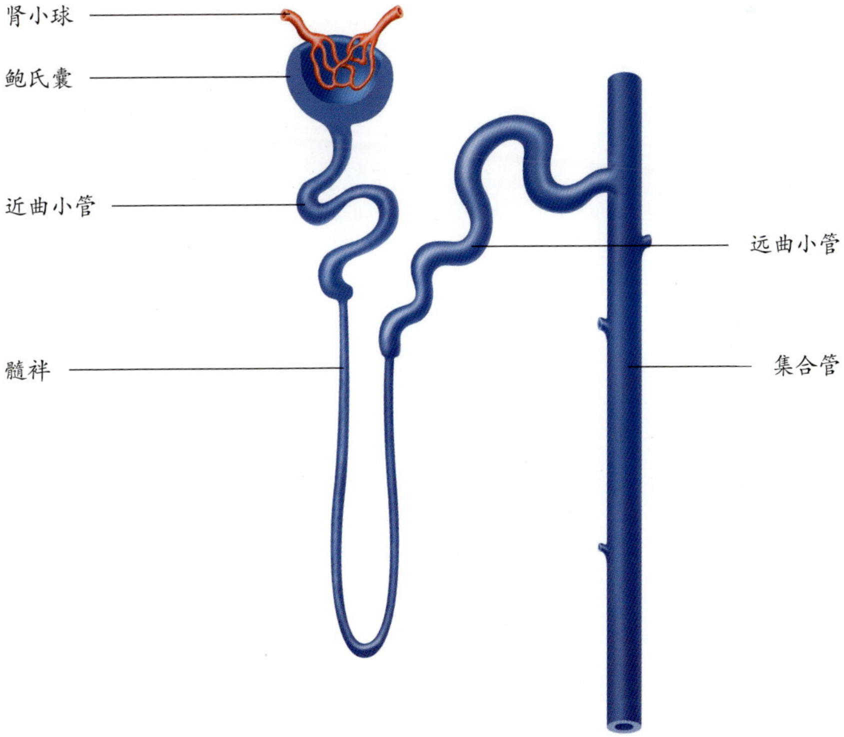

肾单位：大部分过滤后的液体都被近曲小管重新吸收，包括离子和葡萄糖在内；髓袢吸收的水更多；远曲小管和集合管负责精密调整水和盐。

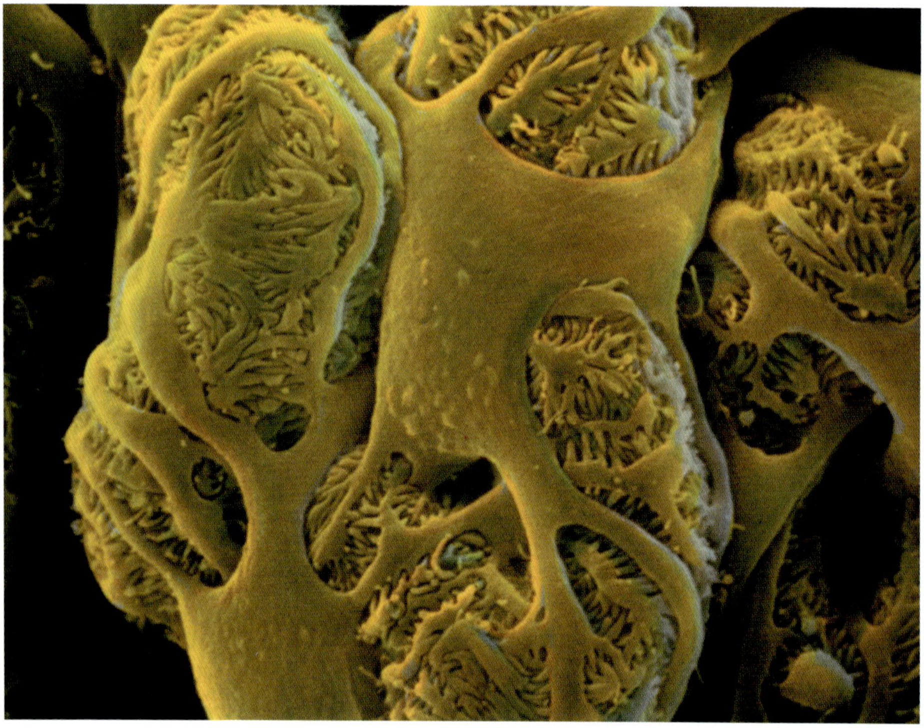

看起来像蕨类植物的足细胞：足细胞的叶子形成了一个筛子，可以在液体进入鲍氏囊时过滤液体。图片是实际结构的 6 千多倍。

量，所以故事到这里还没有结束。

液体沿着肾单位流动时，大部分液体重新被血液吸收。这样的处理方式似乎有点奇怪，但也意味着即使血液中的废物浓度极低，肾脏也可以将其清除掉。在身体需要的每种物质返回血液的同时，肾单位继续对重要电离子——钠、钾、钙、镁以及碳酸盐做细微调节，葡萄糖也会进入位于鲍氏囊的肾单位中，但一般情况下，它们会被血液重新吸收，在尿液中几乎没有残留。糖尿病患者的血液中葡萄糖水平高，这说明肾单位的负荷过重无法重新吸收所有的葡萄糖，因此部分随着尿液排出体外。

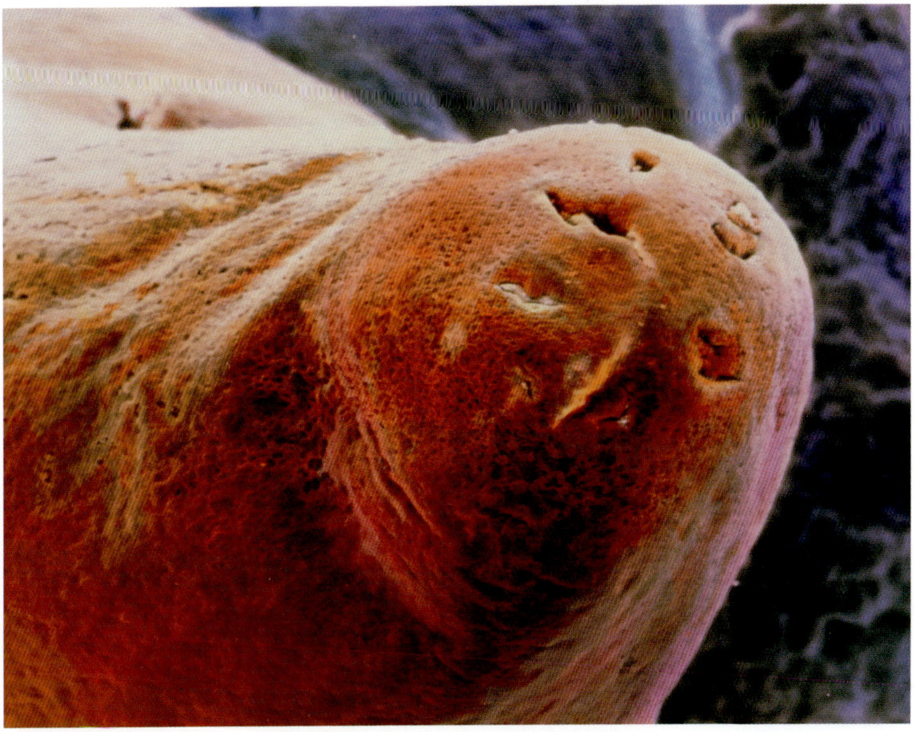

胡椒粉罐的盖子一样的肾乳头：乳头表面上的小孔是集合管的开口。图片是实际结构的80多倍。

经重新吸收后剩余的液体到达肾单位末端时，会与来自其他肾单位的液体汇合流入一条集合管。集合管沿着髓质锥体向下延伸至肾乳头上的乳头孔；放大观察乳头孔，就能看见上面连接着集合管，看起来很像胡椒粉罐的盖子。

到目前为止，我们提到的液体就是“尿液”。尿液流入肾盏，肾盏汇合在一起组成了更大的肾盂，收集肾脏排出的所有尿液。肾盂向下延伸，越来越窄，延续为将尿液输送到膀胱的输尿管。

输尿管与肠道的肌肉壁一样，都属于肌性管道，可以通过蠕动和收缩将尿液推入膀胱。这就说明即使人在倒立的时候，来自肾脏的尿液仍然可以穿过25厘米的管道到达膀胱。膀胱是一只肌性囊袋，能存放半升左右的尿液。当你觉得条件许可的时候，就可以收缩膀胱释放尿液。尿液通过尿道离开膀胱，到达外界。

常见肾脏问题及如何防治

有些肾脏问题与各种生活和饮食方式有紧密的关系。下文中，我们来看看肾结石、膀胱炎和尿失禁。

肾结石

肾结石是伤害肾脏的常见问题；有些肾结石是疾病或者遗传导致的，但饮食因素也是发病原因之一，人们这时可以自我控制降低风险。肾结石不属于新型疾病（有证据表明，早在古埃及这种疾病就存在了），它的患者也并不只有人类。肾结石是无机晶体和蛋白质的混合物。80% 的肾结石由钙质构成：外观呈白色，具有白垩质感。钙是人体骨骼的基础成分，这就意味着体内周转着一定数量的钙，其中一些需要通过尿液排出。人类是陆生动物，水对我们来说很宝贵，我们不想在尿液中失去太多水分，由此尿液（包括溶解于其中的钙）是经过浓缩的，这就好比增加某种溶质的浓度，迟早会出现无法溶解的情况（想象一下向茶水中加入一勺勺糖的画面）。不能溶解的物质开始凝结（或者沉淀）成固体颗粒并结晶；但我们可以通过人为手段降低沉淀的可能性。阻止钙结晶的一个办法就是向尿液中添加枸橼酸盐：枸橼酸盐与钙结合后，可以继续溶解。

当肾结石离开肾脏并沿着输尿管向下移动时，会引起疼痛——撕心裂肺地疼。这种感觉叫作“绞痛”，意思是疼痛一阵一阵地发生，像波浪一样。当输尿管肌肉壁收缩试图推动结石，就能感受到“绞痛”。疼痛一般先发生在一侧肾脏的上部，然后扩散到腹股沟。结石偶尔还会堵住输尿管，导致尿液阻塞，最终诱发肾衰竭。

鹿角形的肾结石把肾盏和肾盂全填满了。

有的结石特别大，永远无法从肾脏中排出：它们卡在肾盂中，接着蔓延到肾盏，形成了一个分叉的巨大结石，在医学上被称作“鹿角形肾结石”。

肾结石在男性中的发病率是女性的 4 倍，只有在 60 岁以上群体中情况不同——60 岁以后，男性肾结石发病率下降，女性发病率上升。虽然肾结石与膀胱感染、肾脏感染这类疾病有关系，但也经常有原本健康状况良好的人患病。在人生某个随机的时间点患肾结石的概率是 10%。如果曾经患过肾结石，那么有可能再次发病。

肾结石可能是由尿液流路受阻碍引起的，可能与前列腺增生有关系，这是老年男性的常见问题。另一个致病原因是尿路感染：细菌生成的碳酸盐能形成结石。但肾结石的主要成因是血液中的钙含量过高（通常与尿液中少量存在的枸橼酸盐结合）。钙含量高说明肾脏本身存在潜在问题，或者是骨骼的问题（如果钙从骨骼进入血液），又或者是肠道出现了问题（如果吸收了太多的钙）。

长期脱水的人更容易患肾结石。肾脏竭尽全力维持正常的血液成分；如果全身脱水，肾脏排出的液体量就会减少，尿液浓度升到很高。水分的吸收和流失必须保持平衡：一旦肠道大量脱水就要多喝水，比如说大量出汗或者腹泻。高度浓缩的尿液更容易沉淀形成肾结石——所以要不断喝水！英国国家医疗服务体系建议，每天要尽量喝 1.5 ~ 2 升水，但更重要的是要听从自己的身体，满足自身需求。肾结石患者一般被建议喝更多的水（每天喝 2 ~ 3 升）；而且水不一定指普通的水，橙汁、咖啡还有酒水都可以，这点倒是与现在流行看法不同。

盐和蛋白质摄入过多就容易得肾结石。减少食盐摄入量就意味着尿液中的钠含量会减少，由于钠和钙的增减趋势相同，因此含钙量也会降低（控制盐的摄入可能不但降低流失到尿液中的钙含量，还能降低患骨质疏松症或者骨骼软化的风险）。有些肾结石是尿酸形成的，尿酸是蛋白质分解的产物，所以降低膳食中的蛋白质含量可以减少这类情况。控制蛋白质摄入量同样会提高尿液中的枸橼酸盐含量，有助于防止钙结晶。多吃蔬菜、水果有助于降低尿液的含酸量。控制钙的摄入量是一种听起来值得一试的方法，但不幸的是，减少钙的摄入不算好办法，可能造成其他物质（比如草酸盐）增加，反而诱发肾结石。

归根结底，如果你很健康而且从未患过肾结石，就不必为改善饮食而操心。如果你有患肾结石的危险或者曾经患过肾结石，需要改变饮食习惯，那么请咨询医生，他们会告诉你应该怎么做。

膀胱炎

顾名思义，膀胱炎就是指膀胱的内膜发炎。这是一种女性发病率远高于男性的疾病，原因在于女性身体与外界相通的管道，也就是尿道，要比男性短得多（女性的尿道大约 4 厘米长，男性大约 20 厘米长——男性尿道必须贯通整个阴茎）。通常粪便中的细菌会造成感染，比如大肠杆菌，细菌会向尿道开口处（女性尿道开口处位于阴蒂和阴道间）的方向扩散。

尿道有一系列防御机制，包括分泌捕获细菌的黏液，内膜细胞能够不断脱落，免疫保护体系，当然还少不了常规的尿液冲刷。但有的时候细菌更胜一筹。尿路感染通常会导致尿频，小便时有刺痛或者烧灼感。某些情况下，处于腹部最底端的耻骨正上方区域也会感到疼痛，膀胱就在这个位置。尿液还有可能带血或者散发难闻的气味。

对女性来说，想要避免或者尽可能降低患膀胱炎的风险，就需要呵护尿道和阴道开口的区域：小阴唇之间的“前庭”。保持前庭的洁净可以降低患尿道炎的可能性，请谨慎使用添加香氛的浴液和爽身粉接触这片区域。如厕之后要记得按照从前向后的顺序擦拭，以此避免将肛门上的细菌带到前庭。性行为时使用润滑剂可以防止受伤以免感染，结束后排尿将尿道中的入侵物冲刷出去。

尿路感染的并发症可能非常严重：被感染的器官可能不仅仅是膀胱，细菌会沿着尿道一路向上入侵肾脏。一旦肾脏感染会疼得不行，同时引起发烧，还会长出许多充满脓液的肿泡。肾脏发炎之后会奋力抗争，保持人体内的电解质平衡，

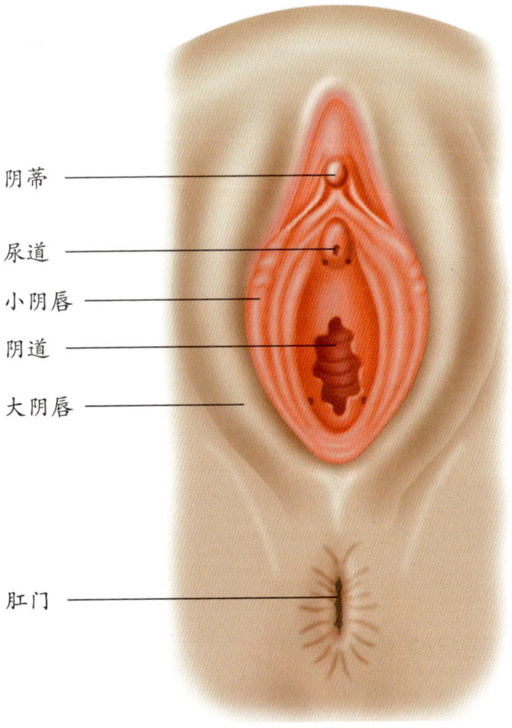

两腿之间：小阴唇包裹的前庭，尿道和阴道的开口处都在这里，后方的是肛门。

排出体内废物。患有诸如肾结石或者糖尿病等其他症状时，感染会给肾脏造成长期损伤。

针对膀胱炎而言，蔓越莓汁已经取得了神奇的治疗效果，但是尚无任何证据能证实。听起来有点不靠谱，也许有用呢？那就不妨一试！

蔓越莓汁中含有果糖（其他果汁也都如此）和一种独特的大分子（蓝莓汁中亦有发现）。两者似乎都能阻止膀胱内膜上的细菌繁衍扩散，比如大肠杆菌。前一段时间这种不同寻常的大分子的身份略显神秘，但现在人们已经确定了它的身份，是一种类黄酮或者植物色素（告诉各位刨根问底的读者，这种物质是原花青素的三聚体），也属于抗氧化剂。

下文中的神奇实验发生在波士顿的一家养老院中：将安慰剂（属于中性物质）染成蔓越莓汁的颜色，调出蔓越莓汁的味道，然后让养老院中的老年妇女们每天喝下 300 毫升蔓越莓汁或者安慰剂（但她们不知道喝下去的是哪一种），6 个月之内天天如此。实验结果表明，蔓越莓汁不仅有助于预防膀胱炎，甚至对已经发病的感染也有效果。这项研究的实验对象是平均年龄 79 岁的老年妇女，还没有年轻女性做样本。但如果有患过膀胱炎的人再次复发，喝蔓越莓汁显然也没什么坏处，反而可能对人有很多好处。但是我建议不能就此放弃常规医学疗法。如果你觉得自己患了膀胱炎，请务必去看医生，服用他们开的抗生素。多喝各种饮品，用液体将人体内的细菌冲刷干净。

尿失禁

想要充分理解尿失禁（膀胱出现问题），就需要从解剖学和生理学的角度了解正常膀胱是如何控制小便的。膀胱是一只平滑肌构成的袋子，天生就有“自动性”，受自主神经支配。膀胱壁上的牵张感受器可以诱发神经产生反射，使得膀胱收缩。婴儿时期，我们的膀胱就是这样工作的：膀胱满了……膀胱空了……膀胱又满了……膀胱又空了，都是无意识的行为。如厕训练就是学习如何克服这种原始的反射。只要花上一点点心思，就能防止膀胱自动清空，学会有意识地操控排泄。再过一段时间，人们甚至都注意不到自己正在控制反射，小便就成了一种自主行为：人们可以在条件方便的时候去小便，而不必在膀胱“想要”的时候。

膀胱位于一块叫作盆底肌或者盆膈（解剖学将其称为肛提肌，就是“提拉肛门”的意思;试着绷紧——就是这样！）的骨骼肌（随意肌）之上。尿道从盆膈穿过，所以这块肌肉收缩时就在尿道周围起到了括约肌的作用（你可以自己测试下括约肌有什么作用；通过收缩盆膈将尿道挤压至闭合，就可以在小便中途停止排尿）。女性的膀胱周围的筋膜和邻近器官，尤其是阴道，有助于支撑膀胱和尿道把它们固定在正确的位置上，这对控制排尿非常重要。

进化是从一点一滴开始的，生物体（人类也包括在内）产生着细微的改变，却无法预料到未来将引发什么问题。自人类进化成用两条腿走路以来，狭窄的骨盆更方便行走，但在随后的进化进程中，人脑变得更大了。胎儿的头部比较大，还在能恰好通过女性骨盆的大小范围内。这就说明女性骨盆在“设计”层面上要做些妥协：骨盆狭窄方便直立行走，但为了形成产道也得够宽才行。所以说，人类分娩困难不是新鲜事（这也保住了产科医生的饭碗），胎儿头部通过相对狭窄的产道可能有点困难。请想象胎儿通过“骨盆下口”环状骨骼的样子：不光是让胎儿从母体来到外界的阴道，连前方的尿道、后方的直肠和盆膈都与骨盆壁相连。此外，骨盆周围和侧部缠绕着三条管道和上方的骨盆筋膜也加强了对盆腔的支撑。

随着胎儿头部挤出骨盆出口，这一结构的某些部位，尤其是盆膈和筋膜，会被撑开甚至撕裂，还可能导致神经受损，筋膜撕裂甚至盆膈脱位。这种损伤的后果是产妇尿失禁。由于骨盆和筋膜无法支撑正常膀胱和尿道，只要腹部压力增加，如咳嗽、打喷嚏、大笑，都会迫使尿液流出。分娩后的几周或几个月之

P136-137 图：给患者注入放射性染料，通过 X 光片观察尿液的生成。左侧图片是充满尿液的膀胱，右侧图片是尿液排空的膀胱。

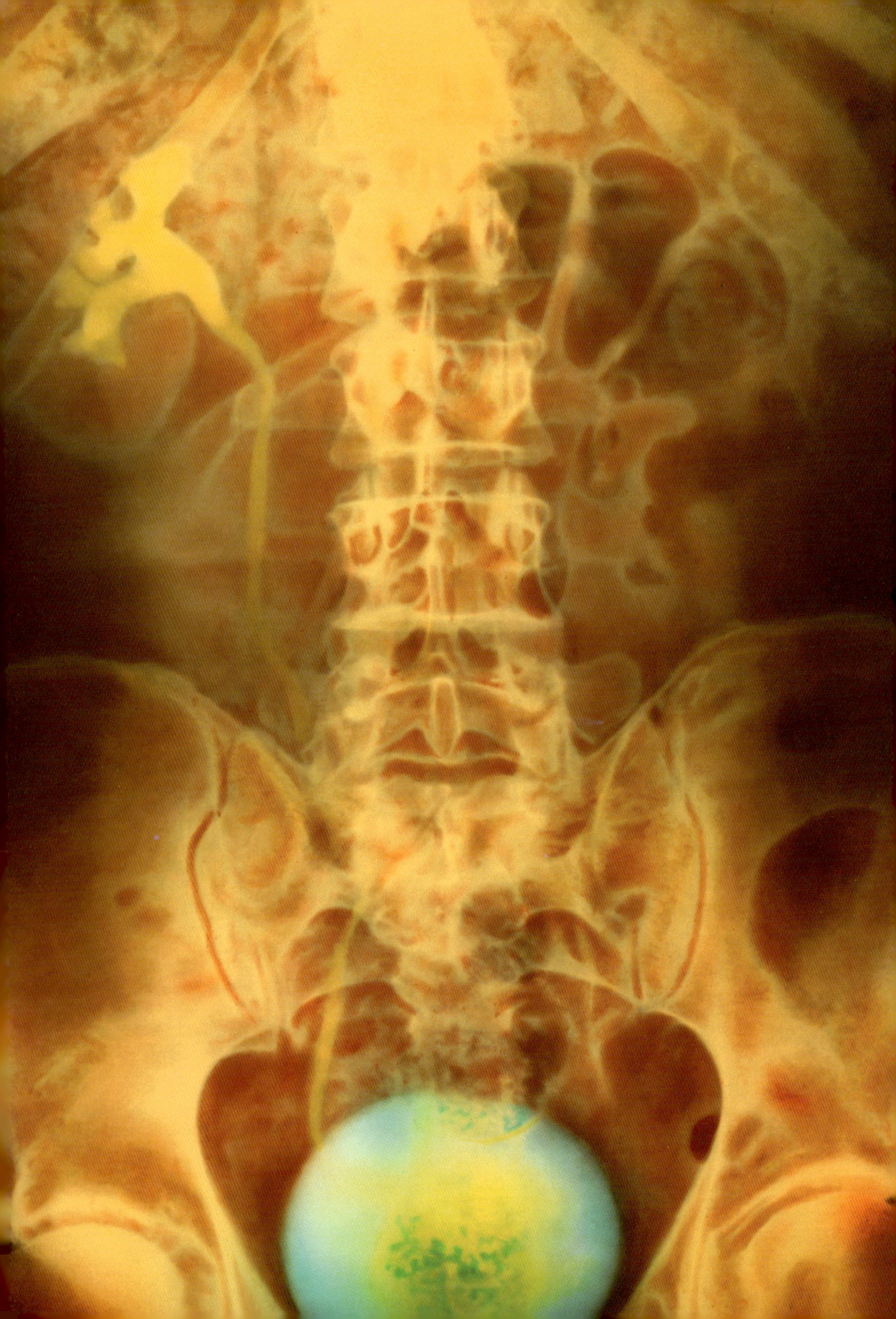

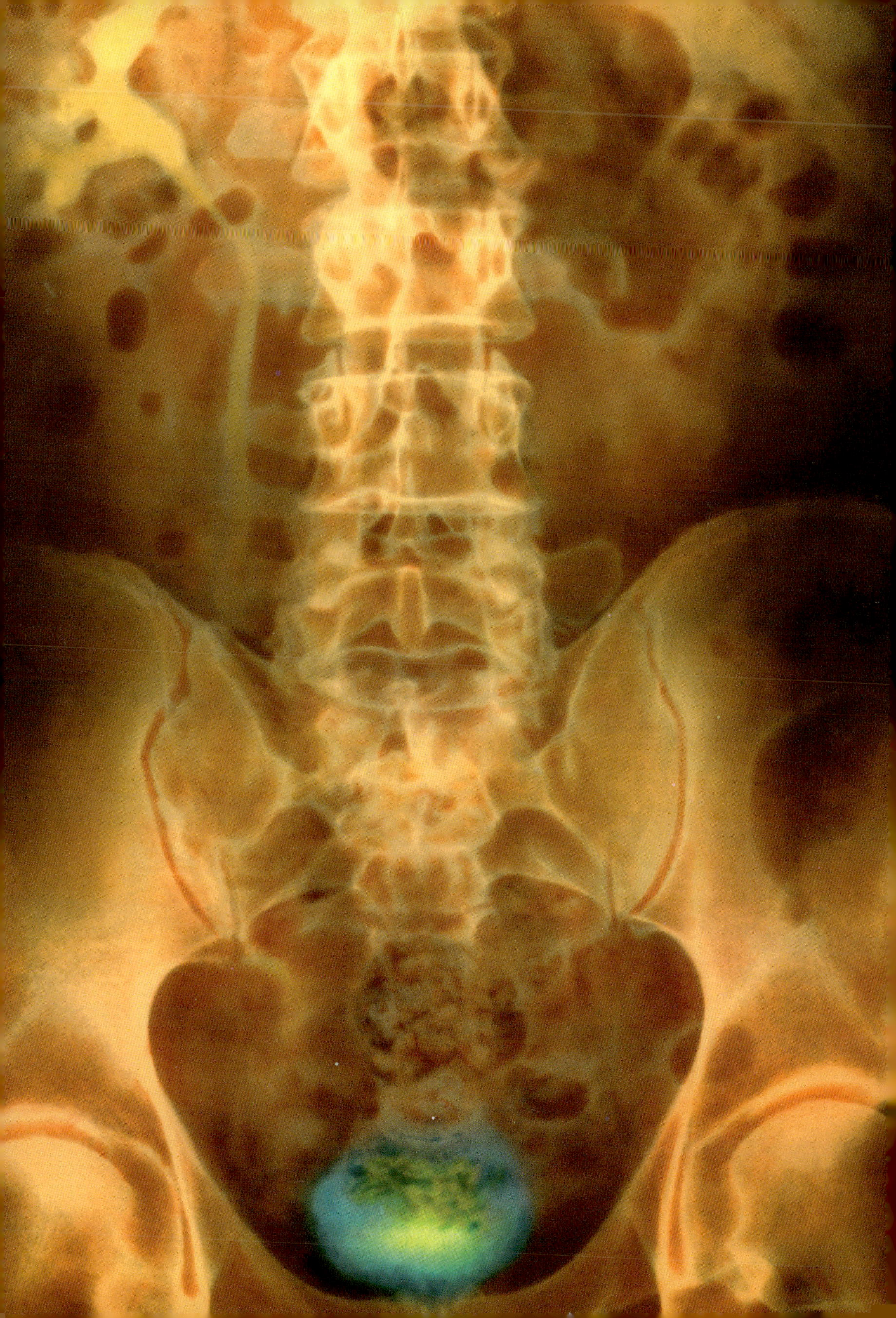

内，神经和组织就会恢复，尿失禁的问题也渐渐随之消失；但损伤太严重的话就必须手术修复。人们目前知道的真正具有改善作用的非手术疗法就是盆底肌锻炼（有规律地缩紧、放松肌肉，恢复肌肉张力）。从解剖学上讲，这种锻炼很有意义，因为盆底肌能支撑膀胱和尿道，并在尿道周围起到括约肌的作用。

五种保持肾脏和膀胱健康的方法：

- 渴了及时喝水：每天至少喝 1.5 升水。

- 多吃水果、蔬菜，少吃盐，可以降低患肾结石的风险（从总体上讲也有好处）。

- 降低患尿路感染的风险——如厕之后，女性应按照从前向后的顺序擦拭；发生性行为可使用润滑剂，性行为结束之后尽快排尿。

- 膀胱炎容易复发的人可以喝蔓越莓汁或者蓝莓汁，有助于降低感染的风险。

- 怀孕期间锻炼盆底肌，可以降低产后失禁的风险。

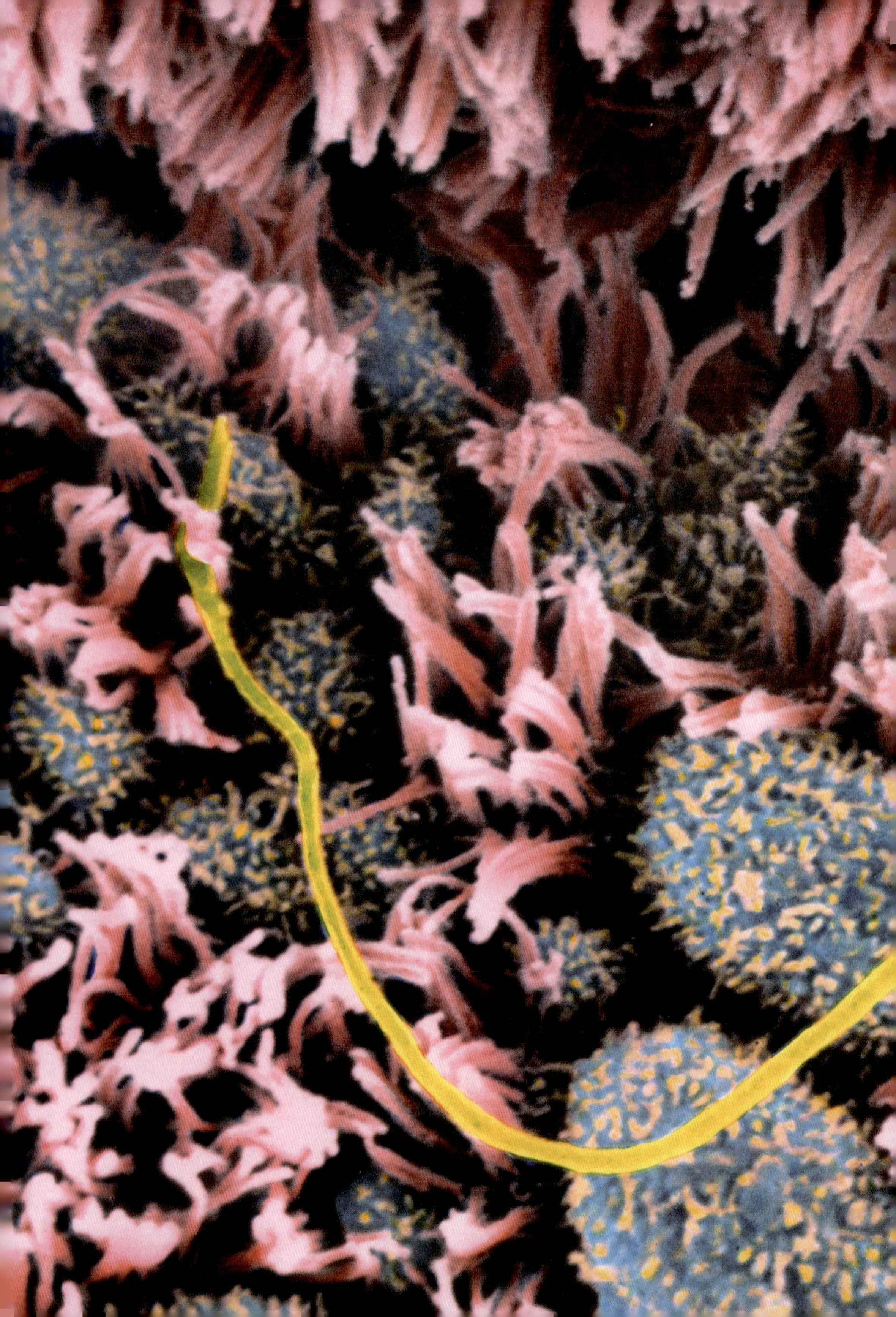

第七章

生殖器官

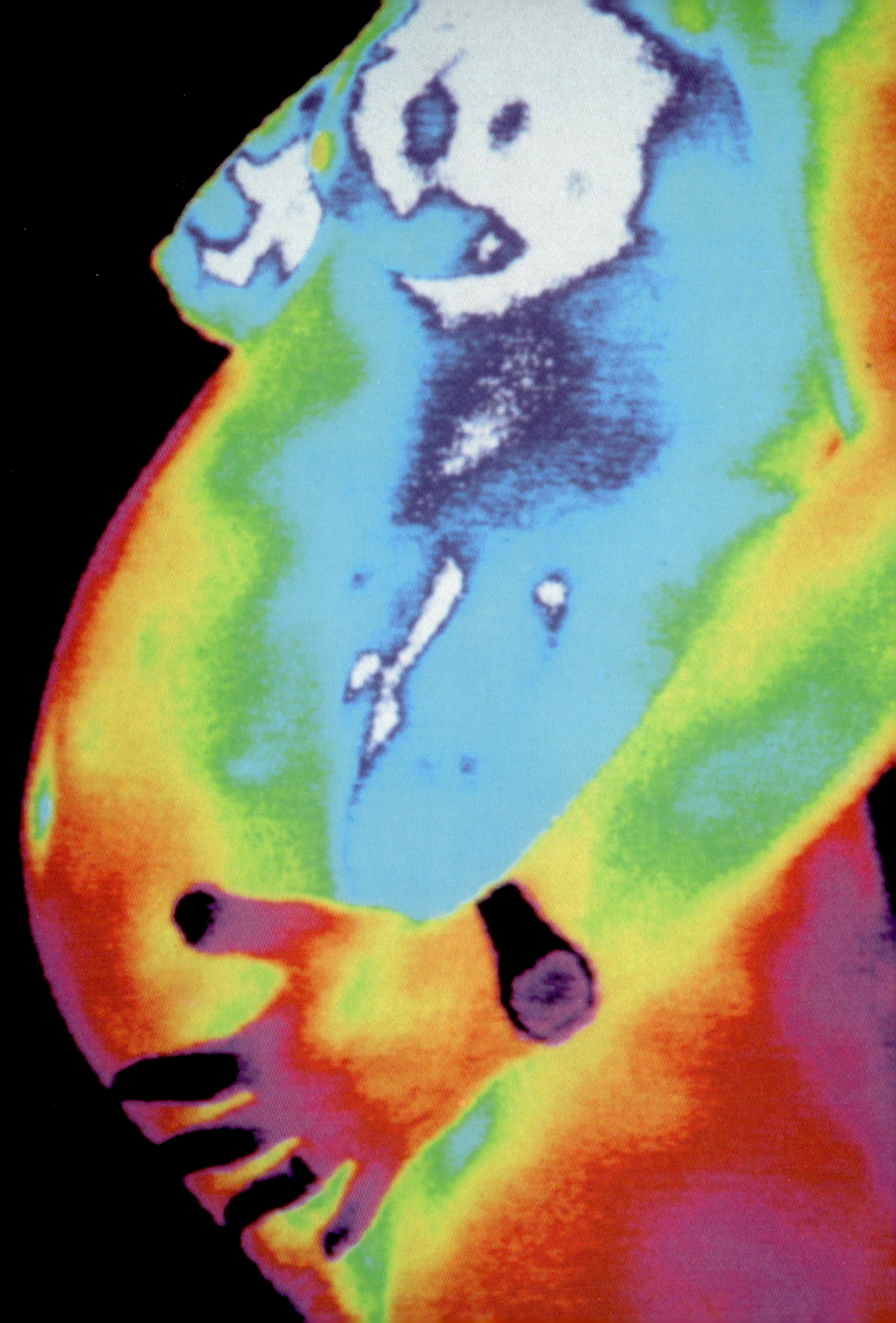

本章讨论一个让人兴奋的话题。在所有人体器官之中，生殖器官最能触发人们好奇心。性行为是非常美妙的人生体验，为性行为提供条件的生殖器官自然也很有意思。

对比男性与女性的身体，所有其他器官都差不多，除了生殖器官。另外，男性的肝脏、心脏或者肺部可能要比女性的大一些。但相比之下男女生殖器官存在天壤之别。

不论男性还是女性，身体里都有一套性腺和配套管道，只是二者完全不同。卵巢是女性的性腺，位于骨盆腔中，藏在体内；睾丸是男性的性腺，装在构造特别的袋子里，挂在体外。卵巢和睾丸都能制造生殖细胞，分别为卵子和精子，二者可以神奇地结合在一起形成胚胎。性腺还分泌激素：卵巢分泌雌激素和黄体酮；睾丸分泌睾丸素。

P140-141 图：令人难以置信的旅途。图中是放大了 1 万倍的精子。精子从宫颈进入，路过子宫，到达输卵管（上面覆盖着绒毛，即粉色区域）。

左图：这张闪闪发光的图片是一名孕妇的热分析图。

生殖器官在哪里?

男女的生殖器官（医学上叫作“生殖器”，听起来有点像“生殖器具”的缩写）有天壤之别，其所在部位也截然不同。男性大部分生殖器官都挂在体外（精子喜爱凉爽的环境，所以装着睾丸的阴囊在躯干之外）；相反的是，女性大部分生殖器官都嵌在体内骨盆腔里（卵子似乎更乐意待在体温环境里）。

男性生殖管道发端于睾丸，而且结构很简单，基本上就是几条将精子从睾丸输送到阴茎根部的管道。下一个部位是阴茎，它是一个复杂器官，作用是将精子传送到女性体内。女性生殖管道是输卵管，收集到来自卵巢的卵子后将其输送给子宫（胎儿发育的地方）；另外一条管道叫阴道，是子宫通向体外的管道。阴道既是精子进入子宫的通道，也是婴儿出生的通道。

这些外观和位置迥异的器官都是从胚胎的同一个部位发育而来。虽然令人难以置信，但事实确实如此。怀孕七周之后，胎儿开始出现心跳，发育出四肢、大脑、脊髓，还有一套性别特征无法分辨的生殖器（一个长条形的、貌似香肠的性腺，以及腹腔后壁上的管状结构），既有可能发育成男孩，也有可能发育成女孩。第七周后，操控性发育的基因变得活跃起来：男性胎儿的性腺变成睾丸并从腹部迁移到逐步扩大的阴囊里，各条管道发育成输精管；女性胎儿的性腺变成卵巢，位置稍稍下移到骨盆腔里，一部分管道汇合到一起，构成阴道、子宫和输卵管。

右图：胚胎发育至第十周的时候，生殖器官（图片是实际结构大小的200倍）还没有“透露”它会是什么性别。如果是男性，这个部位会发育成阴茎；如果是女性，这个部位会发育出阴蒂。

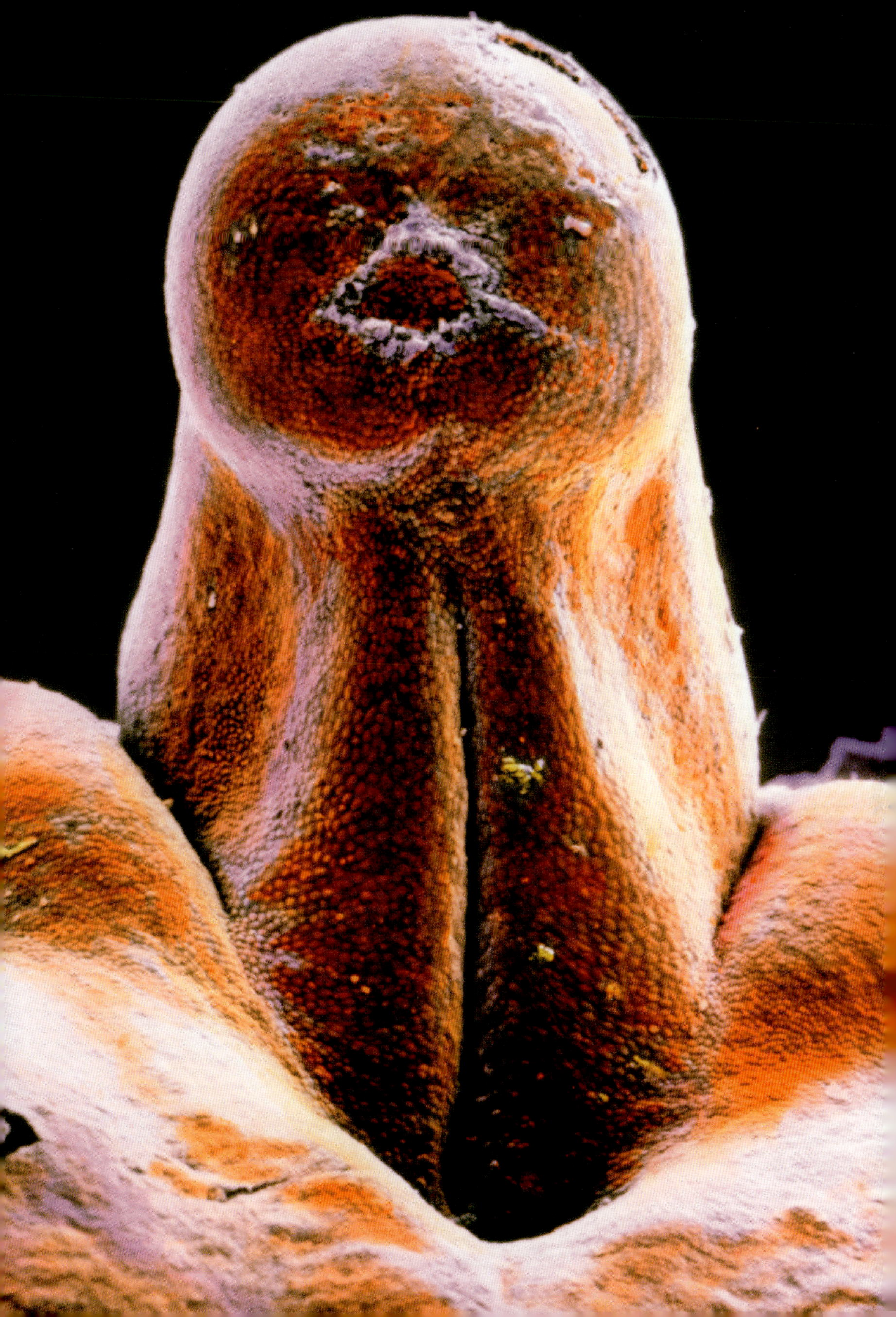

生殖器官如何工作？

人体生殖器官的任务是将精子从男性体内转移到女性体内，使得卵子受精。相对男性而言，女性生殖器官要做的远不止这些，还要支持受精卵成长发育，并且在怀孕 9 个月后婴儿即将出生时，为他们提供离开母体的通路。

让精子进入女性生殖道需要花些工夫。当然，男性首先要说服女性，允许他提供一点精子。一般来说，男性不会事先提出来；双方通常要经历一个复杂的求

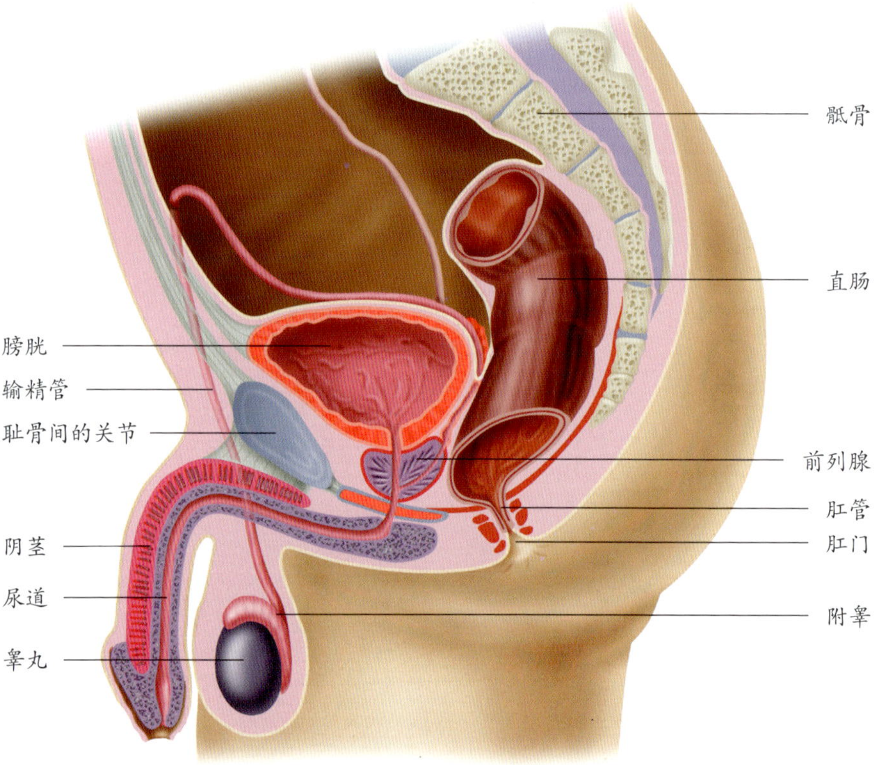

精子的传输系统：图片是男性骨盆的切面，可以看出精子要通过的路径——从附睾出发，沿输精管穿过前列腺，最后进入尿道。

偶仪式，相关详情还是留给社会人类学家来描述，但我相信你肯定想象得到。

我们继续从解剖学和生理学的角度讨论，阴茎是起到“注入”或者传输作用的器官——两腿之间血肉由柔软变得坚挺。那它是如何做到的呢？有些动物是将淋巴液输送到阴茎中，而人类则全靠血液。自主神经向阴茎中的动脉发出信息，让动脉壁放松肌肉使得更多的血液流入海绵体。海绵体是构成阴茎的大部分组织。回流静脉受到压力后形成压迫，以便让流入阴茎的血流量大于流出的血流量，使阴茎充血。由此，阴茎从柔软、松弛的状态转变为准备传输精子的勃起状态。

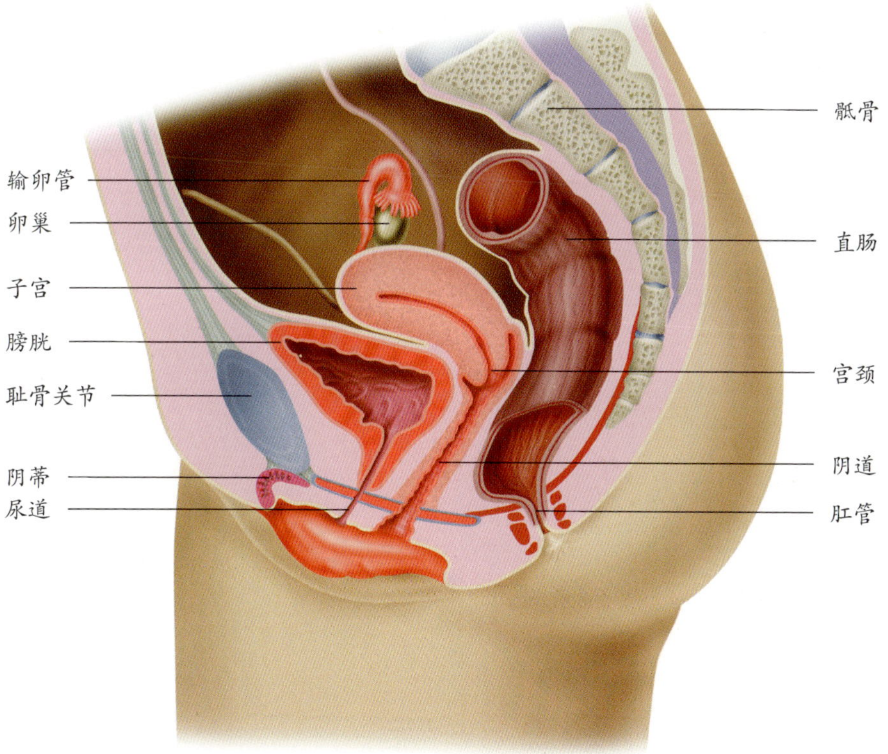

隐藏在体内：图片是女性骨盆的切面，可以看出阴道和子宫位于膀胱和直肠之间的位置。两侧弯曲的输卵管与子宫相连。

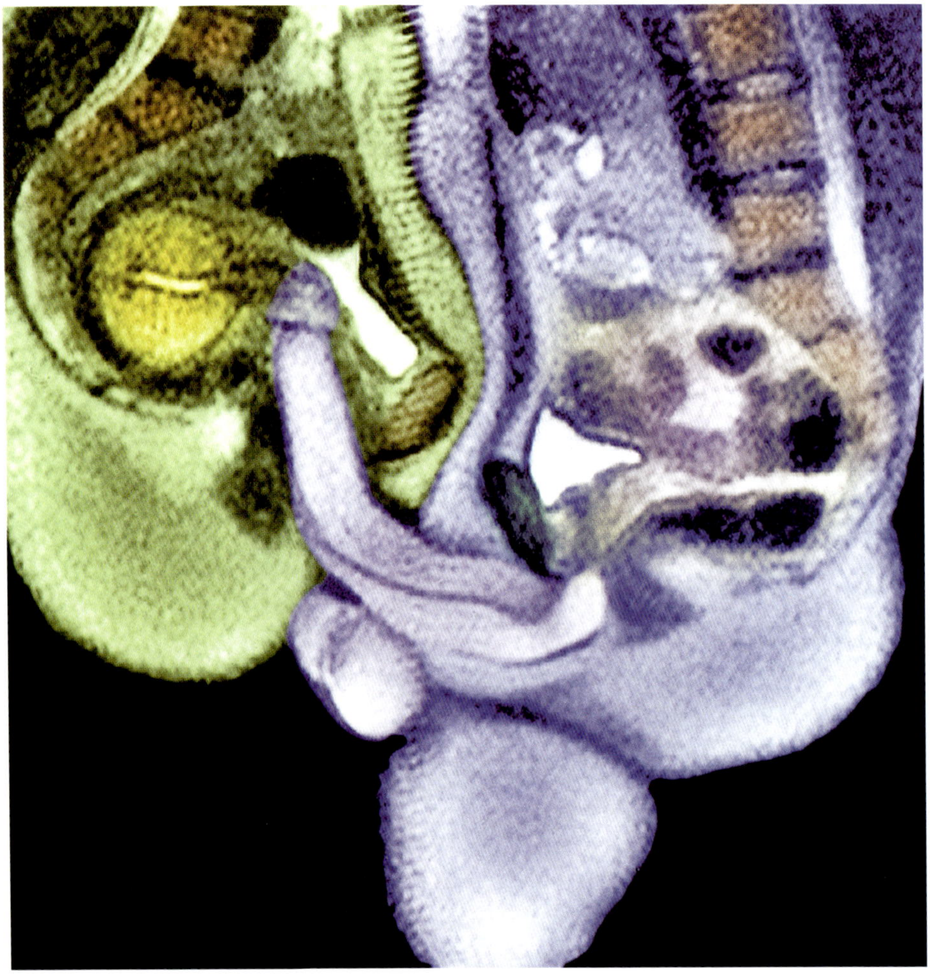

这张神奇的图片是一对夫妇(绿色部分是女人,蓝色部分是男人)在核磁共振下交合的画面。图片上的阴茎弯成了回旋镖形状。

精子还有很长一段路要走。时机成熟时，相关的自主神经被触发，睾丸内部及周围的平滑肌收缩，将精子从其所贮存的附睾（希腊语为“睾丸上方”的意思）推入输精管（拉丁语为“起输送作用的脉管”）。附睾形状细长，沿着睾丸背面向下方延伸。输精管在一次次收缩中将精子推送到尿道上端，让精子穿过膀胱下面的前列腺。在精子通过的同时，各种腺体也会分泌体液，其中包括营养物质和抵抗阴道酸性的碳酸氢盐。膀胱后侧的精囊、前列腺还有豌豆大小的尿道球腺分泌出的液体都会和精子汇聚到一起。随后，尿道两侧肌肉的收缩变得更加频繁。在会阴肌肉有规律地收缩的辅助之下，精子结束了本次旅途的最后一程，从阴茎头部排出体外。

女性在这一过程中绝不仅仅是被动接受。女性所产生的反射性肌肉活动会逐渐达到高潮，包括阴道、骨盆底和会阴肌肉都会一阵阵地收缩。对男女双方而言，在一系列的复杂反应达到高潮时，随之而来的还有强烈的愉悦感：性高潮。

受孕

如果一切顺利的话，进入到女性阴道上部的精液有 2 毫升左右，其中包含大约 2 亿 ~ 5 亿个精子。精子接下来的旅程还很长，而现在它们要靠一己之力了。精子们拼命地摇摆着尾巴，游过宫颈（子宫的颈部）和子宫，再从子宫上部的角落通过输卵管的狭窄入口进入一片更广阔的区域——壶腹。并非所有的精子都能到达这里——阴道、宫颈，还有子宫里七零八落地躺着半途而废的精子残骸。

比赛在到达壶腹的精子之间继续。如果恰巧赶上了女方的排卵周期，而且她有生育能力还没有服用任何避孕药，精子才有机会让卵子受精——前提是精子进入了正确的输卵管（记住，输卵管有两条，通常只有其中一条里面有卵子）。等到第一只与卵子相遇的精子成功地穿透了包裹卵子的胶状膜，就是“最佳男性胜出”的时刻了！胶状膜由此也发生变化，让其他精子无法进入其中。这一点非常重要，因为多余的男性染色体进入卵子毫无必要，而且一旦进入会造成遗传缺陷。精子携带的染色体漂流到卵子后与女性染色体配成对，就像一对对舞伴一样，从此开始复制，为第一次细胞分裂做准备。24 小时内，受精卵就能分裂成两个全新的细胞——胚胎由此诞生。

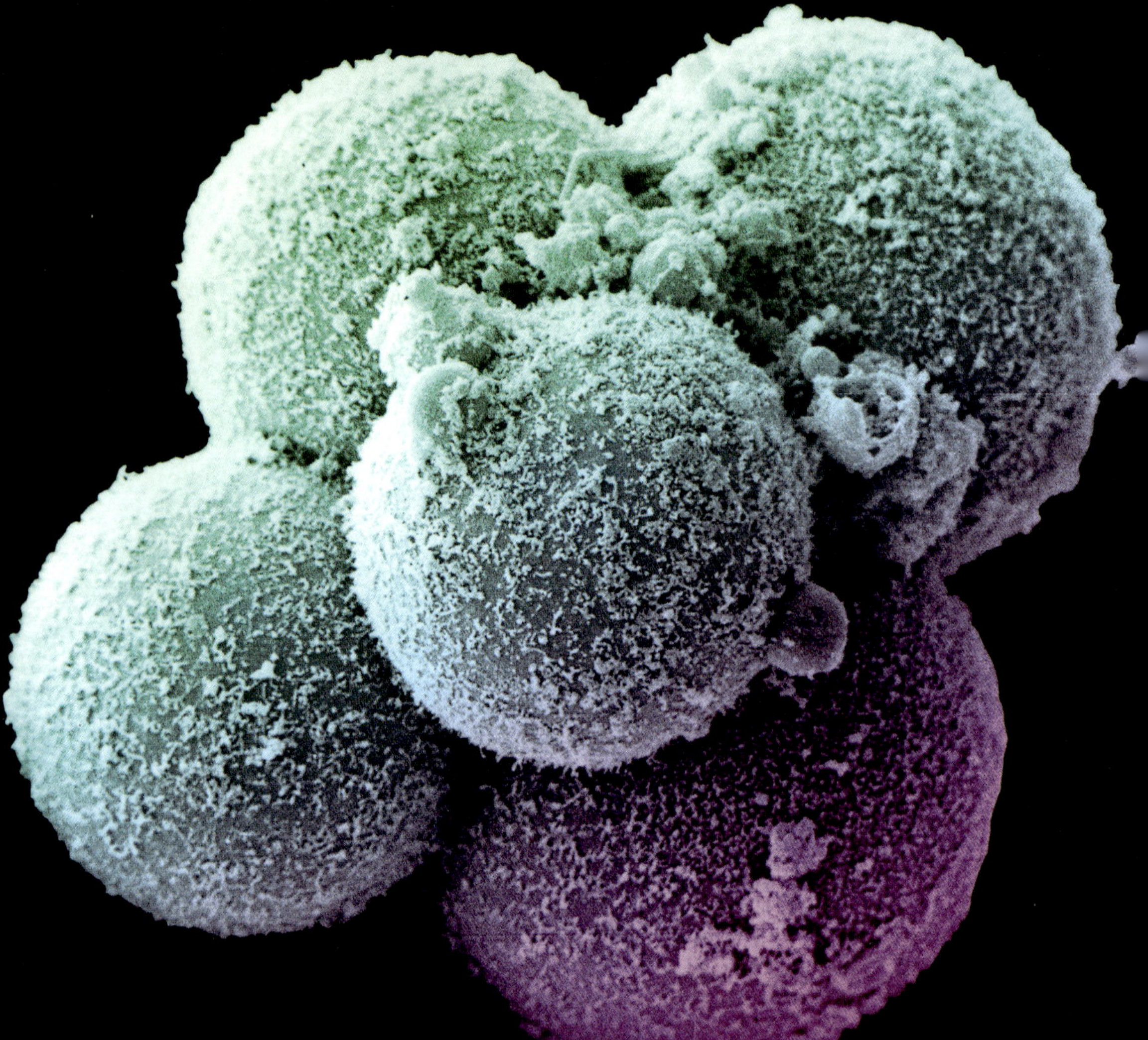

常见的生殖器官问题以及如何预防

生殖器官包括众多的管道而且做出的反射极其复杂，所以就算出点什么问题也让人毫不奇怪。大家总是羞于讨论这些问题——患有勃起功能障碍的男人、无法享受高潮或者被性爱伤害的女人，都很容易觉得自己是全世界唯一遭遇到问题的人。但是，请看如下统计数据：40 岁以上群体中，至少 40% 的男性在“勃起”方面出现问题；大约 50% 的女性受痛经折磨，有时严重到不得不吃止痛片的程度，每个月一到那几天几乎无法正常生活；性生活对许多女性（数量难以判断，但可能占 20%）来说是痛苦的。本该带来欢愉的性爱在她们看来非常可怕。10% 的夫妇生育能力低，造成这种情况的原因有很多，包括精子数量少，输卵管堵塞或者双方的遗传基因不相容。生活方式对于这些问题的影响也很大，下文将详细解说感染、经期疼痛、勃起功能障碍和癌症这几个话题。

感染

性传播疾病（简称“性病”，英文缩写“STD”）发病率一直在攀升，在 15 ~ 25 岁的年龄群体中尤甚。感染衣原体和淋病这两种细菌的患者数量大幅度增加。从 20 世纪 90 年代末到 21 世纪初，疱疹、HPV（别忘了还有 HIV）发病人数也增加了许多。如果一个人被确诊患了性病并接受了治疗，那么这个人的伴侣（或者任何近期与其发生过性关系的人）也要接受相应的治疗，否则患者有再度感染的风险。反之亦然，如果一个人的伴侣在治疗性病，那么这个人也要做治疗。感染之后可能表现不出任何症状，所以最好还是接受治疗安全一点。

左图：图片显示的是卵细胞受精几天后的样子。这个球形的细胞会继续分裂，发育成为胎儿。

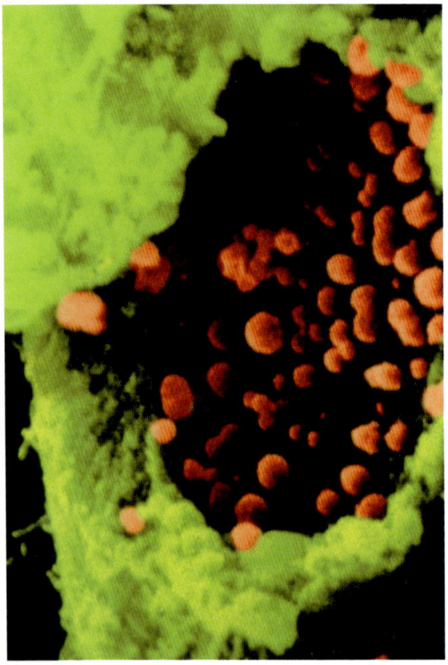

人体内的敌人：一只细胞遭到感染后破裂，奔腾的红色小球是衣原体。

衣原体：在性传播疾病中，衣原体感染是一种非常常见的细菌感染，也是发达国家最常见的引起性病的细菌感染。英国的发病率飞速上升。1997 ~ 2002 年，新增患者数量翻了一番还不止。据估计在英国，性行为活跃的女性中，有 5% 的人感染衣原体。有时没有任何症状表现，但女性感染后阴道可能有分泌物，性爱时疼痛，小便时有烧灼感。除了这些令人不快的前期症状，衣原体感染也会损伤输卵管，导致生育问题，增加宫外孕风险（宫外孕是指受精卵在子宫之外的其他位置着床，比如输卵管；宫外孕有可能破裂导致内出血，非常危险）。男性感染衣原体后，尿道可能会出现分泌物，小便疼痛。如果放任不管的话，感染还会沿着输精管逆行而上，最终感染附睾或者睾丸。可以用抗生素治疗衣原体感染，但是使用避孕套是避免这一感染的最有效方法。

淋病：淋病是通过性接触（阴道性交、口交或肛交）传播的另一种细菌感染。导致感染的细菌是淋球菌（又称为“淋病奈瑟菌”，以德国细菌学家奈瑟的名字命名）。50% 的女性感染者和 10% 的男性感染者没有表现出任何症状。这未免令人有些不安，因为某些症状未来可能出现严重后果，比如女性盆腔发炎。淋病有时也有一些症状，包括阴道或者男性的尿道分泌出黄色或者绿色的液体，排尿时疼痛有刺激感或者肛门周围有分泌物。淋病还可能通过母婴传播，婴儿出生后眼睛会遭到感染。淋病可以用抗生素治疗，虽然有的菌株会表现出耐药特征。比治疗更好的办法是采取预防措施，安全套的预防成功率高达 99%。

疱疹：疱疹是生殖器官溃疡的最常见原因。“单纯疱疹”是一种导致唇疱疹和生殖器感染的病毒。生殖器疱疹的表现有时是轻微症状，比如生殖器周围瘙痒或者红肿；有时引发类似感冒的全身性症状——疲劳、疼痛，还有淋巴结肿大。疱疹还导致生殖器官表面起水泡，破裂后形成溃疡，通常两周之内就能痊愈。但是这并不意味着病毒就此消失——只是蛰伏到神经中，患者压力大时可能会“死灰复燃”。抗病毒药物可以治疗疱疹，但是最好的方法还是一开始就避免患病。像避孕套这样的防护措施很有用，但如果有人或者其伴侣表现出了患病症状，最重要的就是避免发生性关系，因为病毒的传染力非常强大——另外，请去看医生！

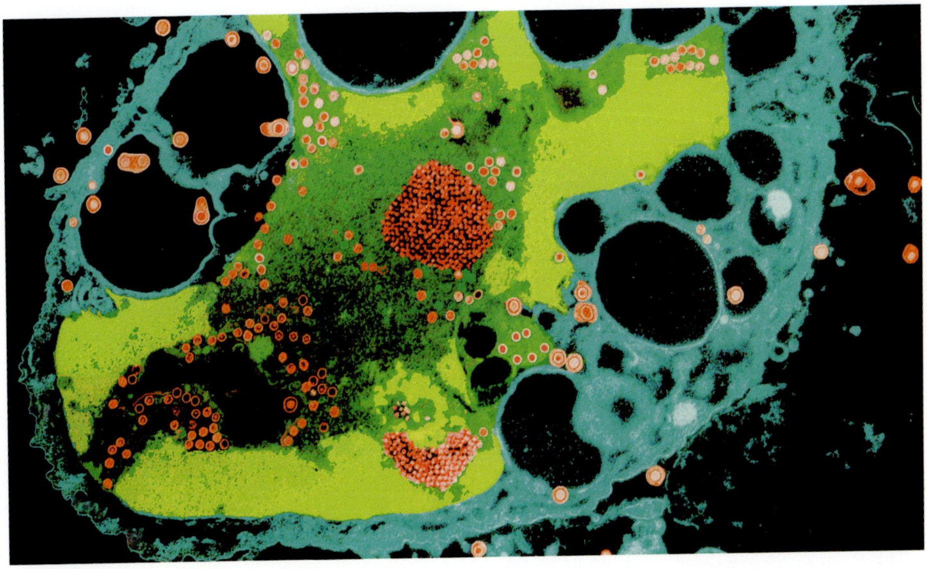

被劫持的细胞：这个细胞被单纯疱疹感染。病毒掌控了分子机器，要求制造出更多的病毒（红色和粉色的斑点），准备入侵下一个细胞。

HPV：HPV 是指人类乳头状瘤病毒，导致生殖器官上长乳头状瘤或者疣。在英国，尖锐湿疣是最常见的性病。虽然只有 1% 的 HPV 患者会得尖锐湿疣，但病毒感染的后果更让人忧心忡忡：几乎所有的宫颈癌病例都与 HPV 感染有关系（见本书第 160 页）。人们正在开发应对 HPV 感染的疫苗，以降低患宫颈癌的风险。

梅毒：曾经有段时间梅毒渺无踪迹，成了一种“只存在于历史上”的可怕疾病，可它现在不但东山再起而且来者不善。梅毒是一种非常烦人的疾病：最初是感染引发皮疹，淋巴肿结大以及生殖器官溃疡，随后细菌进入休眠状态。到了梅毒晚期，症状再次出现，还伴有溃疡性的肿块，腐蚀骨骼，心血管疾病，以及包括痴呆症和癫痫症在内的可怕脑部疾病——也就是令人不寒而栗的“麻痹性痴呆”。梅毒还能通过母婴传播。这种疾病是由一种叫作梅毒螺旋体的小型螺旋状的古怪细菌导致的。

如果这是一种能预防而且可以由抗生素治疗的疾病，那到底为什么发病率还在增加呢？梅毒在 20 世纪 80 年代呈减少趋势，可能与性行为的改变有关——越来越多的人为了抵抗艾滋病选择了安全性行为。但到了 90 年代末之后，梅毒卷土重来，2002 年的发病率达到了 1997 年的 7 倍。造成这种增长的主因似乎是没有保护措施的性行为增长——没有保护措施的口交也算在内。无论这一现象的根源是缺乏知识还是过于自信，它传达出的信息很清晰：不想患梅毒的话，采取安全性行为是关键。

其他感染：除了被性伴侣传染之外，感染也可能来自自身。同样的道理，来自肛门区域的细菌可以引发女性膀胱炎或者造成阴道感染。从前向后擦拭生殖器区域并保持器官清洁是最基本的有效方法，但最好不要使用带香味的泡沫浴液、肥皂和滑石粉。用清水冲洗生殖器官（从外侧清洗——不要冲洗阴道）是最好的选择。

图片为荷加斯作品《妓女生涯》。医生们眼看着一个患了梅毒的妓女濒临死亡，却在为了无效的治疗争论不休。

与大肠中存在“友好细菌”的情况类似，阴道中有共生的微生物群落。阴道内的乳酸杆菌能够有效击退包括加德纳菌和大肠杆菌在内的致病细菌。如果没有友好细菌，那些意图不轨的细菌就会掌控局面。细菌感染能增加感染疾病的可能性，而且早产也与此有关。霉菌性阴道炎是一种常见的非细菌性的阴道感染，接受过一个疗程抗生素治疗的女性更容易患病。这是一种霉菌感染类疾病，由一种被称为白色念珠菌的霉菌引起，因此又名“念珠菌性阴道炎”。白色念珠菌经常出现于阴道，但是并不导致任何症状；健康的阴道菌群似乎能控制局面。但白色念珠菌也可能表现出感染症状，出现外阴和阴道瘙痒并出现分泌物。这种情况有时仅发生在经期前，尤其是服用避孕药或者接受一个疗程的抗生素（抗生素会杀死保护阴道的菌群）治疗之后。有人提出益生菌对预防霉菌性阴道炎可能有效。一些研究表明，喝酸奶可能会减少霉菌性阴道炎的发病率，但其他研究却无法证明这种效果，即使是针对阴道的乳酸菌治疗也毫无效果。

对男性而言，不注意生殖器官卫生可能会导致一种被称为“包茎”的疾病，也就是说包皮渐渐收紧无法褪回去，排尿和性生活因此非常痛苦。肥皂和沐浴露也会刺激包皮导致包茎，因此和给女性的建议一样，最好仅用清水冲洗。

以上段落关于生殖器官感染的内容还不够全面，而且我的本意也并非指导大家如何做自我诊断。如果生殖器官感到疼痛、瘙痒、酸痛，或者长了肿块，阴道（尿道）有分泌物——请尽早看医生。不必对此感到尴尬，因为医生们肯定不会多想，他们一直都在看这类疾病。

痛经

对于很多女性来说，每个月正常的子宫净化可能带来巨大的痛苦。在一些（幸运的）人看来，每个月子宫内膜脱落是一件不值一提的小事，用卫生棉就可以轻而易举地解决问题，根本不疼。但对于其他人而言，子宫变化周期的第 21 天非常可怕：经前紧张，阵阵痉挛令人衰弱无力，让人难以置信的大量经血，以上都是从少女时代开始到绝经之前的常见情况。

人们用一个优雅的词汇来形容以上种种的子宫疼痛——痛经（希腊语原意为“每个月的坏血流”）。这是影响全球所有女性的妇科病中最常见的一种。痛经对女性的生活影响巨大：有一半的女性有因痛经而无法上学或者上班的经历。但寻求治疗的人却不多。

痛经也是一种医学界经过很长时间才认真对待的疾病！多年以来，人们把痛经当作是一种心理疾病，把弗洛伊德的暗示发挥得淋漓尽致：人们将痛经与关于性和某些已知行为的焦虑关联起来，并且认为这些焦虑都是母亲传播给女儿的，还将一代一代地传播下去。从希腊语表示子宫的单词中演化出了两个词，分别是“歇斯底里”和“子宫切除术”。但痛经可不在“歇斯底里”的含义范围内。痛经是一种具有真实的建立在生理基础之上的病痛：子宫内膜脱落，内膜细胞释放出

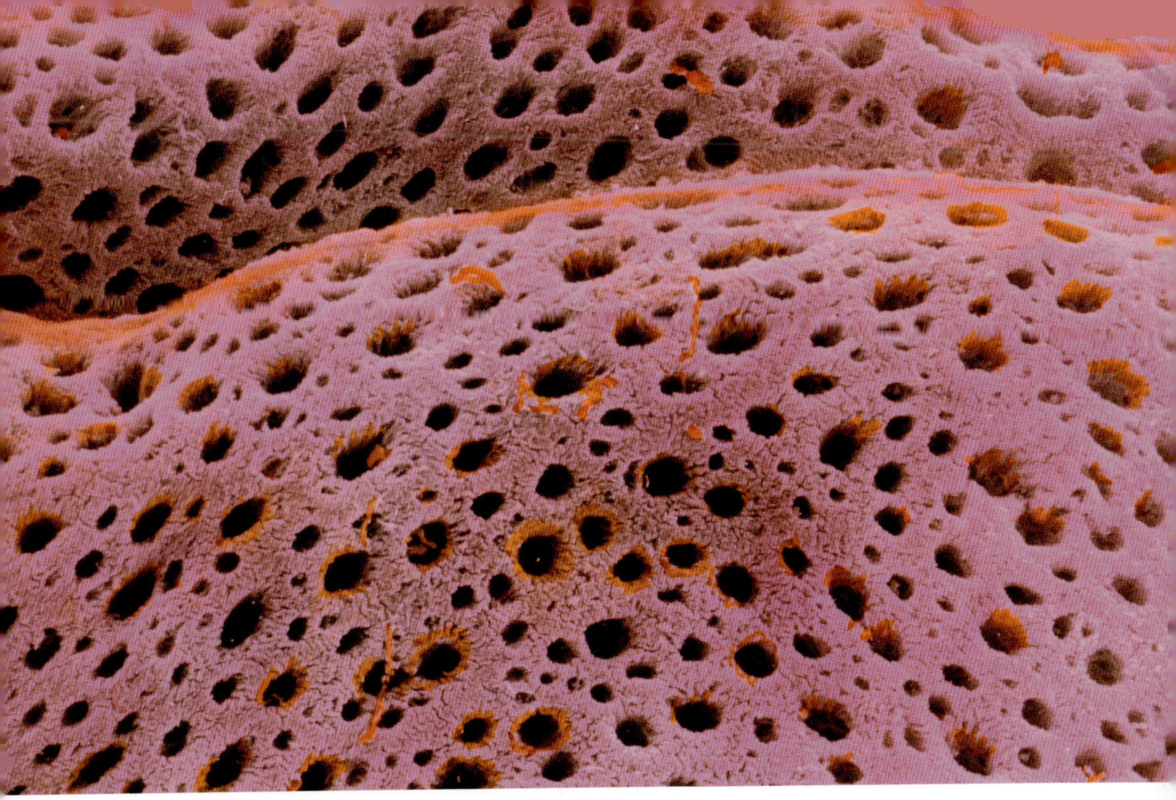

舒适的垫子：子宫内膜在每个月排卵期达到最厚，期盼胚胎着床。如果胚胎没有到来，这层内膜就会剥落。

激素，即前列腺素，通知子宫肌肉收缩。痛经女性的体内前列腺素的水平更高，因此受到痛苦的痉挛折磨。

痛经通常出现在经期头几天，典型情况是持续 8 至 72 小时。痛经与骨盆或者下腹部痉挛的感觉类似，但是有时也会辐射到其他部位，比如背部和大腿。有的女性还会头疼、恶心，甚至呕吐。痛经在第一次来月经的年纪尚小的女性和每次经期都相对长一些的女性中很常见。以上都是无法人为控制的因素，但如下几条还是可控的：吸烟、肥胖、饮酒都会增加痛经的可能性。

那么如何治疗痛经呢？显而易见，可以从止痛药着手。阿司匹林和布洛芬属于被称为非甾体类抗炎药（NSAID）的止痛药，其消炎作用能有效抑制引起子宫痉挛的前列腺素。NSAID 是治疗痛经的首选方案，可缓解 70% 的症状，但是也会造成恶心、呕吐等不良反应，绝对不能空腹服用（见本书第 81 页）。

避孕药是已经广为接受的治疗方法，虽然其效用饱受争议，但是很多研究已经证明了避孕药治疗痛经的效果。相对的，也有一些研究表明避孕药的效果不比安慰剂好多少。话虽如此，对不想怀孕的女性来说，口服避孕药是一种非常有效的选择。针对避孕药的负面消息有很多，但大部分的不良反应都比较轻微（头疼、恶心、腹胀）。严重的副作用，比如深静脉血栓（DVT）、心脏病、脑卒中（很少见），多发于在服用避孕药期间吸烟的女性群体中。避孕药也有好处：它不仅能潜移默化地改善痛经，预防怀孕，还能降低子宫癌和卵巢癌的发病风险。

止痛药和避孕药都是常见的方法，但是医生会根据各位患者的情况，给出针对各种治疗方法的好建议。如果患者尝试了以上方法后还是痛经，或者出于某些原因无法采用，那她可能想试试别的方法。但是哪种代替疗法有效呢?

使用月见草油治疗痛经是一种受广大女性青睐的代替疗法，因为她们相信月见草油能消除经前紧张。这一观点还没得到大量研究支持（即使它只起到安慰剂的作用，但是效果显著），如果月见草油对你有用，那就接着用吧。针对月见草油副作用的报道目前屈指可数。值得注意的是，癫痫病患者要慎重使用月见草油，因为它可能会导致某些人癫痫发作。

定期服用维生素 B_1 似乎有缓解痛经的作用：大规模实验结果显示，在每日服用 100 毫克维生素 B_1 的女性中，有将近 90% 的人在两个月之后痛经痊愈。还有证据表明，镁、吡哆醇（维生素 B_6）和鱼油都可能有效，但是在得出任何确定论断之前，还需要对这些治疗方法做更多研究。

研究证明，经皮神经电刺激（释放出微弱电流，穿透皮肤刺激神经），针灸，还有热疗（经证实，老式热水瓶很好用）都有助于缓解痛经的痉挛感，但脊柱推拿的效果不见得比安慰剂的效果更好。

饮食和生活方式也起到一定作用。肥胖当然是其中一个因素，但从积极的方面看，锻炼和健康的饮食可能有助于对抗痛经。一项小规模研究显示，低脂肪的素食对缓解痛经症状有帮助，但是由于研究样本数量太少而无法构成论断。运动可能有助于缓解痛经，因为运动既可以改善盆腔中的血流量，又可以释放身体的天然止疼药——内啡肽。

勃起障碍

越来越多的证据表明，勃起功能障碍与心脏病、高血压、糖尿病有关。所有问题的根源都在于心血管内膜出现问题。有时候，勃起功能障碍可能是心血管出现问题的第一条线索：心脏病的先兆。从逻辑上讲，如果生活方式的变化能降低患心脏病的风险，那也能降低患勃起障碍的风险：比如锻炼、减肥和戒烟。有什么确凿证据可以证明呢？生活方式的变化真的有助于防治这种疾病吗？

吸烟似乎使得患勃起功能障碍的风险翻了一番，不幸的是，人到中年之后再戒烟好像也无法解决这个问题（所以说越早戒烟越好，真的）。有的研究讨论了饮酒过量和勃起功能障碍之间的关系，但从长远来看，两者的关系也不那么牢靠。目前人们尚不清楚酒精是否对勃起功能造成影响。

肥胖，含脂肪量高的饮食，还有久坐不动的生活习惯都是诱发勃起功能障碍的危险因素。经常运动的男性患勃起障碍的风险就要小很多。研究证明，为了降低患勃起功能障碍风险或者弱化其危害而改善了生活方式的男性，他们的心血管健康、情绪以及生活质量都有整体的提升。此处用一句与心灵有关的谚语，也许有些不恰当（这里绝对不是指责男性对他们生殖器官的看法）：健强的体魄孕育健康的阴茎。

妇科癌症

乳腺癌：不吸烟的女性最容易患的癌症就是乳腺癌。但这并不是说不吸烟的女性就更容易患乳腺癌；只是不吸烟的女性避开了患肺癌的风险，而乳腺癌发病的可能性就排在肺癌的后面。乳腺癌是导致 40 岁至 50 岁女性死亡的最常见原因，致死率高达 20%。在 50 岁以上女性中实施的筛查项目，还有改良后的治疗方法，都是提升生存机会的手段。但有什么方法可以降低风险吗?

有些因素是无法改变的——现在的年龄、近亲中有患病的先例、第一次来月经的年龄、绝经时的年龄。服用避孕药会提高患乳腺癌的概率，但如果担心意外怀孕的话，显然要在两种风险间做取舍。如果接受五年以上的激素替代治疗，也会略微增加患乳腺癌的风险（针对更年期症状做短期治疗的益处可能大于风险；欲知详情，请与您的医生探讨）。

有些因素是可以人为控制的。女性绝经后，越是肥胖患乳腺癌的危险就越大。雌激素来源于脂肪，越胖的人体内分泌的雌激素越多。雌激素水平越高，患乳腺癌的风险就越高。过量饮酒也是其中的一个原因，而多吃蔬菜对降低乳腺癌发病有好处。

卵巢癌：尽管卵巢癌没有乳腺癌那么常见，但是卵巢癌的致死人数在各年龄段的癌症致死人数中占 3%（相比之下，乳腺癌占 12%，宫颈癌占 2%）。有确凿证据表明，长期服用避孕药和生育是两种能降低卵巢癌患病风险的行为。有研究人员认为爽身粉与卵巢癌之间存在某种联系，但也只是间接证明，而且说法不一。从女性的卵巢（卵巢有开口，爽身粉可以顺着阴道穿过子宫和输卵管，向上进入卵巢）中肯定能发现爽身粉。卵巢中混入爽身粉的人中，其中有些人确实发生了癌变，但其他人却很正常。数以百万的女性使用爽身粉，得卵巢癌的人却很少。

宫颈癌：以人名命名的术语并不多见。在布里斯托大学的 2006 年学位授予仪式上，我不仅有幸看到我的学生们毕业，还亲眼见到了爱泼斯坦教授被授予名誉博士的称号。爱泼斯坦 – 巴尔二氏病毒就是以托尼·爱泼斯坦的名字命名的。

爱泼斯坦 – 巴尔二氏病毒是腺热病的病因。但在 20 世纪 60 年代，托尼·爱泼斯坦注意到了这种病毒与一种发病于颌骨部位的癌症有关系。对当时的医学界来说，这个结论简直让人难以接受；感染会导致癌症，这也太奇怪了吧！然而证据确实可靠，而且随着调查的深入，越来越多的证据证实了这一联系。从此以后，人们发现了病毒感染和不同身体组织的癌变之间存在千丝万缕的联系，其中就包括人乳头瘤病毒（HPV）和宫颈癌的关系。宫颈癌病例几乎都与 HPV 感染有关。尽可能地避免接触 HPV 是一种明智的办法。说起来容易做起来难，因为一般来说，根本没有任何迹象表明男性携带病毒。安全性行为是最好的方案，使用避孕套可以防止 HPV 和其他许多种类的性病感染，避免被这些疾病找上身，成为新的受害者。

你能做到这些：饮食和生活习惯的好坏对是否会患上妇科疾病有很大影响。感染 HPV 会增加宫颈癌的发病风险，吸烟会增加乳腺癌、卵巢癌还有子宫癌以及其他病症的发病风险。肥胖有导致妇科疾病和其他癌症的危险（在西方国家的癌症致死人数中，吸烟致癌者占 1/3，肥胖者也占 1/3）。

以上都是社会范畴的统计数据。从个体角度分析，肥胖的女性死于癌症的可能性要比正常体重的女性高 60%。吃水果、蔬菜、抗氧化剂都能降低患癌率，食用大量动物脂肪则会提升发病率。锻炼是降低癌症发病率的办法之一，定期的体育活动可以预防卵巢癌、子宫癌和乳腺癌。

前列腺癌和睾丸癌

前列腺癌：前列腺是一个和栗子差不多大小的腺体，藏在膀胱下方。尿道从膀胱延伸出去后，从前列腺中穿过并与两侧的输精管相接。男性的尿道承担双重任务：既是尿液离开人体的通道，又是精液离开人体的通道。与男性相比，我们理所当然地认为女性的泌尿和生殖系统进化程度更高，因为两者是相互分离的。这只是开个玩笑，其实男女性一样，都“高度进化”。只有原始动物才会出现一个孔负责好几项工作的情况——粪便、尿液、性行为都通过这个孔，后来才渐渐分出彼此独立的管道。

前列腺是生殖系统的一部分——射精前一刻，前列腺将分泌物排入尿道与精子混合。随着人年龄的增长，前列腺会变得肥大，即“良性前列腺增生”（BPH），这是一种非癌性的前列腺过度生长。前列腺肥大会压迫尿道，致使排尿困难。良性前列腺增生是一种常见的问题，病况严重的话，可以通过手术治疗，扩张穿过前列腺部分的尿道。

但是，前列腺中也可能滋生恶性癌细胞。前列腺癌是最常见的男性癌症，同BPH一样会导致排尿问题，所以一旦出现这类情况就要去看医生。没有简单有效的治愈方法，也没有任何药物可以消除前列腺癌的患病风险。如果要降低前列腺癌的致死危险，改善生活方式远比营养补品更有效果。对心脏有益的习惯对前列腺也有好处，不只心脏健康（见本书第65页），前列腺也从中受益。

睾丸癌：与前列腺癌相比，睾丸癌非常罕见。但是男性最好自我检查下睾丸——睾丸检查起来很容易，这点与检查卵巢不同。男性需要熟悉睾丸平时的感觉。记住，睾丸背面（附睾）应该有一块突起，向上延伸的话能摸到像线一样的东西——输精管。如果有新长出的肿块，请去看医生。

五种保持生殖器官健康的方式：

- 安全性行为：使用安全套可以大大减少患性传播疾病的风险。

- 保持生殖器官外部清洁：用清水冲洗，不要用带香味的香皂或者泡沫浴液；女性要从前向后擦拭阴部；性行为结束后尽快排空膀胱。

- 换卫生棉的间隔不能超过 6 个小时：长时间不换卫生棉会增加阴道感染的风险。

- 不要吸烟——吸烟会增加患各种癌症的风险。

- 坚持运动，控制体重，健康饮食，都能降低患癌风险。

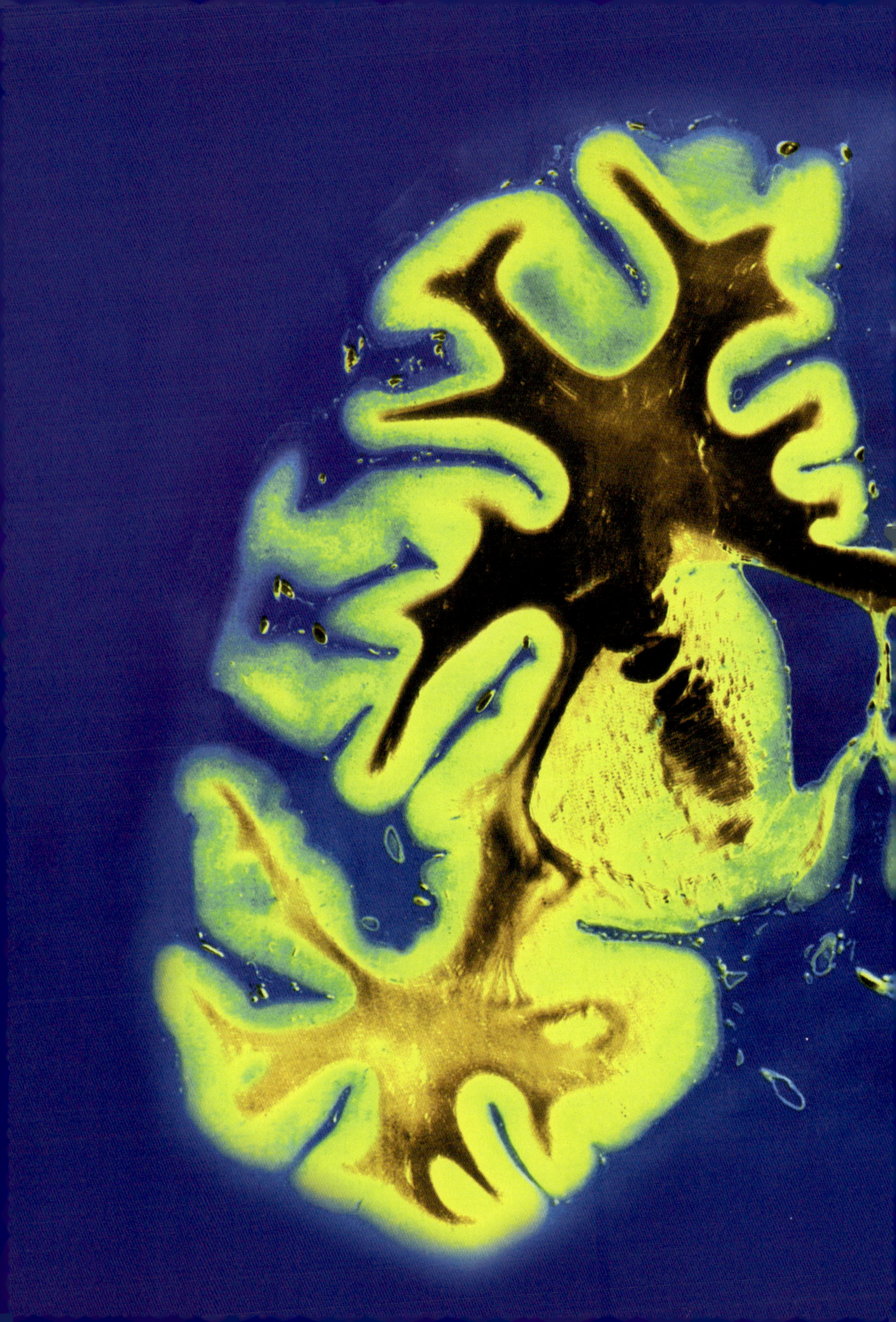

第八章

脑部

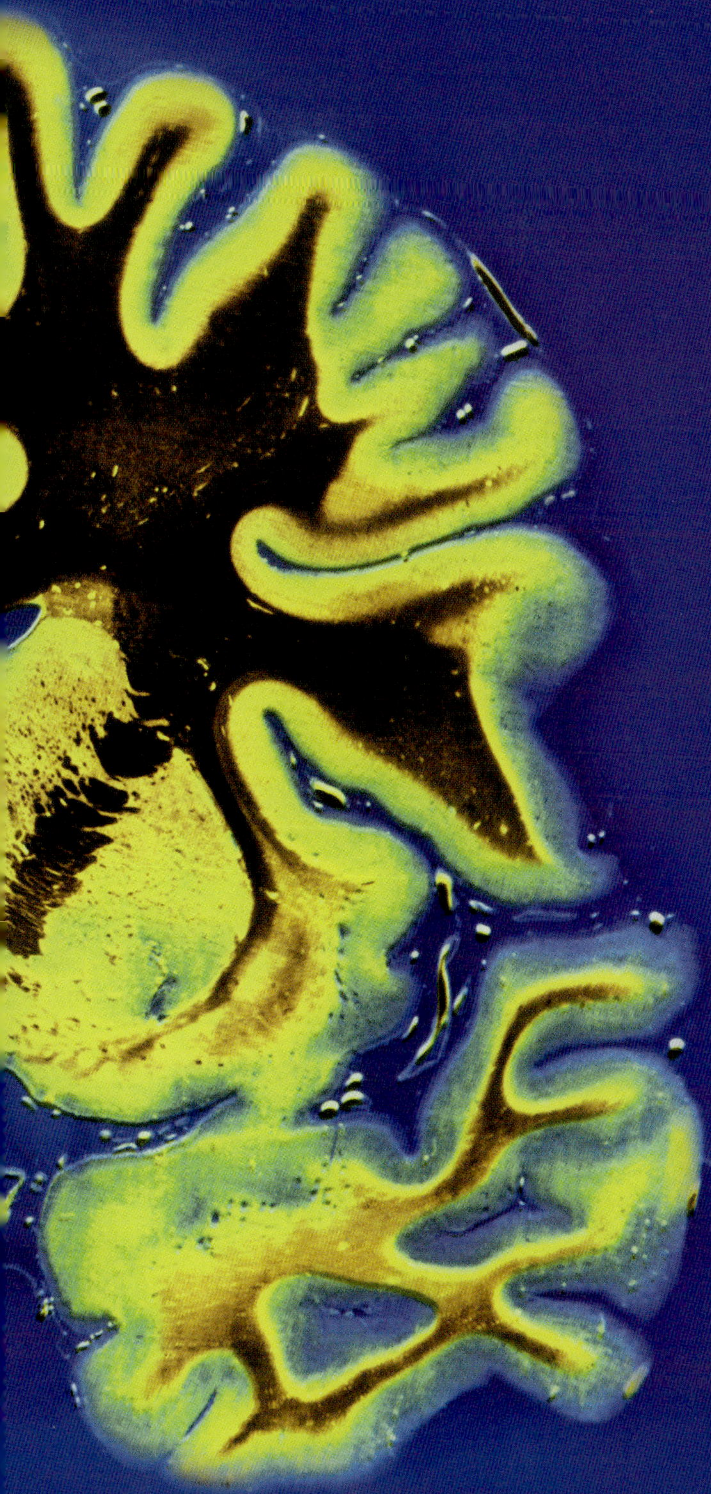

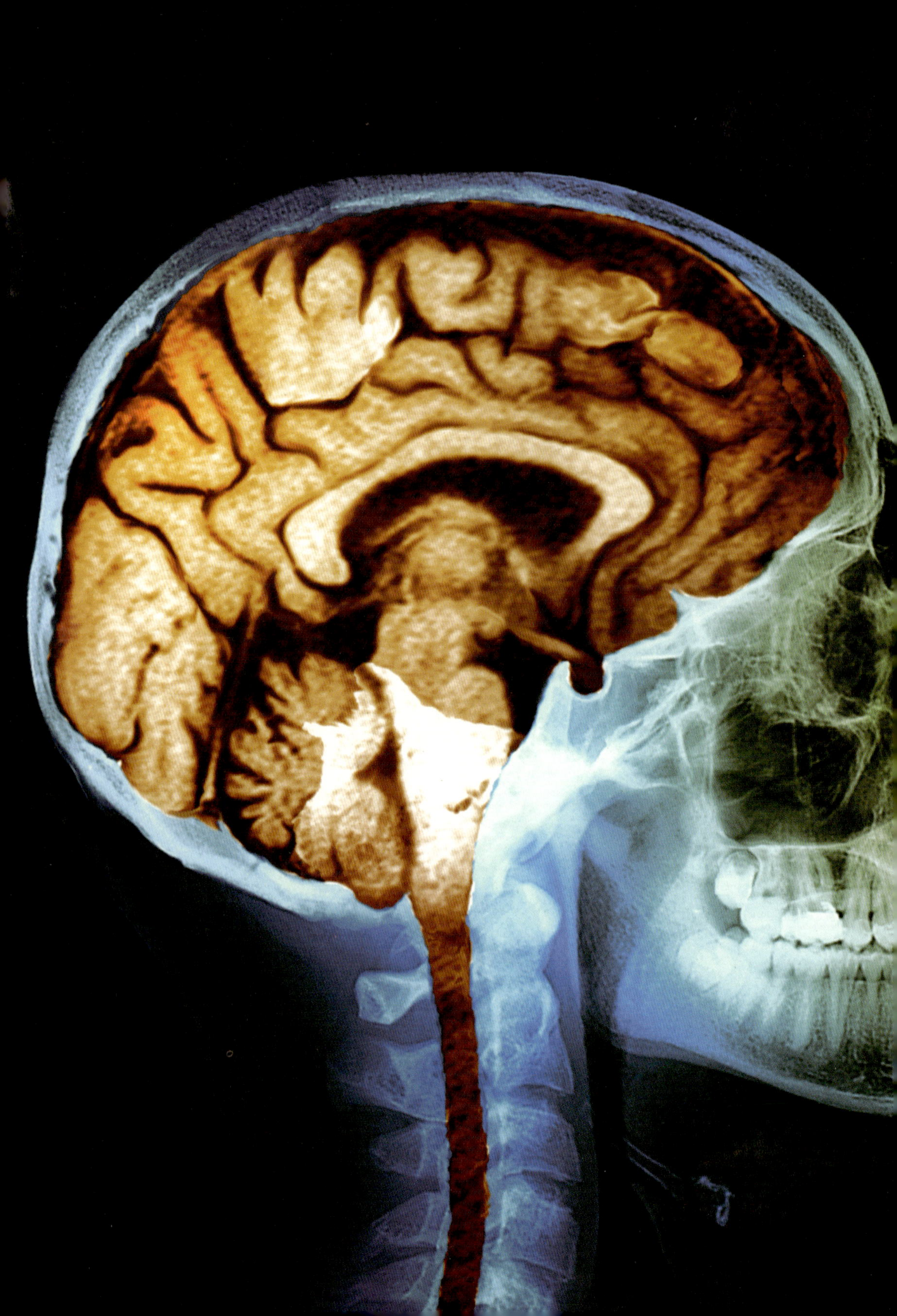

人脑是我们已知的最复杂的事物。它看起来并不起眼，就是一团粉红色的东西，但是里面承载着人约一千亿只神经元（神经细胞），它们之间存在千丝万缕的联系。人们对脑的准确认识才刚起步：计算机技术的进步让创建脑部工作模型成为可能，要想知道人脑内部究竟如何运转，人们还有很长的路要走。

坚硬的颅骨忠实地保护脑，可一旦颅内压升高，比如患了肿瘤或者脑出血，这层保护也随之成了问题。整个脑部都要持续不断地有充足血液供应：动脉粥样硬化导致的动脉狭窄不但对心脏不利，对脑也是如此。脑卒中，也可以说是脑部的“心脏病”，是发达国家第三常见的死亡原因。

P164–165 图：这张脑切面图的颜色与实际颜色不符，褐色代表白质，黄色代表灰质。

左图：控制中心。脑紧贴在颅骨内侧，通过脊髓向身体其他部位收发信息。

大脑在哪里？

只要透过颅骨就能看见被几层脑膜包裹住的脑。颅骨内附着一层厚厚的，接近皮革质地的膜：硬脑膜（这个术语听起来很古怪，其来自阿拉伯语，被翻译成拉丁语后成为解剖术语，原意为“坚硬的母亲”。在阿拉伯语中，“母亲”表示两种事物存在相近或相关的物理性质）。硬脑膜与精致的蛛网膜紧密相接；脑的本体之外还包裹着一层非常薄的膜——软脑膜。夹在两者之间的是蛛网膜下腔，里面注满了脑脊液（CSF），脑脊液源于脑的内部，确切说是脑室。脑室里遍布着密密麻麻的血管网，脑脊液就是从这里分泌出来的。脑脊液接下来通过脑背面的管道进入蛛网膜下腔，流出脑部。蛛网膜下腔一直向下延伸到脊髓周围。

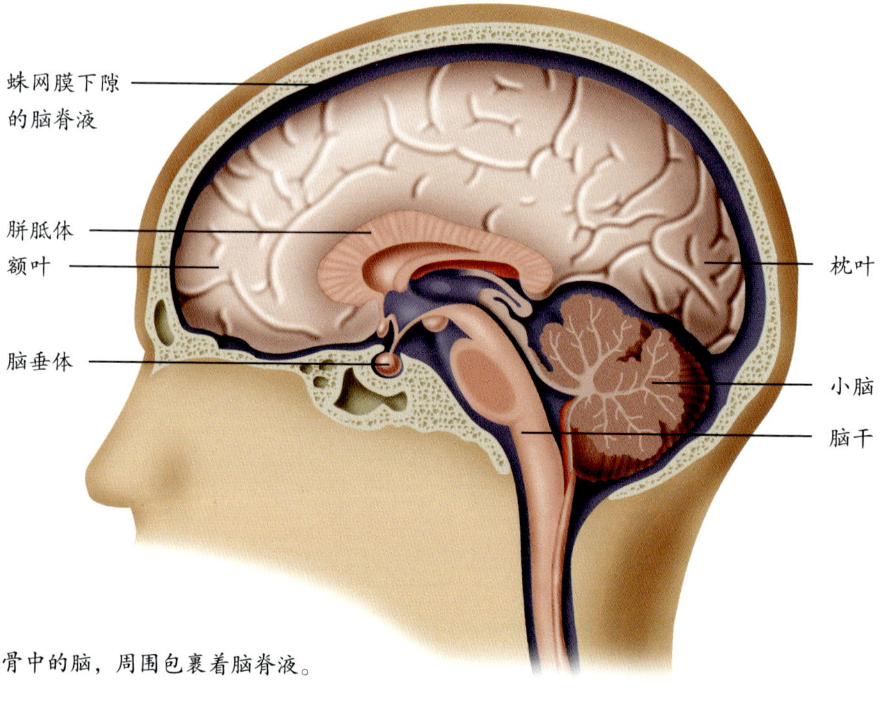

颅骨中的脑，周围包裹着脑脊液。

脑脊液对脑的保护不仅仅是起到缓冲作用，还能向脑输送营养并运走其产生的废物。脑脊液的成分可以成为治疗大脑疾病和脊髓疾病的线索：将针头刺入脊髓下部的蛛网膜下腔提取样本，这种方法叫"腰椎穿刺"。

脑是什么样子的?

站在解剖学家的立场上，我不得不承认人脑的外观实在难看，毫无魅力可言，话说回来，我又不是神经解剖学家（是的，有些人把他们毕生的精力都用在研究大脑结构上）。大脑差不多能分成左右两个半球，看起来像一颗大型的核桃。所有人都是如此。两个半球的后下方嵌着褶皱似的隆起物——小脑。小脑的内部结构也很有意思，它的外形像一棵树或者蕨类植物。脑干位于大脑底部，连接脑部和脊髓。

切开脑后，就能看见灰色的皮层（即皮质），脑内深处有一处白色的区域，

大脑像核桃一样：大脑表面布满脑回和脑沟。

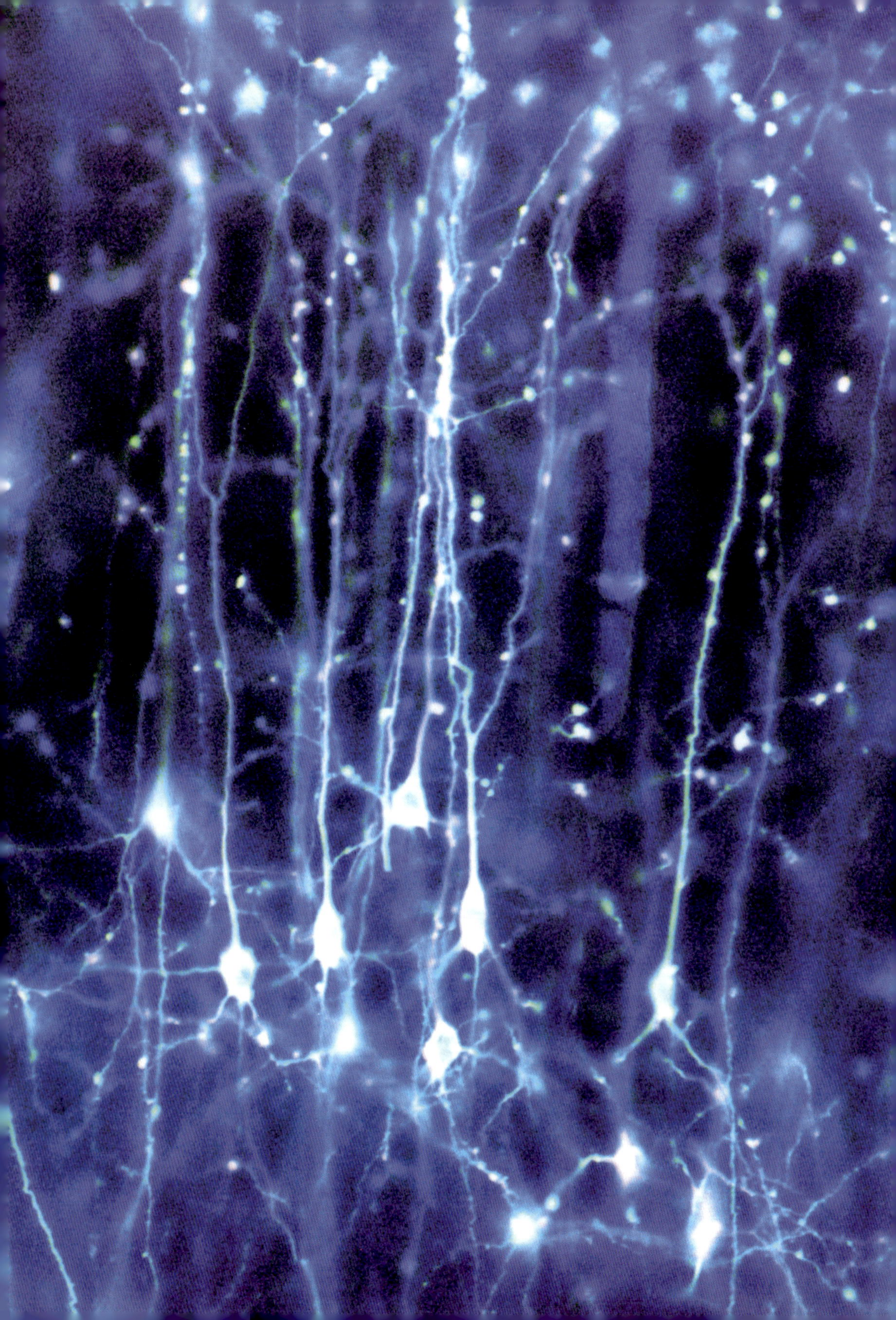

其中又裹着很多灰色的团块。虽然脑看起来平淡无奇，但还是吸引了我的注意。它是人体最复杂的器官，是心智的家园。人类竟然由这种物质掌控，真是难以想象。

脑如何工作?

从细节着眼的话，我们能发现大脑展露出的一些秘密。神经细胞（神经元）的外观非常奇怪，它们的细胞体很小，里面包含着细胞核和细胞的所有组成结构。细胞体上长出很多又细又长的结构，像线一样，它们正是电线。一般情况下，其中的一根比其他的线都长，这就是轴突，负责将神经冲动传递出细胞体。在脑部，有的轴突可能非常短，甚至还不到 1 毫米；而在脊髓里，有的神经细胞能向肌肉传递信息，它们的轴突极长：有的轴突从腰部（脊柱的底部）一直延续到脚趾，能有 1 米长。有些神经细胞体的突起较短，也就是“树突”。大脑中的每一个突起都与其他神经细胞的突起相连，交织成一张巨大的神经元网络。

一批又一批的带电离子穿过细胞膜时，引起神经冲动，即电流，随之沿着神经元的轴突移动。有些轴突被神经胶质细胞形成的“髓鞘”裹住，这层保护措施防止轴突泄漏电流，就像铜线外面包裹着一层塑料起绝缘作用一样。

神经细胞并非直接相连。在一只神经元的轴突和另一只神经元的树突之间有一条非常细小的间隙——“突触”。电流到达一只神经元的末梢之后，就必须以某种方式跳过间隙到达另一个细胞。在电流刺激下，轴突末端释放出一种叫作“神经递质”的化学物质进入突触。神经递质与下一只神经元相接后生成电流。神经递质的种类有许多，包括肾上腺素、去甲肾上腺素、多巴胺和谷氨酸。谷氨酸是

左图：像星座一样的脑内神经。图片下部是皮质中的锥体细胞（细胞体的形状像金字塔或者梨），向上突起的长茎是轴突。

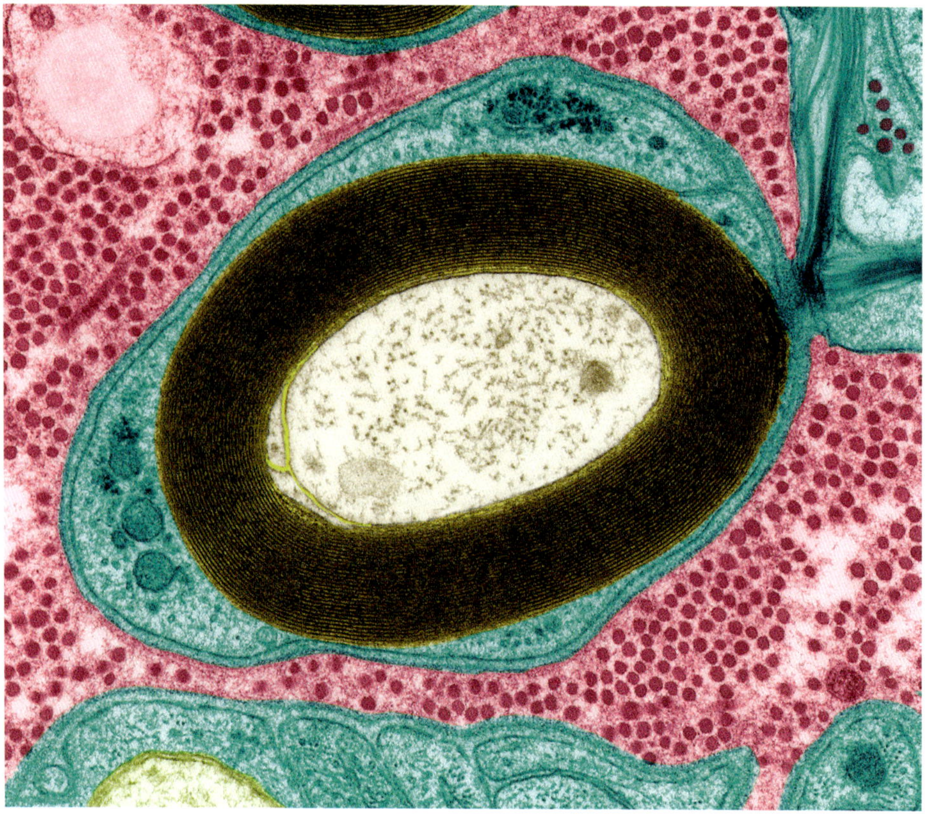

绝缘体：这张切片图是轴突的横截面图。从图上可以看出髓鞘（棕色部分）是如何一层层裹住轴突达到绝缘效果的。髓鞘是由施万细胞（绿色部分）生成的。图片是实际结构大小的14 000 倍。

主要起“接通”作用的神经递质。话虽如此，谷氨酸过量的话可能会摧毁神经元，谷氨酸过量被认为是引发几种脑病和神经疾病的根源。

脑的分区

虽然脑的外观看起来是对称的，但内部结构并非如此。举例来说，右脑操控左侧身体活动，而左脑操控右侧身体活动。大脑的功能被划分给左右半球：绝大多数人的右半球更具创造能力，掌控空间感、艺术和音乐；而左半球起主导作用，掌控语言和逻辑思维。

大脑究竟如何工作？这个问题一直困扰了神经学家一百多年。在维多利亚时代，有人提出大脑各区域分别承担不同工作，这是一种颅相学观点，属于伪科学的范畴：掌握颅相学知识的人号称能以检查头颅外形的办法分析出被测者的个性。这当然是一派胡言。如果一个人的大脑受伤，他表现出的问题就能证明大脑的不同区域有不同的功能。比如说，额叶受伤会引起智力障碍或者性格变化，左颞叶受伤会摧毁一个人的计算能力或者写作技巧，而右颞叶受伤会让人无法识别面部。

很明显，脑可划分成许多区域——但脑部分区图应该怎样画呢？借助功能性磁共振成像（fMRI）等新成像技术，神经科学家可以准确地寻找与思维、情感、行动有关的脑区域究竟是哪些。问题也随之而来：脑的特质与承担某项特定功能的神经元不同，不会紧密地集中在某个区域，而是像一张网一样遍布全脑。想要了解人类的心智，要做的工作还有很多。

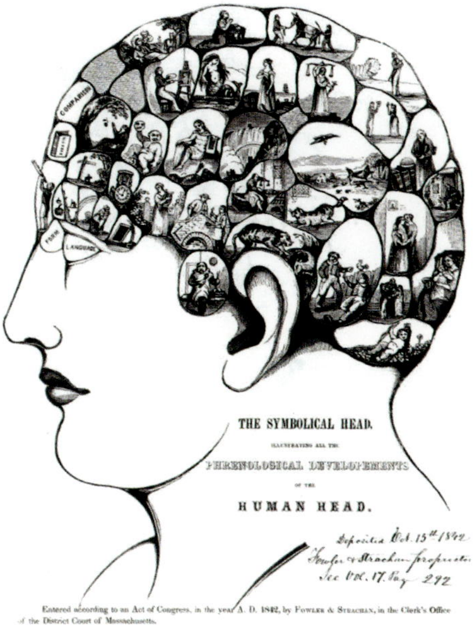

这张颅相学脑图在维多利亚时代很有用，人格的各个方面都被映射在脑中。不必一一对照自己的头部了，人的性格无法从头颅、手掌或者任何其他外在的结构表现出来，它们植根于脑内。

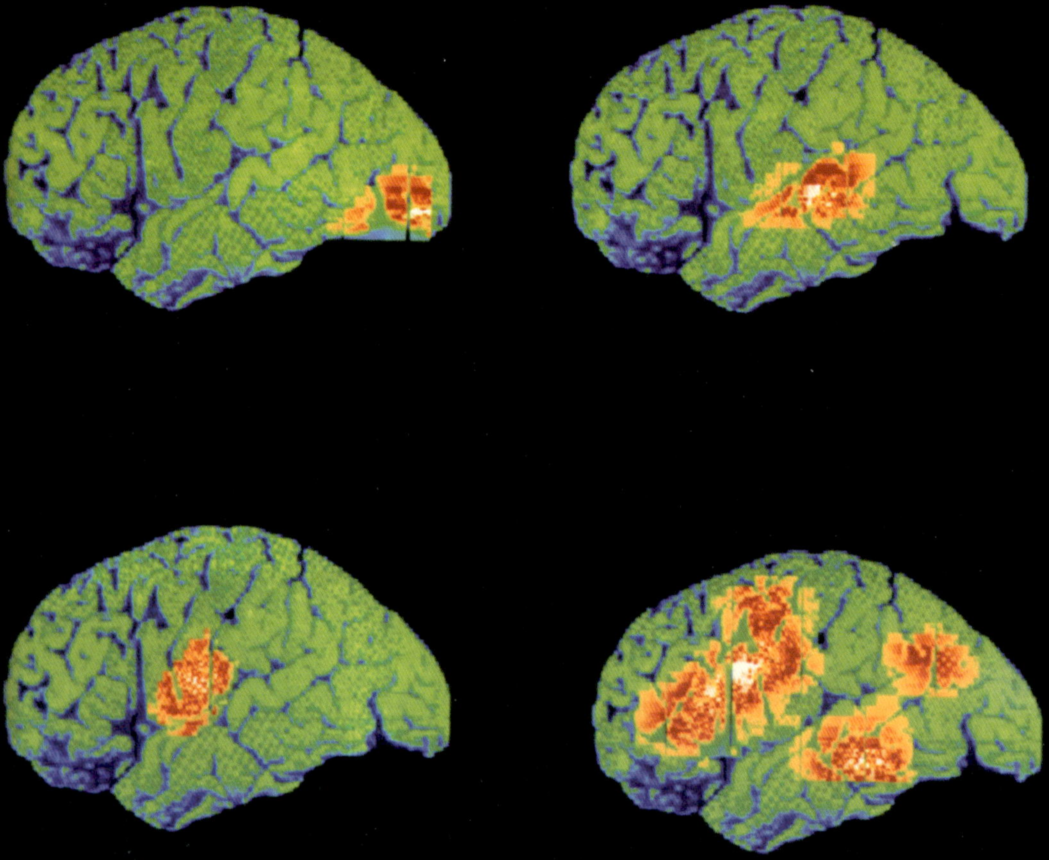

工作中的脑：通过脑功能核磁共振技术，可以看见执行特定任务的区域正在发光。从左上角开始（逆时针方向），脑在分别执行“看、听、思考词汇、讲话”的任务。

脑的常见问题以及如何预防

内部和外部原因都可能导致脑损伤。发生交通事故时的骤然加速或减速，都会造成神经撕裂。直接的脑外伤（比如头部遭到击打或者撞到外物）可能导致神经元受损，脑组织肿胀、瘀伤，即使颅骨没有碎裂也可能导致颅内出血。如果是轻微的脑外伤，受伤者可能先会头晕目眩但很快就能恢复；如果伤势严重，患者可能患上数周的健忘症（记忆缺失），或者失去意识陷入昏迷。

肿瘤、颅内出血和血栓都可能导致脑内损伤。脑瘤和颅内出血的影响是直接的；举个例子，肿瘤不但侵占脑中其他区域，甚至还会在“寸土寸金”的颅内安营扎寨。因为颅内的空间有限，肿瘤和颅内出血都会增加脑内压力，破坏神经元并切断脑供血，影响整个脑部。

由于脑膜与视神经（从大脑向眼睛传导冲动的神经）被膜相连，如果颅内压力升高，压力会沿着视神经传递，导致眼球内部的视盘，即视神经与视网膜分离处，变得肿胀。这说明，医生可以通过检查位于眼球背面视网膜上的视盘边缘是

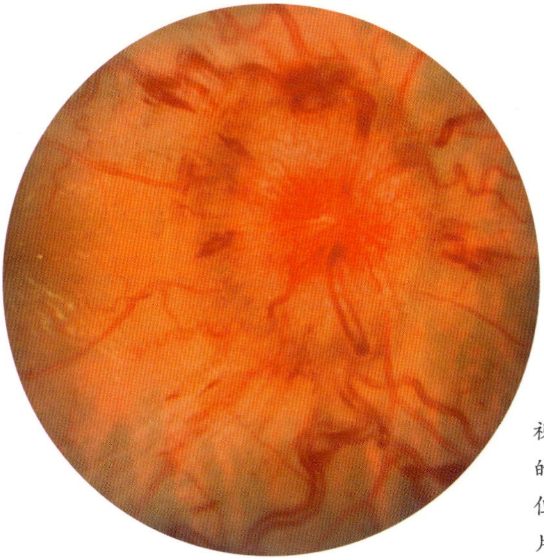

视乳头水肿：正常状态下，视网膜上的视盘应该看起来像黄色的甜甜圈。但这张图片视盘呈红色，边缘模糊（图片右上角）。这说明颅内压高。

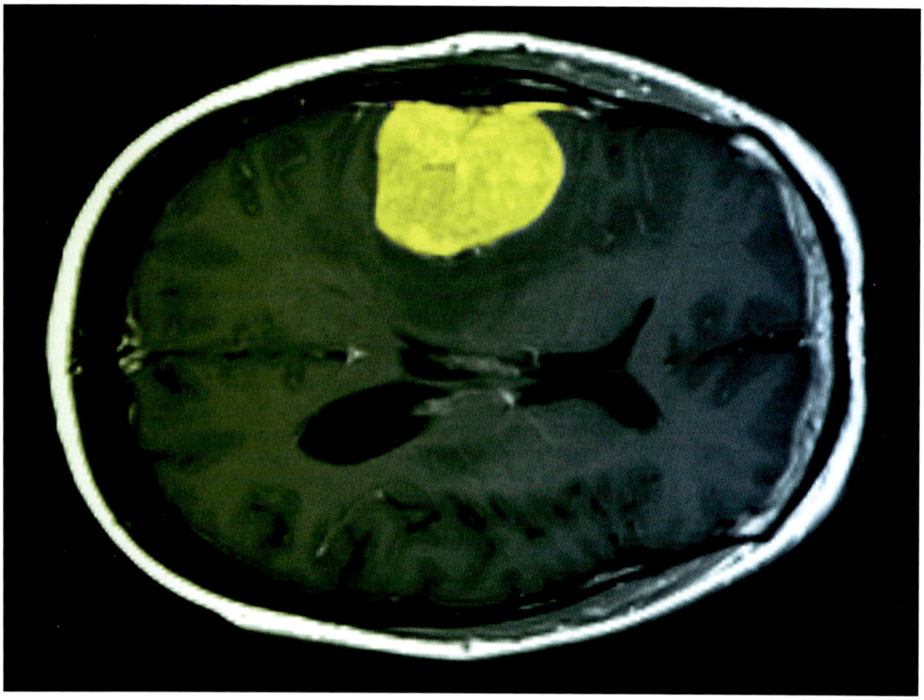

脑膜肿瘤（黄色部分）占据了颅骨内的宝贵空间，挤压脑部。

否模糊，来简单迅速地判断颅内压是否升高。

脑损伤的后果大体可以分为如下两种：一种是神经元受刺激变得“紧张不安”，让脑部产生一串电脉冲，最终导致癫痫症状；另一种是神经元受损丧失其特定功能。

至于如何保养脑，这个问题与“健强的体魄孕育健康的心灵”息息相关。多吃蔬菜、水果，均衡的饮食让脑获得充分的营养。脑与人体其他器官一样喜欢经常锻炼——也就是脑力锻炼。吸烟对脑有害，这也不是什么值得惊讶的知识了。尽管人类还没有完全弄清睡眠时的脑活动究竟如何，想要让脑保持在最佳状态的话，良好的睡眠还是很必要的。

接下来的部分将探讨如何降低常见脑病的风险和影响。

头痛

头痛真正的原因扑朔迷离，有时是由于神经和血管受到刺激或者头皮肌肉紧张。头疼有很多种情况：有的是钻心的刺痛，有的是一阵阵的钝痛，有的像脑袋被带子勒住，有的像眼睛后有压力。外部因素和内部因素都会引起头痛，比如抑郁、头部或颈部受轻伤、压力、焦躁以及眼部疲劳。大多数头痛的病因从本质上看都不是大问题，也许让人一时痛苦但不存在潜在的伤害。舒展身体、头部按摩，还有最普通的止痛药，比如扑热息痛或者阿司匹林，都有助于缓解头痛和紧张。虽说大部分头痛最终都会自动消解，更重要的是，头痛偶尔是某些更严重病情的提示。如果持续头疼、视野模糊、恶心，或者经常头痛而且记忆出现问题，请务必去看医生。

偏头痛

“偏头痛”是个奇怪的词，源自拉丁语“hemicrania”，意思是半个头。从字面分析，“偏头痛”传达出“头痛欲裂”的意思。“普通的”紧张性头痛和偏头痛界限很难确定。偏头痛发作时，视觉和胃也会出现紊乱。偏头痛发作的前兆有时是视觉紊乱，比如视野中出现暗斑、闪光或者锯齿像城墙一样的线；有时一侧身体会有刺痛感或者感到很虚弱。偏头痛在早期阶段表现出的症状可能与短暂性脑缺血发作类似，半侧身体发麻无力。出现这种症状时，除非患者此前罹患过或者已经被确诊为偏头痛，否则就要急救。早期阶段可能持续几分钟乃至几小时，然后患者骤然头痛。偏头痛时，脑血管和脑膜扩张，脑组织肿胀，感觉神经受到刺激。虽然偏头痛非常痛苦，但这并不会在脑内造成真正的损伤。

人们已经认定以下因素与偏头痛有关：周末突然放松、巧克力、奶酪、噪音、光线，还有经前紧张综合征——但发病原理至今还是未解之谜。避免食用引起偏头痛的食物似乎合情合理，可实际作用似乎不大。像扑热息痛这类的止痛药也许有用，但反复使用也许会让偏头痛发作更频繁。偏头痛严重时，还可以使用其他药物——详情请咨询医生。

脑卒中和短暂性脑缺血发作（TIA）

在英国，九分之一的死亡是由脑卒中引起的。脑卒中发生于某个脑部区域供血中断时，出问题的区域缺血死亡——这与心脏缺血时会发生心脏病一样。80%的患者都是因为血块堵塞了狭窄的动脉阻碍血液流通。脑卒中的发病原理与心脏病一样，只是溢血发生在脑部而已。

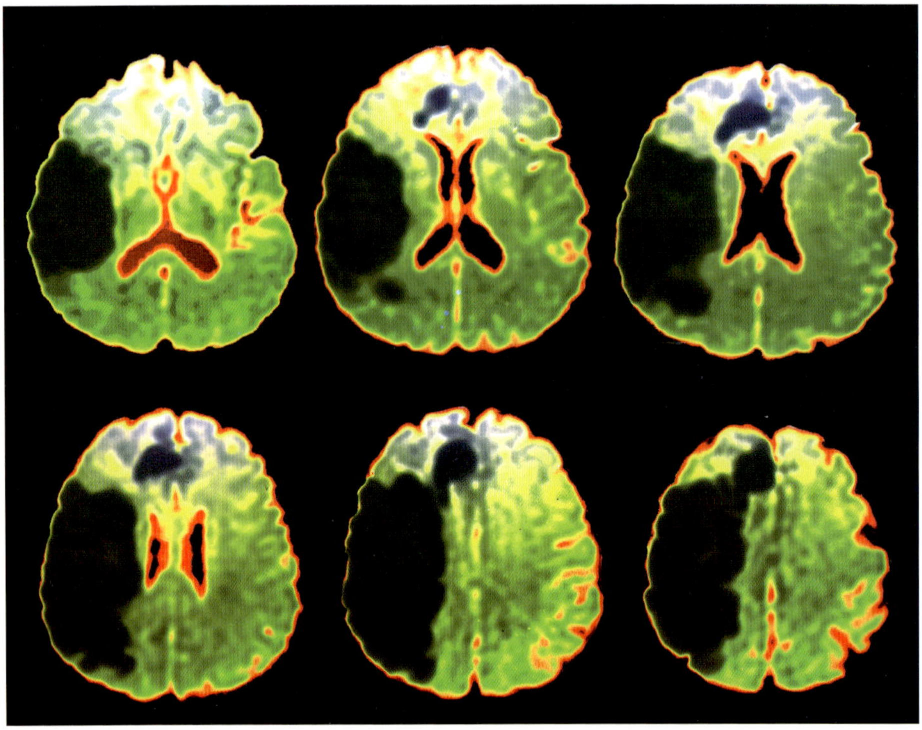

这张彩色的核磁共振片清楚地显示出脑卒中切断了脑内大部分区域的供血。

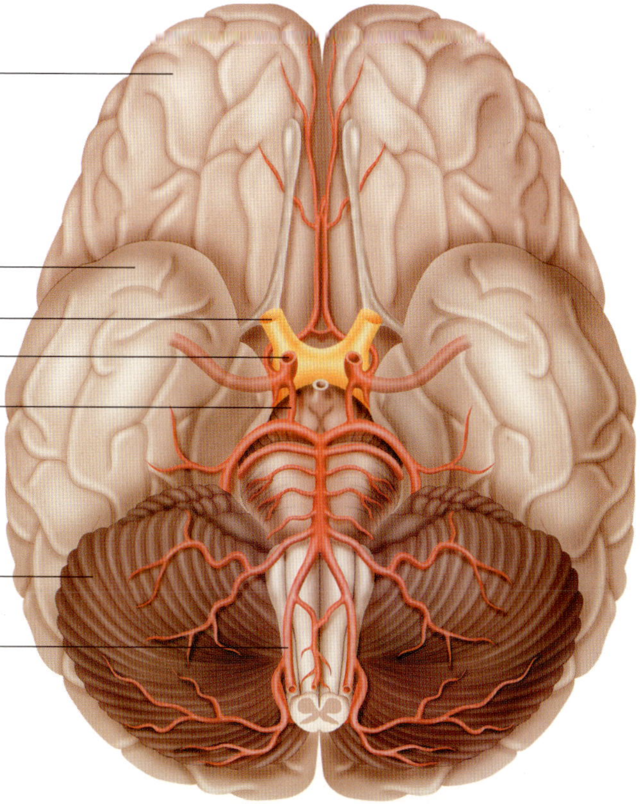

大脑动脉环：围绕在视神经的周围，呈环形。

为大脑供应含氧血液的动脉有两对：颈内动脉和椎动脉。颈内动脉沿着脖子向上延伸，通过颅骨底端后将其中的血液输入到被称为“大脑动脉环”的环形动脉中。椎动脉沿着颈部经过椎骨两侧的小孔向上，从颅骨底端被称为“枕骨大孔”的空洞处进入颅腔。在颅内，椎动脉汇合成一条动脉，沿着脑干向上延伸，最终也到达“大脑动脉环”，在此分支给大脑各个区域供血。这种弯弯绕绕的血管设计得很巧妙——它是一种安全设备。这意味着如果任意一条通向颅内的动脉被堵住了，其余动脉中的血液仍然可以传输到大脑的各个部位。可如果来自大脑动脉环的脑动脉也被堵住了，阻塞脑部大血管的血栓就能致使大脑组织死亡，进而导致脑卒中。有 1/4 的脑卒中患者因此死亡，而幸存者可能会出现一侧身体失去知觉或者感觉虚弱，出现语言或者其他障碍。

有时，脑动脉阻塞只是局部性或者暂时性的，患者因而出现短暂性脑缺血发作（TIA）症状。患者可能被注意到的症状包括胳膊和腿虚弱无力，单眼暂时性失明，表达或者理解出现障碍（失语症）。短暂性脑缺血发作症状可能短至数秒，长至 24 小时，但这种病会带来严重的危害。有 TIA 病史的患者很可能反复发作，甚至是全身性卒中的预兆。短暂性脑缺血和脑卒中都属于急症，如果您发现自己或他人出现征兆，请务必叫救护车。

人们可能对脑血管中的一些微小阻塞物不在意。但随着时间的推移，在这样的阻塞物和受缺血影响的区域共同作用下，不起眼的小东西积累成了大问题。中断供血的微小区域越来越多，记忆力也随之逐渐下降，最后患上失智症。这就是“多发梗塞性痴呆”。

脑梗死与心脏梗死的原理相同：动脉狭窄以及血液容易凝结，所以两种疾病的预防和抑制方法完全相同也不是值得惊讶的事实了。戒烟、降血压、锻炼身体、减重，还有控制饮食，都会降低患脑卒中的风险。本书第三章中提到的“坏脂肪”，也就是饱和的动物脂肪，对大脑和心脏有害。ω-3 脂肪酸可能有益于大脑（但目前不可能像媒体上宣传的那么神奇），健康饮食，多吃蔬菜、水果对任何器官都有好处。

阿尔兹海默病

失智症是渐进性的脑功能丧失，一般对整个脑部都有影响，表现为智力、情感、社交和行为能力的退化。失智症很常见，65 岁以上群体中有 10% 的人患病，这一数据在 80 岁以上群体上升到 20%。最常见的失智症就是阿尔兹海默病，但是“失智”也可能是血管疾病导致的——前文已经提到了多发梗塞性痴呆。

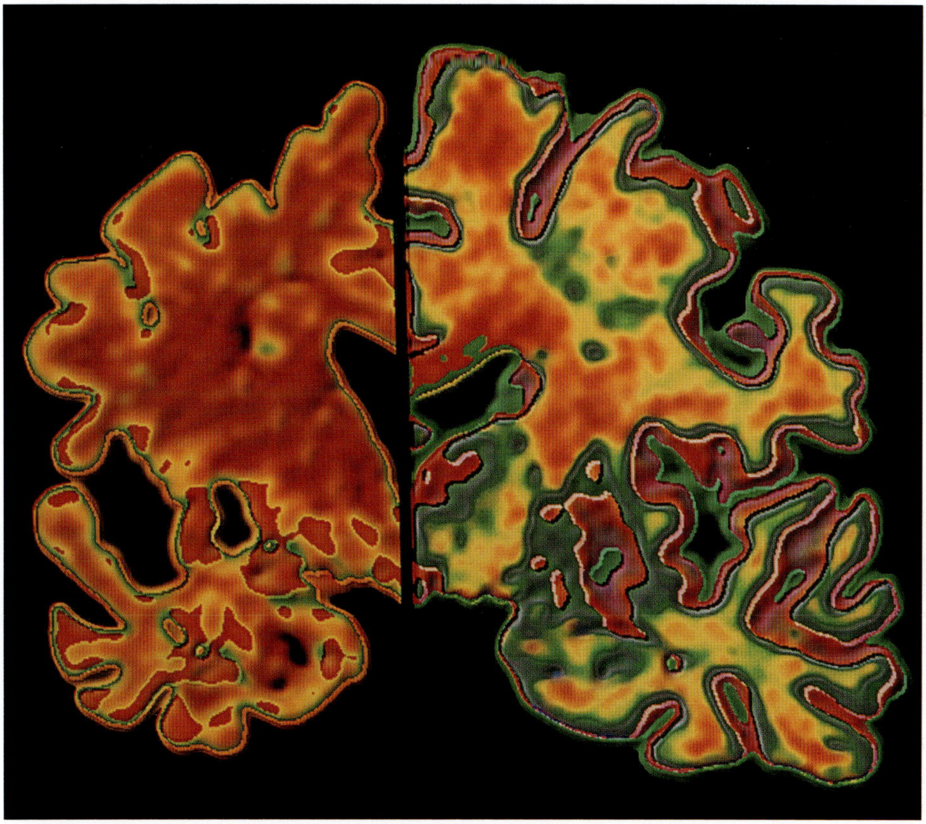

左侧是阿尔兹海默症患者的脑切片，右侧是正常的脑切片。

阿尔兹海默病的特征有：记忆丧失，语言障碍，对人和事物的认知能力下降，行动笨拙。有的患者很难制订计划，经常走神，变得焦躁好斗；有的患者根本不知道自己的变化（对于他们的亲友来说，这种情况很难对付）；还有的患者变得非常沮丧。这是一种渐进性疾病，病情随着时间的推移而恶化，最终走向死亡。

阿尔兹海默病患者的大脑表现出如下迹象：神经元中的蛋白质纠缠在一起，神经元之外还有大量的蛋白质。其形成的原因尚不清楚，可能包括多种因素。导致失智症的一部分原因来自遗传基因。如果一个人的近亲中有阿尔兹海默症患者，那他的患病风险就会大于常人。但生活习惯也有重要影响。经常运动的人患阿尔兹海默症的风险更小，这可能与全身活动会促进大脑中血液流动有关。智力活动似乎也能预防阿尔兹海默症。吸烟有害大脑：吸烟者患阿尔兹海默症的风险是不吸烟者的 2 倍（但不必绝望——从任何年龄开始戒烟都可以降低风险）。

地中海式饮食有丰富的橄榄油和水果、蔬菜，维生素和抗氧化剂含量高，对大脑和心脏都有好处。蓝莓、草莓、西红柿中的抗氧化剂尤其丰富。抗氧化剂能清除掉有害的自由基，一旦体内缺乏，就会表现出阿尔兹海默症的神经元变性。葡萄酒是地中海式饮食不可缺少的一部分，它对心脏的益处已经为人所知。对大脑来说，葡萄酒也有很多好处。要适度饮酒，每天喝 1 ~ 4 杯酒的人比滴酒不沾的人和饮酒过量的人患阿尔兹海默的风险要小得多。

心脏病和失智症都与叶酸水平低、高半胱氨酸水平高有关。高半胱氨酸是蛋白质在代谢过程中产生的氨基酸，但其并非营养物质而是自由基的来源之一，甚至会破坏其他蛋白质。叶酸属于 B 族维生素，常见于蔬菜中，尤其是绿叶菜。它能降低高半胱氨酸的水平。失智症患者也许有饮食不良的问题 ，这本身就会造成体内叶酸水平低，而高半胱氨酸水平高。

如果对作用机制不够了解，对真正的病因和影响没有深入认识，就很难就如何补充维生素提出建议。很多医生提出人们要服用多种维生素，维生素不仅不会伤害人体，还能预防失智症和其他疾病，比如心脏病（但在最后一章中，我们会更详细地分析服用常规补充剂的依据）。

有证据表明，银杏有助于缓解阿尔兹海默症：一项随机的双盲研究显示，银杏果治疗阿尔兹海默症的效果比安慰剂更加明显。虽然很多研究人员声称，音乐疗法对治疗失智症有效，但就证据而言，这种说法至少让人存疑。阿尔兹海默症与铝元素之间的关系值得进一步探讨。

头部外伤会增加晚年时患阿尔兹海默症的风险，这一观点已经不足为奇了。那么问题来了，足球运动员会不会因为用头顶球而导致脑损伤呢？研究显示，足球运动员出现记忆受损的风险是游泳或者田径运动员的 3 倍。避免用头顶球（总之就是任何形式的头部外伤），可能是个好办法。如果你喜欢骑自行车，务必要戴头盔。如果大脑运转不灵，体魄就算再健康也体会不到什么好处。

记忆缺失

65 岁以上群体中，“增龄性记忆障碍”患者大约占 40%，比由于年龄增长导致健忘的人数多。这种病与阿尔兹海默症不一样——只有 1% 的增龄性记忆障碍患者会继续患失智症。

随着时间的流逝，压力对大脑和记忆力产生持续影响。应激激素似乎无益于大脑海马区，即储存记忆的区域。研究表明，应激激素水平高会损伤记忆。智力活动可以防止记忆缺失。一生坚持用脑锻炼会提高记忆力，从长远来看也不会随着年龄的增长而出现记忆问题。锻炼身体可以塑形，锻炼心智则可以健脑：学习和工作中的种种挑战都能锻炼脑，让负责逻辑推理的神经元之间的联系更紧密。除了智力活动之外，社交活动和内容有趣的聊天也能刺激脑。对善于交际并且合群的人来说，衰老对大脑的负面影响更小。

抑郁症

在英国，全科医生的患者中有 1/3 患的是抑郁症。抑郁症是世界上最常见的疾病，有时还被称为“精神感冒”。可是这一严重威胁生命的疾病得不到重视：15% 的抑郁症患者有自杀行为。

很多原因都会导致抑郁症，一般意义上的生活压力是外因，除此之外还有内因。有抑郁症家族病史的人更易发病。抑郁症也可能由摄入体内的物质改变了大脑的活动和功能导致，比如酒精和药物。

虽说患了抑郁症之后很难再有动力锻炼，根据已有证据表明，经常锻炼有助于预防和缓解抑郁症。锻炼身体可以激发体内“感觉良好”的物质——内啡肽和血清素，对心情、睡眠和食欲都有好处。选择什么运动不重要——所有运动都有近乎相同的效果。话虽如此，运动本身能否产生正面效果，能否通过学习一门新的技能，能否与新的群体接触来缓解抑郁症，这些问题尚无证据可以说明。健康饮食，戒烟，抽时间放松都有助于抵抗抑郁症。无论什么原因，抑郁症都要当作慢性病治疗，改变生活方式也是其中一个环节。对于抑郁症，没有快速见效的治疗办法。

五种保持脑健康的方法：

- 保持健康均衡饮食：多吃新鲜的蔬菜、水果，其中富含大量的抗氧化剂，有助于降低患脑卒中、阿尔兹海默症和抑郁症的风险。

- 经常锻炼：经常锻炼让人睡得更香，心情更好，从长远看还可以降低患脑卒中的风险。

- 保持脑活跃：智力挑战、社交活动，还有鼓舞人心的聊天，都对记忆力有好处。

- 注意休息：每晚至少睡 6 个小时，睡眠可以给脑“充电”。

- 降低头部外伤的风险：避免用头顶球，骑车要戴头盔。

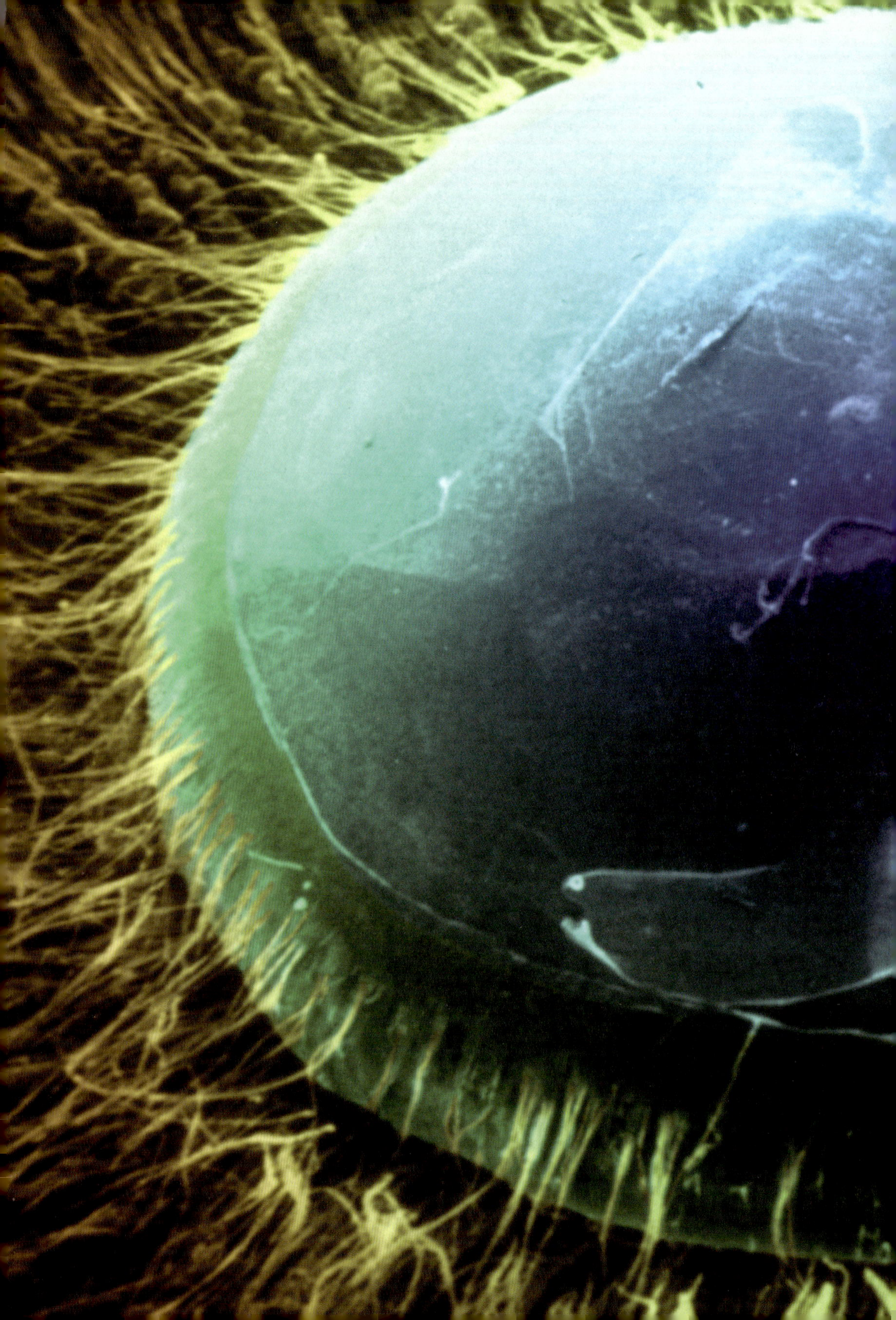

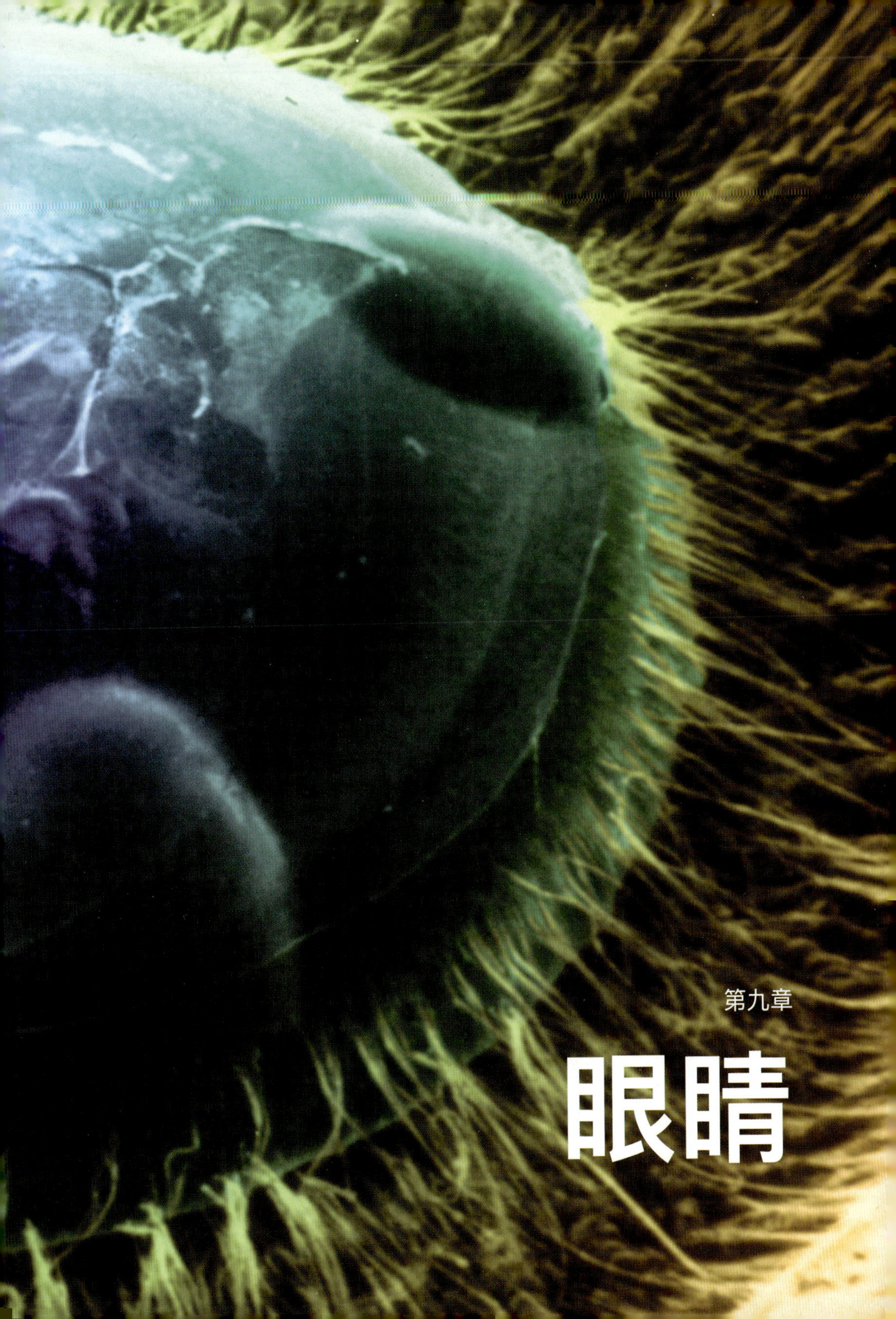

第九章

眼睛

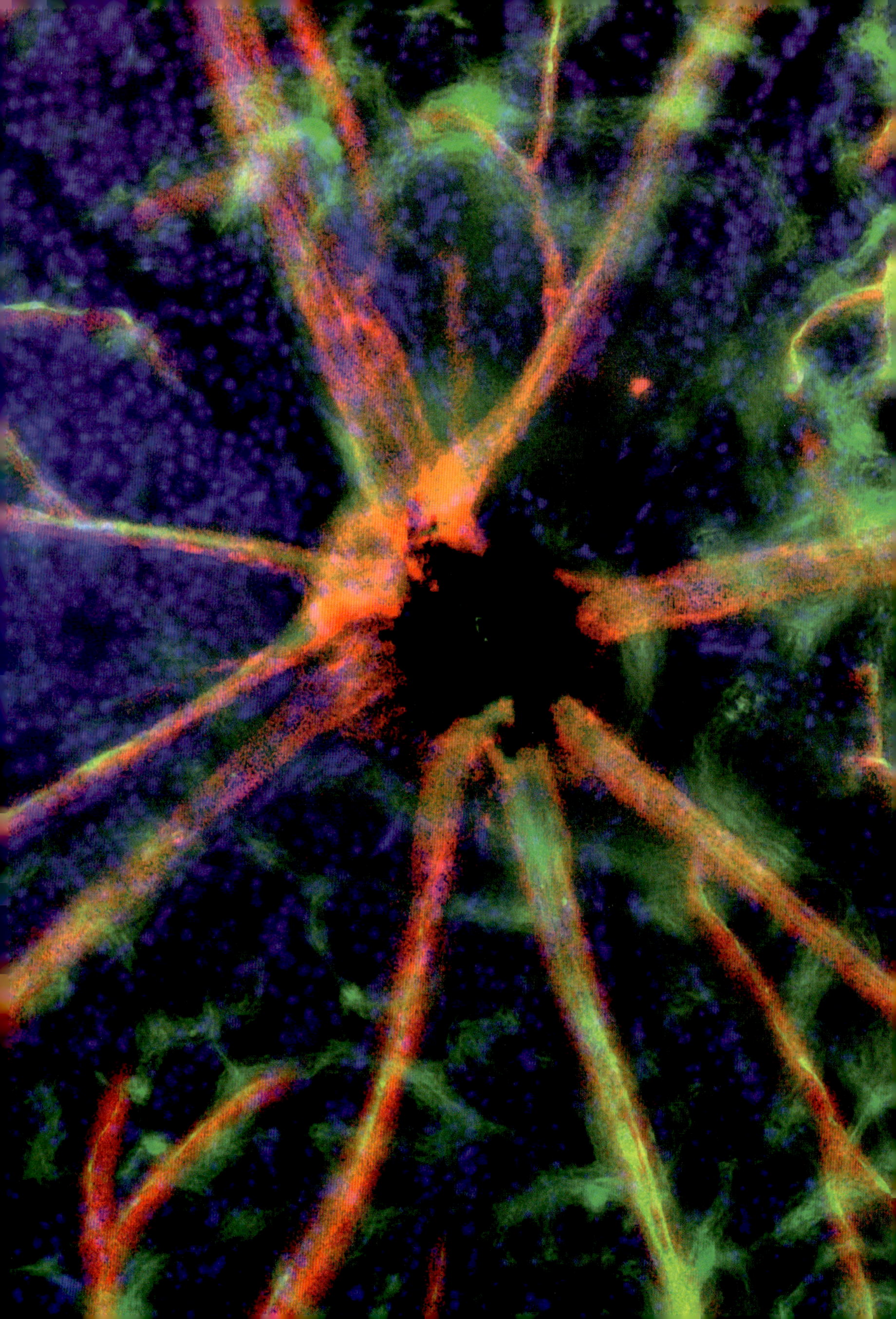

人们说眼睛是心灵的窗户，的确如此。实际上，眼睛是大脑的一部分：在胚胎生长过程中，由大脑的视茎发育出眼睛，看起来有点像蜗牛的眼睛。等到成年之后，人们可以找医生做眼部检查，以判断颅内液体的压力。

人的眼球非常小，平均直径仅约 24 毫米——比乒乓球（直径 38 毫米）还小。两者不同的是，乒乓球是空心的，而眼睛里却充满了液体。眼球是一个不可思议的人体结构，眼睛接收到光之后，视神经产生电冲动然后传到大脑，大脑利用这些信息构建出外部世界的图像。

P186–187 图：透过晶状体看世界。纤维将环形肌肉与晶状体连接在一起，通过牵引改变晶状体的形状，以这种方式调整眼睛焦点的位置。

左图：盲点。神经与眼球的连接点，血管（图中红色部分）在眼球背面同一位置上的点与眼球相接。盲点上没有感光细胞，视野中缺失的部分靠脑弥补。

眼睛如何工作?

我第一次见到眼球是在一节难忘的生物实验课上，老师直接从屠户那儿找来一袋牛眼球，拿来时还在化冻。这堂早期的解剖课上，我们用到的实验器具很奇怪：一只只椭圆形的搪瓷碗里装着大约 1 厘米长的黑蜡。我把牛眼放到碗里，看到牛眼也在哀怨地凝视着我。我拿起手术刀，思考着第一次解剖要从何下手。20 分钟之后，牛眼被剖开了，它的皮质外层被开了一道口子，玻璃体溢了出来。我沿着边缘从环形的睫状肌上切下晶状体，然后放到一张纸上。晶状体看起来像一

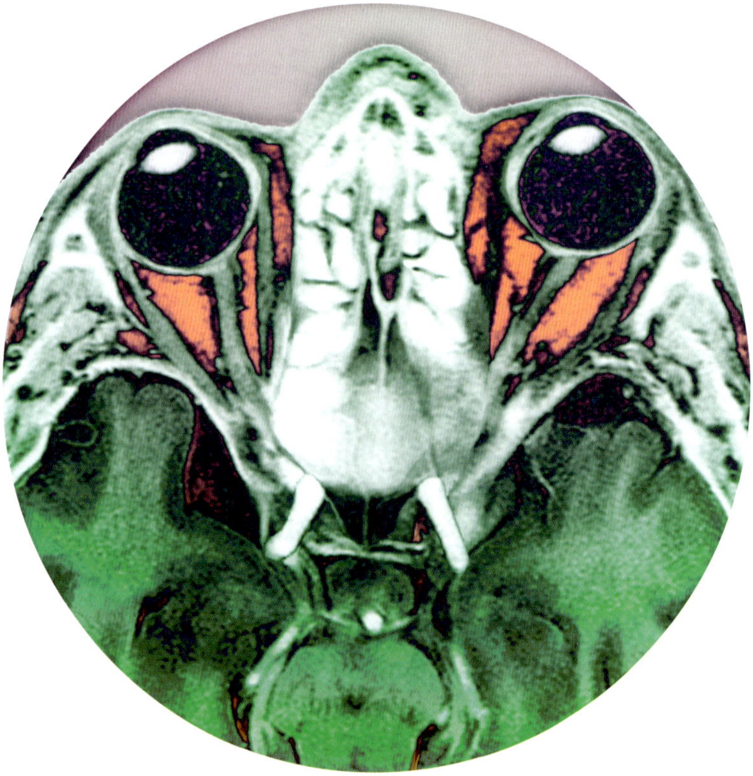

图片是由核磁共振成像的头颅横断面切片。鼻腔两侧的上方是眼睛（黑色部分），联通脑部的视神经（绿色部分）清晰可见。

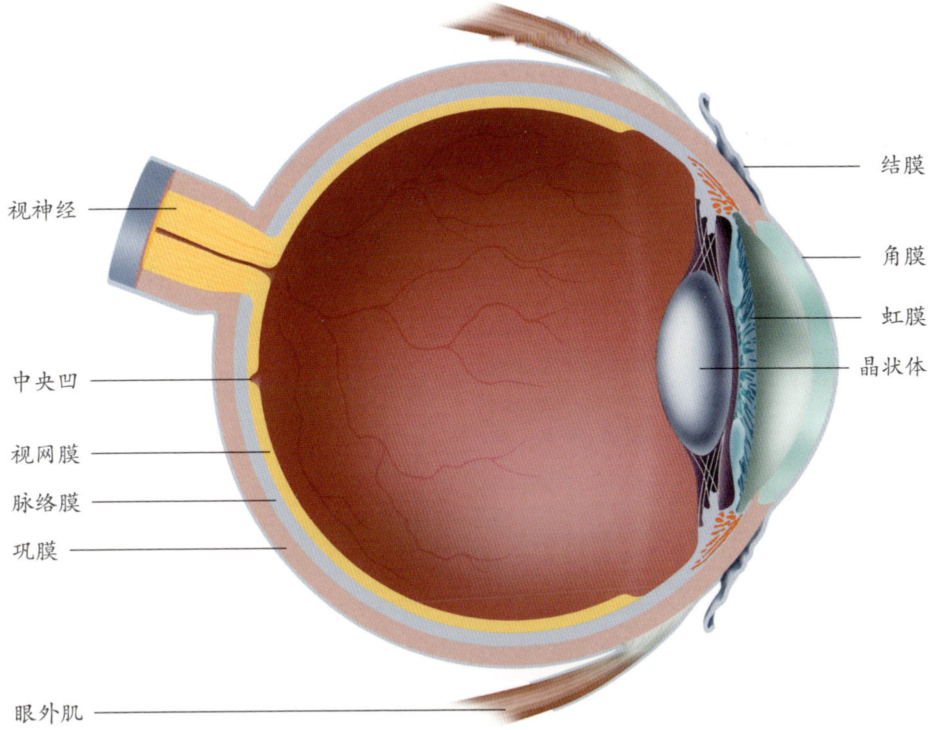

活体照相机：图中是眼球各部分结构。

小团果冻，但作用非常神奇。接触牛眼的恶心很快被好奇心取代了，虽说我还是觉得那天晚上有的同学都不敢吃肉了。

从解剖结构上看，眼睛与照相机有很多相似之处：角膜相当于照相机前部的镜头，后面另有一只镜头调整焦距；虹膜调节光圈；瞳孔调节进入眼球的光线量；视网膜是光敏胶片（或者数码相机的传感器）。角膜、晶状体和眼内液体清澈时，光线能从中通过，这样的眼睛才能正常工作；角膜必须湿润，以保持眼球表面光滑；晶状体必须能随时改变形状才可以聚焦到远处和近处的物体；视网膜的细胞必须健康，并且能够接收到投射在上面的光线。

眼睛的构成

角膜

巩膜是一层坚韧的白色外膜，裹住眼球的大部分表面。角膜是眼球前部区域的透明凸起，占眼球表面积的 20%。角膜让进入眼睛的光线发生折射，其中 80% 的光线透过眼球。角膜和四周巩膜的外面还有一层结膜。它环绕眼球，一直包裹到眼睑内侧。泪液覆在角膜外层，可以清洁眼球表面，保持角膜表面光滑，使得光线能均匀折射。眨眼可以补充泪液，防止角膜干燥。分泌眼泪的泪腺在每只眼球上方的靠外一侧，分泌物从眼睑下流出。眼泪跨越眼球后消失在内眼角，沿着两个小孔进入到两条细小的管道，排空后顺着鼻泪管向下流到鼻子底端。这就是为什么人会一边哭一边流鼻涕的原因。

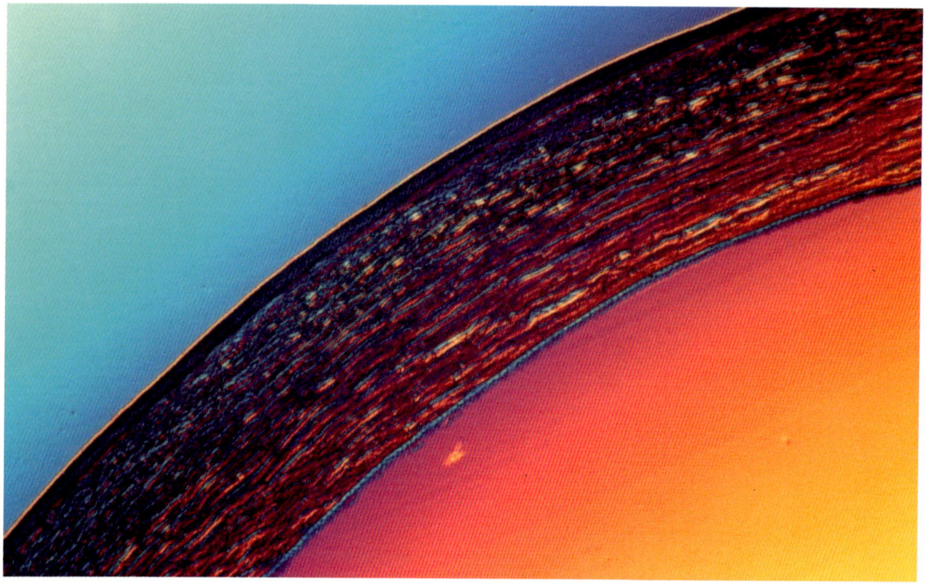

图片中透明的弧形隆起部分是显微镜下的眼角膜。由于眼角膜里没有血管，只能从空气中获得氧气，从眼内液体中获得营养物质。

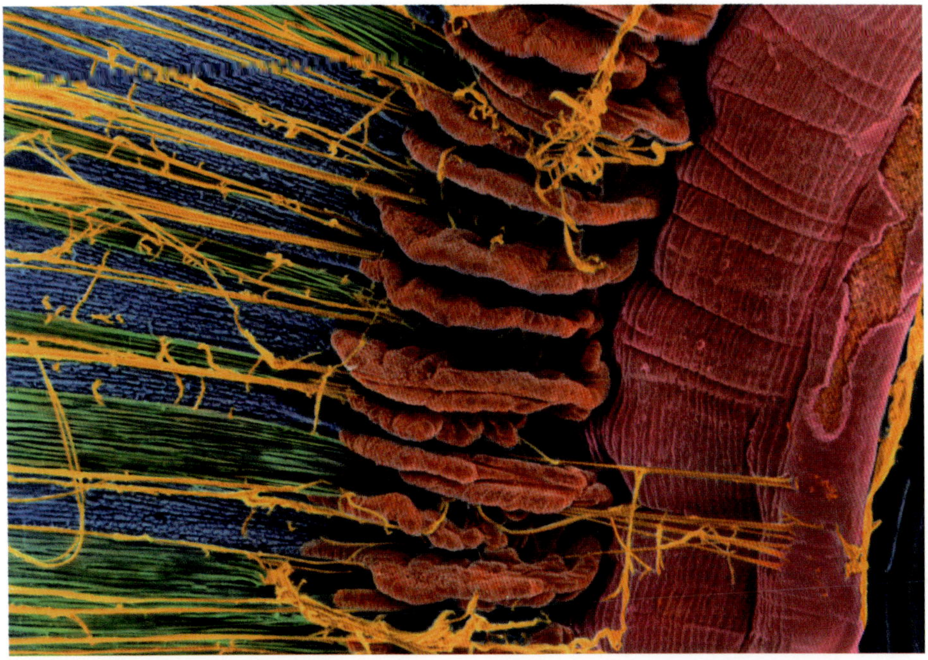

“彩虹”：图片最右边颜色最深的部分是瞳孔，虹膜的肌肉和纤维控制瞳孔大小。

虹膜

由于虹膜可以控制瞳孔的扩张和收缩，所以既能调控进入眼球的光线量，又能调整光线进入的方向。虹膜兼具环形的肌纤维（瞳孔周围）和放射状的肌纤维（呈辐射状，像自行车的辐条一样）。环形的肌纤维可以缩小瞳孔，放射状的肌纤维可以扩张瞳孔：虹膜肌肉可以将瞳孔的直径从1毫米扩展至8毫米。

光线弱时，瞳孔扩大；光线强时，瞳孔缩小。瞳孔扩大时能接收来自四面八方的光线，而缩小时只接收平行光。这导致了焦点的深度发生变化，就像照相机上的光圈一样。人看近处的景物时，瞳孔收缩聚焦。检查眼睛时，医生通常会要求患者先看远处某物然后再看近处，以此观察瞳孔反应，看是否缩小。瞳孔只是一个洞，做出反应的实际不是瞳孔而是虹膜肌肉。可供人类选择的虹膜颜色很多，浅至灰蓝色和绿色，深至深棕色。虹膜中的色素与皮肤色素一样：虹膜中的色素越多，棕色就会越深。儿童眼睛中的色素较少——就算慢慢会长成棕色的，出生时一般也都是蓝色的。

晶状体

晶状体四周环形的睫状肌和韧带有支撑作用，肌肉收缩时向内拉伸，晶状体从眼球上凸出来，其直径随之变短。人看近处的景物时，光线被像厚透镜一样的晶状体折射后，聚焦在视网膜上；而看远处的景物时，睫状肌恢复放松，晶状体舒张变薄几乎不能折射光线。这真是令人不可思议！一只晶状体就能让眼睛聚焦远近不一的景物，不用像透镜那样需要一组才能完成。随着年龄的增长，晶状体

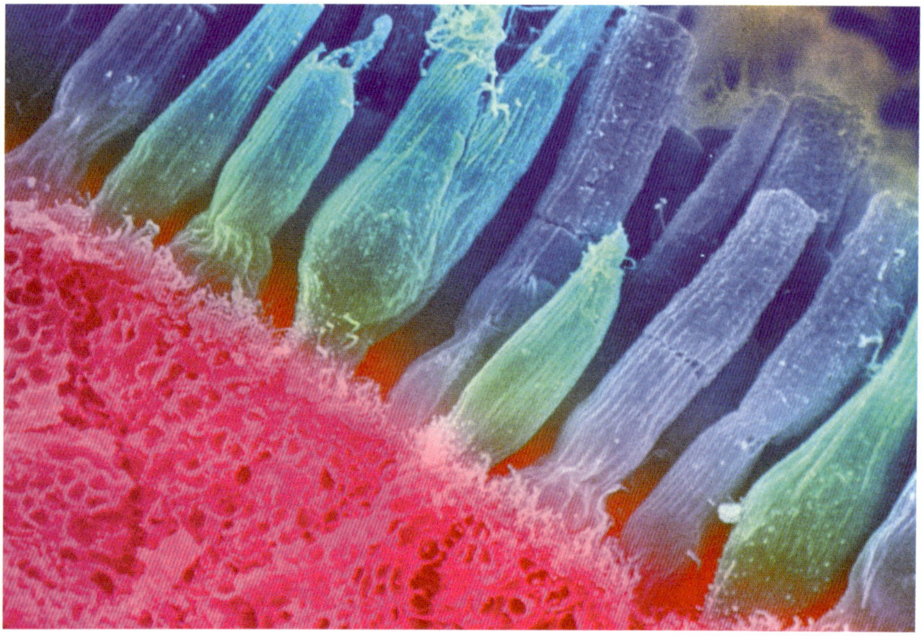

人类的视网膜中有1.3亿个视杆细胞和650万个视锥细胞。图片是放大了8 000倍的视网膜，蓝色部分是视杆细胞，绿色部分是视锥细胞。

越来越僵硬，无法有效地调整形状，这就是老花眼。

晶状体里不是透明液体。值得注意的是，晶状体是一团细胞：它是一个组织。这些细胞呈细长的水晶形状，它们努力剔除晶状体中任何浑浊物质。随着年龄的增长，晶状体细胞也逐渐疲惫，变得无法清除浑浊颗粒，晶状体因此成了乳白色，这就是白内障。

视网膜

在坚韧的眼球外膜（巩膜）内侧还附有一层脉络膜，上面血管遍布。脉络膜的内侧就是视网膜，是视觉功能的真正所在。

视网膜将光转化成电脉冲。视网膜的厚度约 0.1 微米，分为两层：感光细胞层（光感受器）在色素细胞层内。光感受器捕捉进入眼睛的光线，色素层的作用类似黑幕起遮光作用，防止光线在眼内反射，投射出多个图像。

光感受器分为两种：视杆细胞和视锥细胞。视锥细胞能记录颜色，但只有在光线充足时才会运转；而视杆细胞虽不记录颜色，却能在光线昏暗的条件下发挥作用。人类拥有彩色视觉得益于灵长类的祖先，许多哺乳动物不能像人类一样辨识出丰富的色彩。感谢祖先！他们住在树上需要从绿叶中发现果实，所以我们才能看见五彩斑斓的世界。

如果用眼底镜检查视网膜，可以看见视神经与眼球分离的区域，即视盘，形似一只苍白的甜甜圈。视网膜动脉在视盘正中间的位置与眼球连接，动脉的分支向视网膜提供含氧血液。视盘没有光感受器，所以被称为“盲点”，人们一般情况下根本注意不到，因为大脑非常巧妙地弥补了这个点。但是你能找到它：拿一支铅笔，笔尖朝上，手臂伸直平举；闭上一只眼睛，另一只眼睛直视正前方——不要移动目光；慢慢地移动铅笔，如果动作没错，保持眼球不动，目光不随着笔飘走，就能看见铅笔尖消失在一个稍微偏离视野中心的点上，此处就是你的盲点。

观察视网膜时，人们还能看见一处与周围颜色不同的区域——黄斑。黄斑的视锥细胞群特别密集，中心有一处很小的凹陷——中央凹。眼睛的中央凹让人们看见了最细致的、高分辨率的世界。

常见的眼睛问题以及如何预防

眼球是人体中最柔软、最脆弱的部件。眼睑可以保护眼球免受物理性的攻击，但有一样长期损害眼球的物质是看不见的，那就是紫外线。

黄斑变性

随着年龄的增长，黄斑也会退化。视锥细胞群的位置是视觉最敏锐的区域，所以中心视力会随之渐渐衰退。在发达国家，黄斑变性是最常见的致盲原因——比白内障更常见。随着老龄人口的增加，发病人数也随之上升。

黄斑变性发生的准确原因仍然不为人知，似乎与视网膜老化、疲劳有关，视网膜周围的废物也难脱干系（就像它们忘记倒垃圾了一样）。细胞最终全军覆没：中心视力下降，直到视力完全丧失。

虽说人们还没有完全弄清楚黄斑变性的发病原因，但可以肯定的是，这种退化与年龄、吸烟、肥胖有关。人们对年龄的增长无能为力，但能操控后两种因素。光线也是病因之一：有了光，眼睛才看得见，可是光又会伤害眼睛，真是一个两难的问题。

除了众所周知的紫外线辐射之外，可见光中的蓝光也可能损伤眼睛。光线损伤视网膜有这样几种方式：让视网膜升温，由此产生出小冲击波给光感受器和下面的色素上皮细胞造成不可修复的伤害；或者制造攻击各种分子的自由基，形成多米诺骨牌效应。大家都知道，直视太阳很危险，因为视网膜会受伤（1912 年，成千上万的德国人因为直接用眼观察日食导致黄斑受伤）。从长远来看，眼睛就算

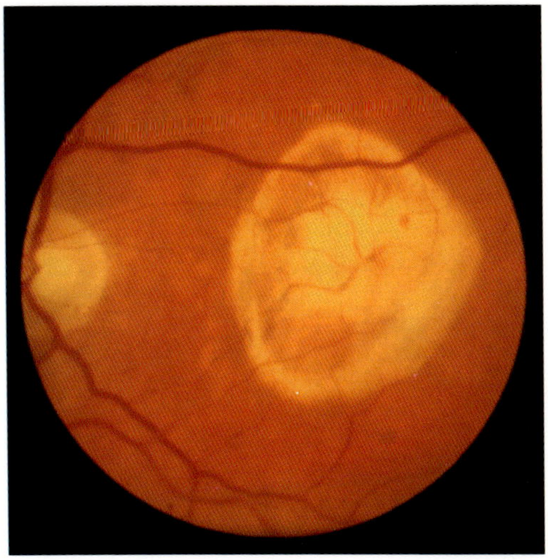

视网膜受伤：图片左边的黄圈是通过检眼镜观察到的视盘，右边的黄色区域是黄斑变性区域。

不直视太阳，受光照也会增加黄斑变性的风险。所以戴上太阳镜吧！

一些研究表明，高剂量的抗氧化维生素（比如维生素 A、维生素 C、维生素 E）都会降低黄斑变性的风险——但是，维生素摄入过多也可能有害健康。强有力的证据表明，类胡萝卜素（比如叶黄素和名字古怪的玉米黄素）不但有助于减缓视力退化甚至还能恢复视力，但仍需更多的实验证明。叶黄素是一种从蛋黄中发现的黄色色素，它和玉米黄素在绿叶植物中的含量都很高。类胡萝卜素即使无法由人类自身制造，仍然会出现在各种人体组织中，包括皮肤、血液和眼睛。猜猜看，哪个组织中类胡萝卜素浓度最高？答案是黄斑。多吃富含类胡萝卜素的物质似乎有助于预防黄斑变性：它们既是抗氧化剂又是色素，可能有“防晒”作用，保护视网膜不受蓝光和紫外线伤害。

如果想尽可能多地摄入叶黄素和玉米黄素，那就多吃绿叶菜，里面富含这两种物质。首选食物是生的羽衣甘蓝（虽然可能不是最让人胃口大开的食品），每 100 克中两种营养素的含量高达 39 克。接下来的是绿叶菜，比如菠菜、豌豆、小卷心菜、西蓝花，还有豆类，但两种营养素的含量与羽衣甘蓝相比有些差距。眼科医生通常会建议黄斑变性患者戒烟，多吃新鲜的水果和蔬菜。这对于任何不想患黄斑变性的人来说都是很好的建议。

需要警惕的是特效药物。因为黄斑变性是无法有效治疗的疾病之一，但有很多人宣称他们的补充治疗药剂能治愈。

白内障

白内障手术在英国是最常见的手术：每年有 25 万例白内障手术。手术用人造晶状体替换掉原生的已浑浊的晶状体，疗效显著。但是，有什么降低白内障发病的方法吗？当然，遗传是一种致病因素，年龄也是，这两者都没办法人为操控。紫外线辐射能导致白内障，这可能是白内障在印度等阳光充足的国家发病率高的原因。正如刚才所说——记得戴太阳镜。糖尿病是另外一种致病因素。所以，能降低糖尿病风险的任何手段，比如关注体重和坚持锻炼身体，都会有助于降低白内障的发病风险。

角膜擦伤：图片中的眼球被滴入了荧光素。用紫外线光源照射可以清晰地看见一条绿线横穿瞳孔，这就是角膜上的伤痕。

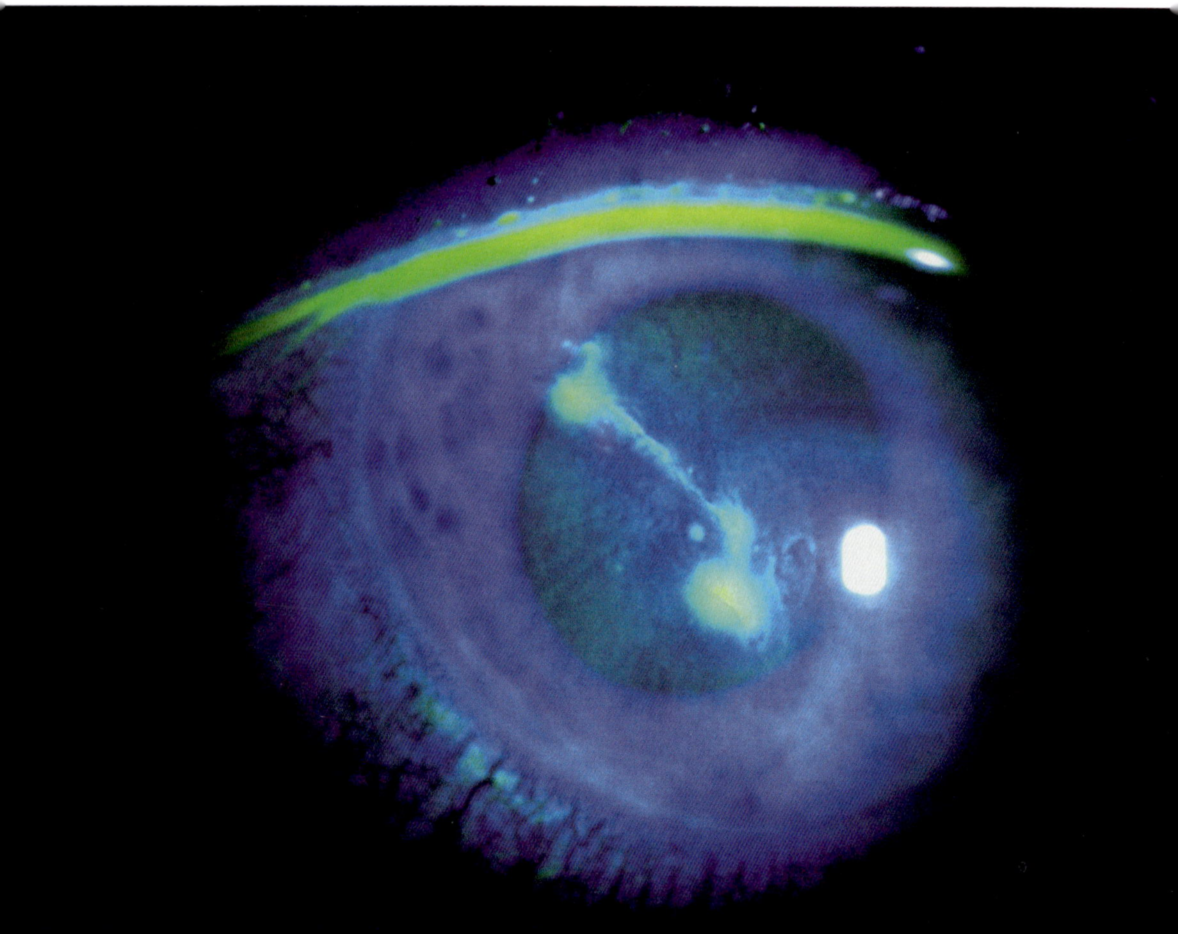

角膜擦伤

虽说角膜可能很坚韧，但毕竟不是钢筋铁骨。只要做任何会造成异物飞进眼睛的事情，就要采取保护措施。角膜上的划痕非常疼，让人不停地眨眼让眼睛里充满眼泪。角膜擦伤更容易导致感染——所以去看（也顺便看看没受伤的眼睛）医生很重要，他会开一些含抗生素的眼药膏或者眼药水。

结膜炎

位于眼球表层的结膜发炎导致血管扩张，眼白会因此变成红色。结膜炎可能是过敏反应，也可能是细菌或病毒感染。

避免接触特定过敏原可以控制过敏性结膜炎发病。如果过敏原是花粉，那就请在户外花粉指数高的时候尽量待在室内，关好窗户。如果过敏原是真菌孢子或者室尘螨，那要经常用吸尘器除尘（很遗憾），以便减少与过敏原接触。以上都做到了的话，在眼睛上盖一块湿冷的毛巾会有很好的舒缓效果。

病毒性结膜炎可能在患感冒或者类似流感的疾病之后发病，比细菌性结膜炎更常见。坚持执行严格的卫生标准尤为重要，这种疾病的传染性极强。经常洗手，避免共用面巾、毛巾、枕套，而且要定期清洗。不要共用像眼线笔一类的化妆品，换掉感染期间用过的任何化妆品，以避免二次感染。虽然病毒性结膜炎通常会自愈，但还是要去医院排除掉其他疾病的可能，这也十分重要。

眼睛疲劳

长时间地盯着近处看，无论是看书，还是看电脑屏幕或者其他近处的事物，都会造成眼睛疲劳。眼睛疲劳的症状包括眼睛周围有紧绷感，调焦困难，暂时出现视野模糊。眼睛疲劳常常伴有头痛，从钝痛到刺痛都有可能。

用电脑工作的人越来越多，看电脑屏幕造成的眼睛疲劳也越来越常见。眼睛疲劳的症状有如下几种：眼睛劳累、刺痛，眼球发红，视野模糊，有复视症状。

这些症状合在一起，被称为“电脑视觉综合征”。二十年前，当时电脑还未掌控办公室，人们工作时经常要活动身体，不时地走动，这对坐在办公桌前的人们来说是一种自然的休息方式。现在很多人家里也有电脑，所以不只在工作场所面临这一问题。

针对电脑屏幕潜在危害人体健康的研究最初集中于屏幕辐射，但是研究人员没有发现屏幕辐射有任何负面影响，真正的问题是盯着屏幕看会导致眼睛疲劳。与电脑有关的症状中，最常见的就是眼睛问题。电脑不但影响眼球表面，还包括了眼睛内部的聚焦结构和操控眼部活动的肌肉。眨眼次数不足会导致干眼症。如果人们忘了眨眼——大部分人盯着屏幕看的时候都是如此（比如我，现在正在电脑上打字），眼球的表面就变得干涩。以下是眼部疲劳的后果：感觉眼睛像进了沙子；视野模糊，然后分泌眼泪以缓解情况。在阴暗的屋子里看发光的屏幕或者开空调都会让眼球表面更加干涩。与之形成对比的是，人们在低头看书的时候，眼睑盖住了一半的眼球，而看电脑屏幕通常得直视前方，所以人们看电脑时外露的眼球表面积更大。随着年龄的增长，人们分泌出的眼泪也越来越少，因此患干眼症的可能性也越大，尤其是女性在绝经之后。眼睛干涩的人如果戴隐形眼镜，镜片就可能贴在眼睑上，格外难受。

阅读白纸上的深色文字，看着发光屏幕上频繁交替的深色背景，都会让虹膜肌肉感到疲劳，所以最好在浅色背景的屏幕上使用深色文字。尽量避免电脑屏幕的亮度和室内的亮度对比过于强烈，所以要保持周围环境的光线适宜。与此同时，尽量避免盯着屏幕看。有研究显示，滤光片有助于减少炫目的光线，缓解电脑视觉综合征的症状，但人们应该做的不止于此。平板显示器（液晶显示器，包括薄膜晶体管）的屏幕几乎不会闪烁，不会像老式的阴极射线管（外观像旧电视机屏幕那种）引发眼部疲劳。

总是看近处会影响到眼睛调整焦距的结构，有些人因此短期内患上了假性近视。然而，尚无证据能够证明假性近视是否会增加患真性近视的风险。如果你精

看着我的眼睛！配镜师能为顾客们检查视觉的灵敏程度以及眼睛的健康状况。但图片中的这位维多利亚时代的配镜师看起来试图保持与客户之间的距离。

疲力竭地盯着电脑看，那么 21 世纪的老花镜——电脑防护眼镜，将有助于缓解眼部疲劳。

给经常使用电脑的人们一些小建议——这样的人近来越来越多，要保证坐姿舒适，防止颈背过度紧张。尽可能地尝试把显示器挪得远一点，只要能操控，看屏幕时舒适就行。显示器的倾斜角度调到 10 ~ 20 度，让屏幕的上边缘比下边缘离自己稍远一点。尽量有规律地休息，站起来四处走走，不要光上网！（请管理者们注意：研究表明，休息会提高销量——人们把休息“浪费”掉的时间弥补回来）对于干眼症患者来说，以上方法如果都无效，那么请使用替代疗法。

最后，但绝非不重要，请确保定期做眼睛检查。眼部检查百利而无一害。眼睛是人体健康的一扇有用的“窗户”：眼科医生不但可以检查眼睛的健康情况，还能通过检查视网膜来搜寻包括糖尿病、高血压在内的疾病的前期征兆。

五种保持眼睛健康的方法：

- 定期做眼部检查，检查视力、眼部健康以及其他健康问题（如高血压和糖尿病）的征兆。
- 保护眼睛免受强烈阳光照射，降低黄斑变性和白内障的风险。
- 保护眼睛不被擦伤：如果遇到任何异物可能进入眼睛的情况，请带上眼镜、护目镜或者面罩。
- 健康饮食，多吃蔬菜、水果，而且不要吸烟，可以降低黄斑变性和白内障的风险。
- 用电脑工作时，要经常休息眼睛以免用眼疲劳。

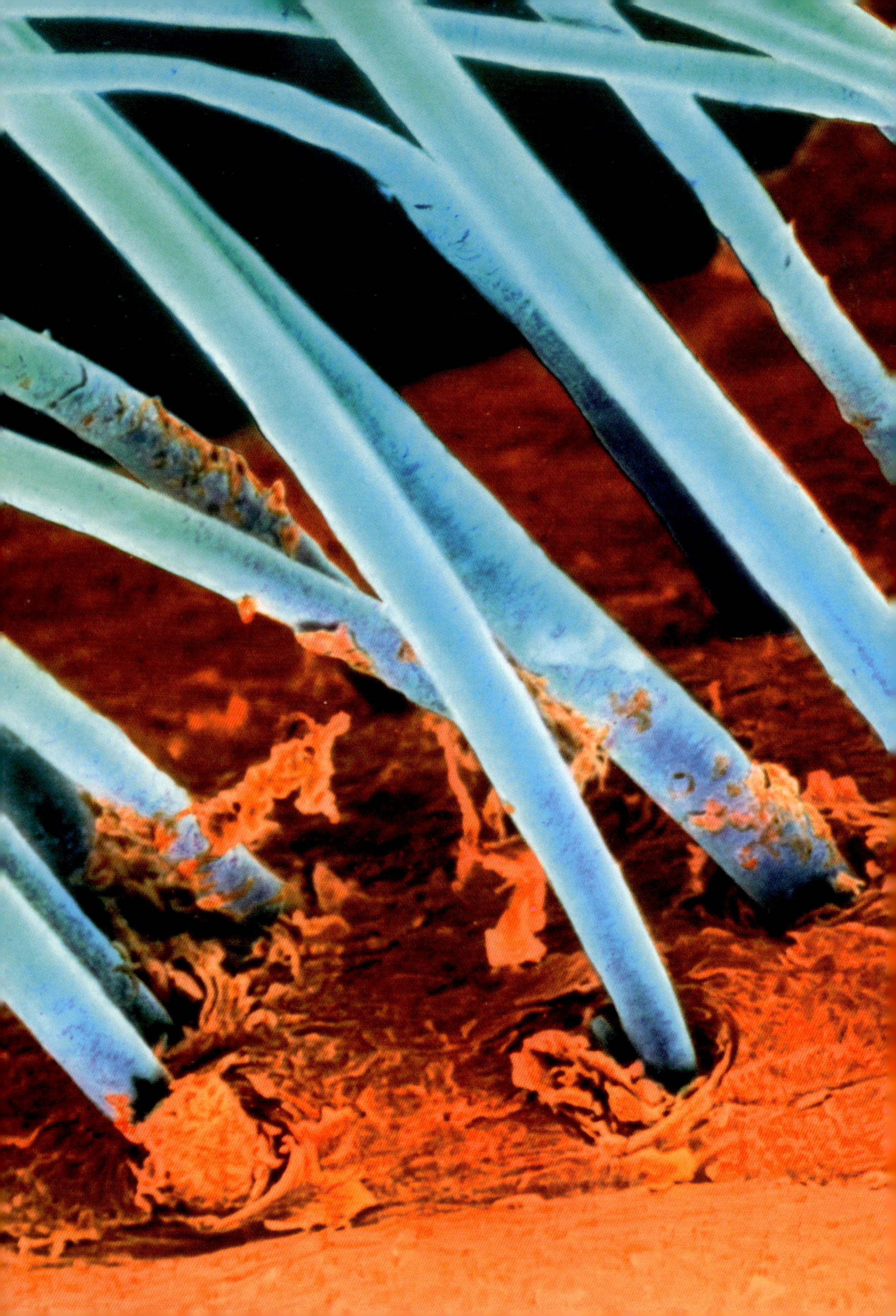

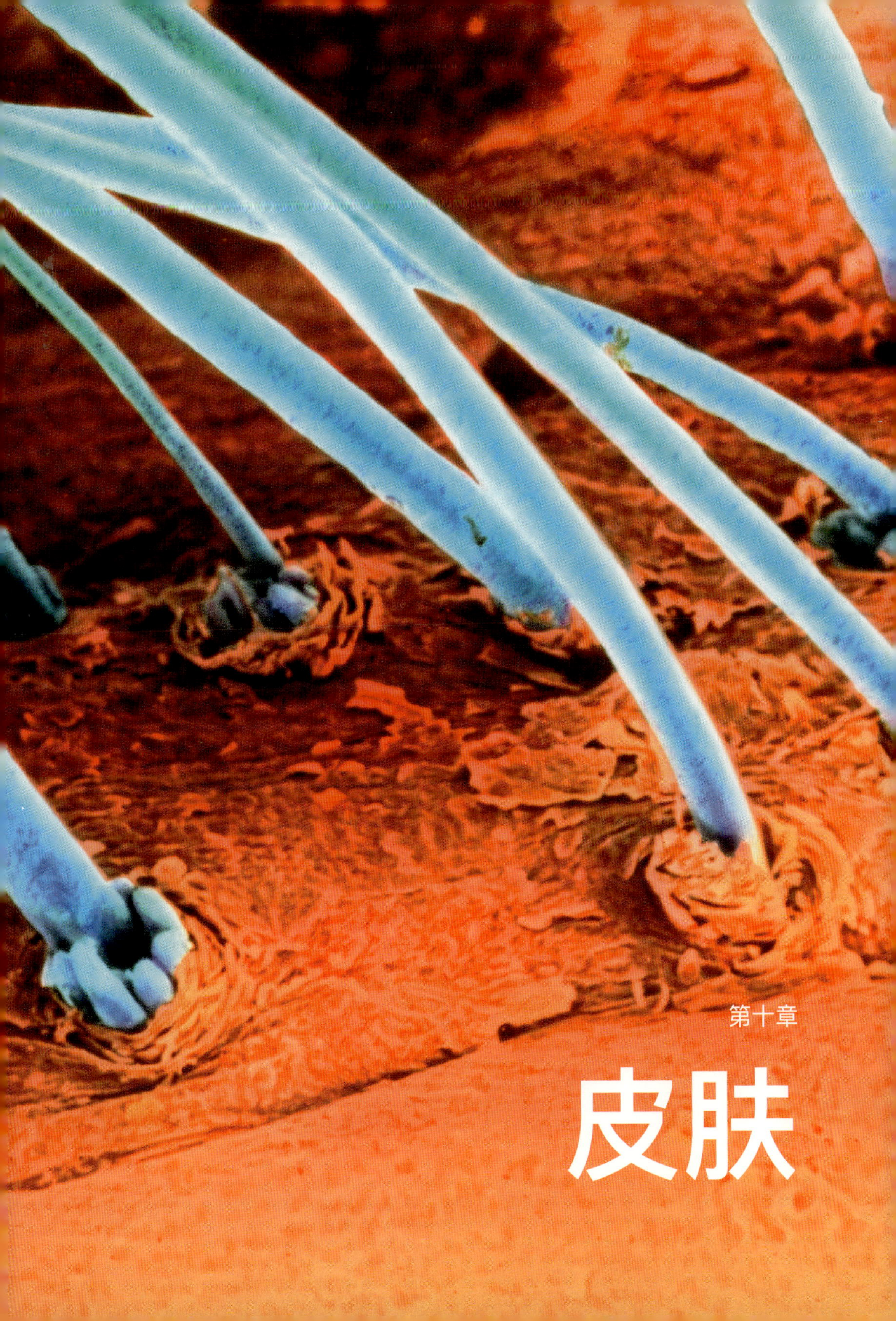

第十章

皮肤

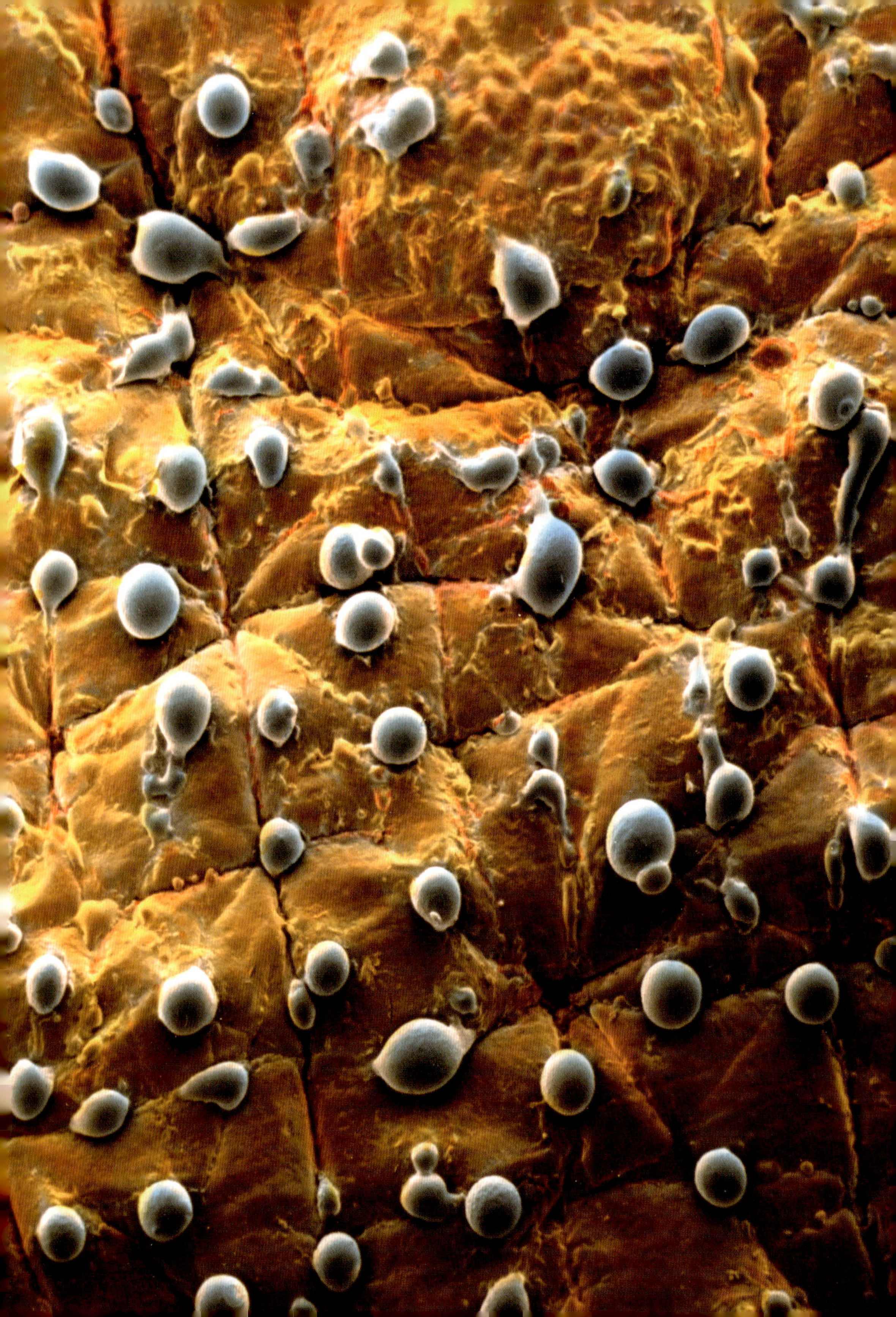

前九章介绍的器官都藏在人体内部。现在，我们的人体之旅走到了尾声，最后要带领大家了解的是人体外部的器官。

皮肤这个器官非常神奇，它重达 5 千克，表面积大约 2 平方米，平均每平方厘米分布着 200 多只感受器、15 只皮脂腺、100 只汗腺，还有长达 55 厘米的神经和 70 厘米的血管。

皮肤是人们接触外界、感知温度的器官，负责调控体温，合成维生素 D，通过出汗排泄废物；手指上的指纹使得人们可以抓住东西；人们羞于表达时，还可以通过皮肤传递信息。皮肤是人体的防水层，分隔人体与周围环境，保证体内结构不受外界侵扰。我们不能理所当然地认为皮肤就是要保护身体，想要得到皮肤的保护，就应该小心地呵护皮肤。

P204-205 图：图片是眼睑上的睫毛，可以防止灰尘进入眼睛。

左图：手背皮肤的毛孔流出的蓝色小球是汗珠。

皮肤的层次

皮肤可分为两层：外侧的表皮和内侧的真皮。表皮由多层细胞构成，富有韧性，是人体的防水层。表面细胞不断脱落，很快被下面新生长出的细胞取代，由此可见，表皮不停地进行自我更新。表皮下面结缔组织是真皮，皮肤的血管和神经就位于真皮层。皮肤再往下是皮下组织，大多数部位的皮下组织中囤积着大量的脂肪细胞。

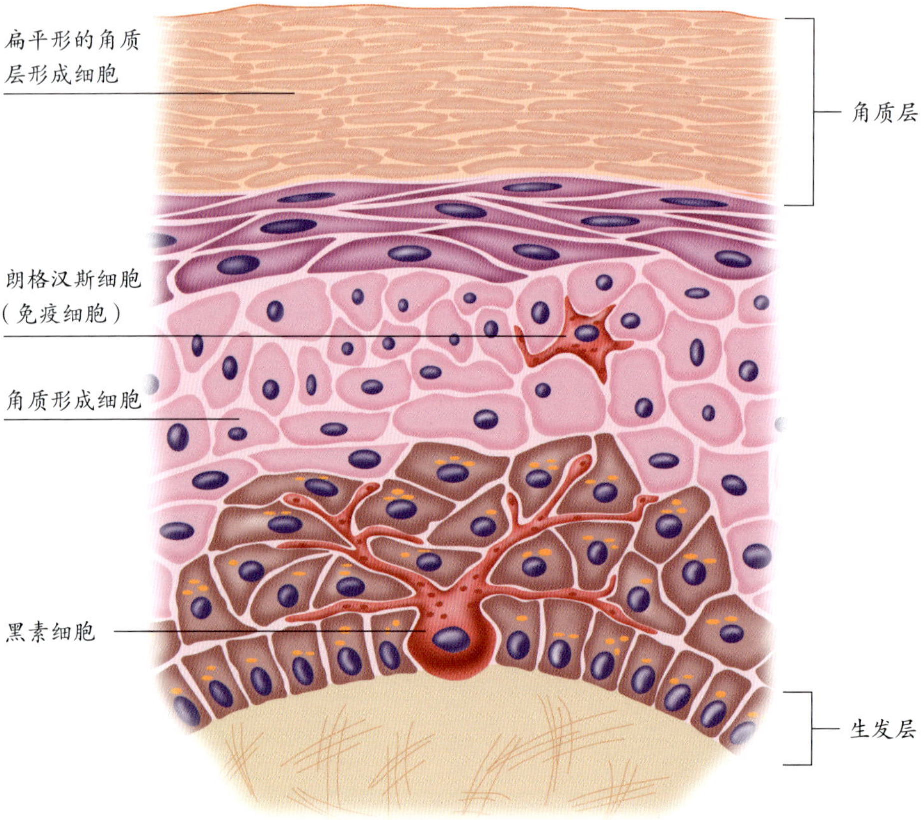

皮肤是由多层细胞组成的，为人体提供多重保护。

表皮

从眼睑（表皮大概 0.1 毫米厚）到手掌和脚掌（表皮大概 1 毫米厚），人体表皮的厚度各不相同，但即使最薄的表皮也由多层细胞构成，其中大部分是产生角蛋白的角质细胞。

表皮的最下层是生发层，也就是“生长发芽”的皮层。生发层中不断长出新的细胞——除了角质细胞，还有免疫系统的细胞和生成色素的黑素细胞。这些细胞产生的色素叫黑色素，不但能吸收紫外线辐射保护人体的 DNA，还能清除自由基。

皮肤的颜色因人而异，每个人的肤色在一年之中也会有所变化。至于皮肤的黑色素含量，全世界不同人种的水平各异，有的人皮肤是乌木色，而有的人却是象牙白。

色素水平似乎取决于每个人黑素细胞的大小和活跃度；无论肤色如何，每个人的黑素细胞数量都差不多。有的人长了雀斑，实际上雀斑里的黑素细胞数量比周围皮肤的少，只是更大更活跃而已。色素水平虽然由遗传因素决定，但会在一定范围内变化，而这就取决于受日晒（也就是晒黑）的程度。被晒黑的过程分为两种：一种是即刻性黑化，皮肤中既存的色素变得颜色更深；另一种是延迟性黑化，黑素细胞更加努力地生成色素。激素也会改变色素沉着。比如说，怀孕期间雌激素和黄体酮水平上升，会导致皮肤变黑，尤其是脸部、乳头、腹部和生殖器官这些部位。

最上层的表皮叫作角质层。皮肤细胞生成角蛋白，这种韧性很强的蛋白是人类指甲和头发的基本成分。生发层的细胞看上去圆滚滚的，但越往上层会渐渐变得扁平，乃至表面角质层的细胞根本不是真正的细胞：它们更像鳞片，或者一团团扁平的角蛋白。皮肤表面肯定会被磨损（表面的细胞可以清除掉而不至于伤到皮肤），因为基底层的细胞分裂后会向上移动，所以皮肤有不断地自我更新的能力。皮肤每个月彻底自我更新一次，人一生会脱落的死皮总计约 19 千克。

真皮

更深皮层是真皮，真皮的构成包括既结实又灵活的结缔组织、生成胶原蛋白的细胞（成纤维细胞）以及位于胶原蛋白和弹性蛋白基质中的各种免疫细胞。真

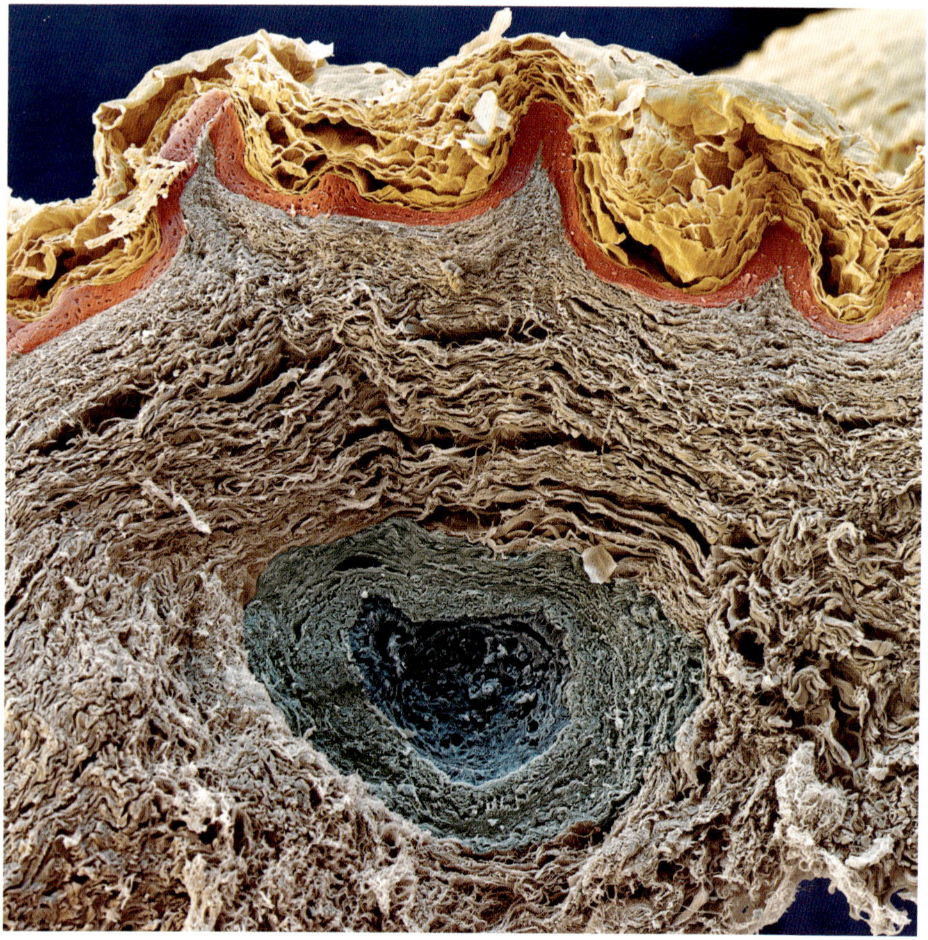

保持身体凉爽：真皮层（灰褐色部分）中的一条汗腺（蓝色部分），深深埋在皱起的表皮下（图片中红色和黄色的角质层）。

皮虽然结实有弹性，但是，仍然可能因为拉伸导致皮层撕裂并留下银色的条纹：萎缩纹。擦伤或者烧伤会导致表皮和真皮分离，因此出现水泡。真皮是皮肤的一部分，血管、毛囊、汗液和皮脂腺都位于真皮层。

真皮中血管呈毛细血管网或者说“毛细血管床”状分布。热的时候，细小的动脉（小动脉）扩张，流入血管网的血流量增加，血液中的热量通过皮肤流失，皮肤因此变得发红发烫。冷的时候，毛细血管床中的小动脉收缩，流入毛细血管的血液减少，皮肤为了减少表皮消耗的热量，变得苍白冰凉。除了调节体温之外，血液在皮肤中流动也可以表达感情——尴尬时面红耳赤，恐惧时面色苍白。

真皮层中还有汗腺。汗腺卷曲的管道向上延伸，在皮肤表面毛孔处开口。汗腺有调节体温的重要作用。热的时候，汗腺受到刺激并在皮肤表面排出含盐的物质。汗液蒸发从皮肤上带走热量，达到降温效果。汗腺遍布全身（除了嘴唇、乳头，还有外生殖器的部分区域），至于腋窝和生殖器部位，汗腺的开口就是毛囊。有的汗腺分泌出的物质发生了改变，比如耳朵里的耵聍腺。更离奇的是，乳房中分泌乳汁的乳腺也是由汗腺演变而来的。

毛发

毛囊位于真皮层，呈杯形，中间插着毛发。毛囊是生长出头发的插孔，毛囊底部的一群细胞不断分裂，推动发丝生长。人体的每根汗毛都附着在一块小小的肌肉上，它们属于受人体自主神经控制的平滑肌：冷的时候，自主神经发出信号传递给肌肉，肌肉收缩，汗毛竖立。这一系统控制着人类对惊恐的反应——也就是“脖子后的汗毛根根竖立”的感觉。人类的体毛过于稀疏，所以就算“根根竖立”谈不上什么保暖效果，这是人类进化遗留下的问题。人类的祖先全身长满毛发，而不是像现代人类一样的“裸猿”。至今为止，人类的毛发实际上还是遍布全身（除了手掌、脚掌、乳头、阴茎末端，还有小阴唇），但已经非常纤细了，而且妇女和儿童的毛发比男性的更细。

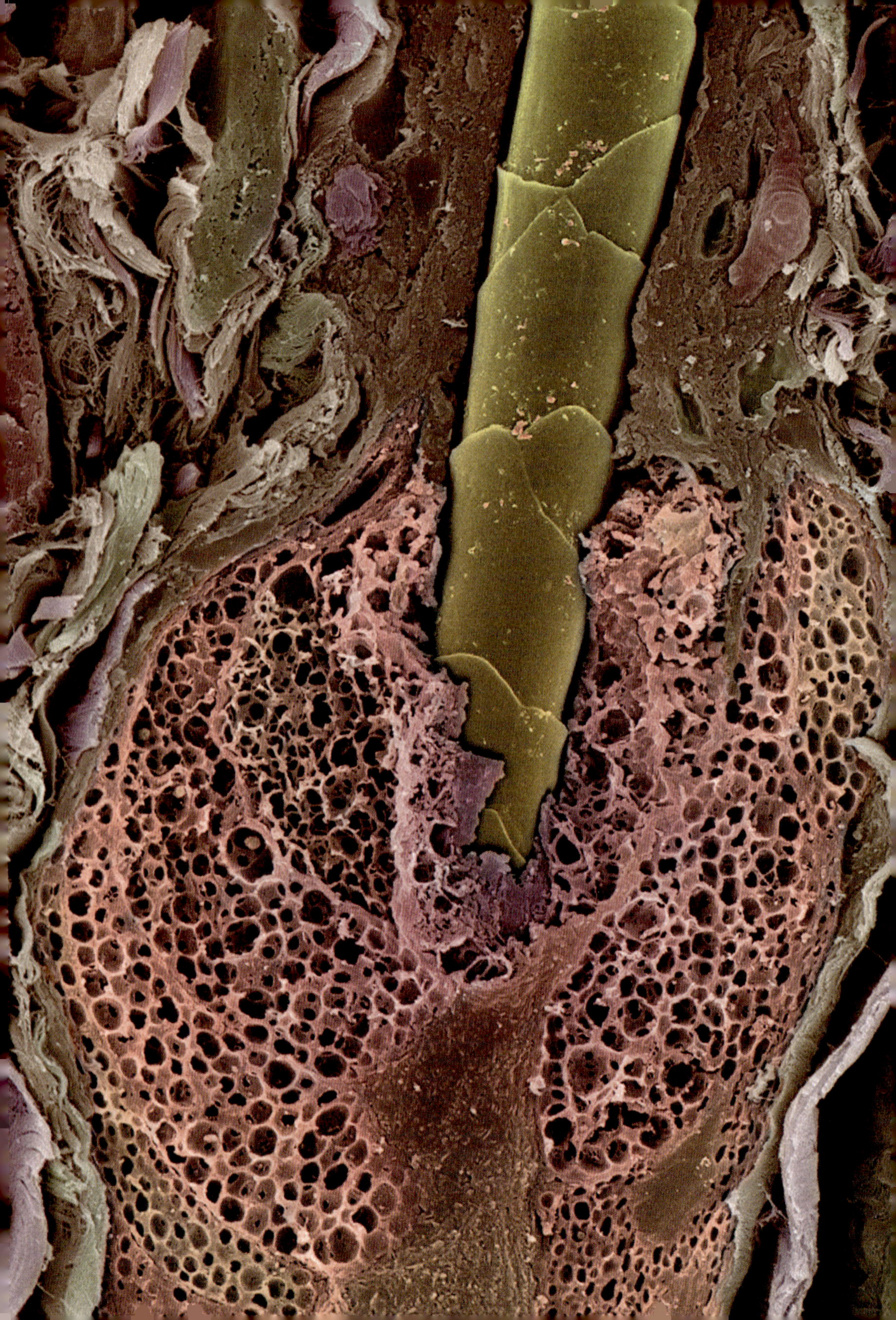

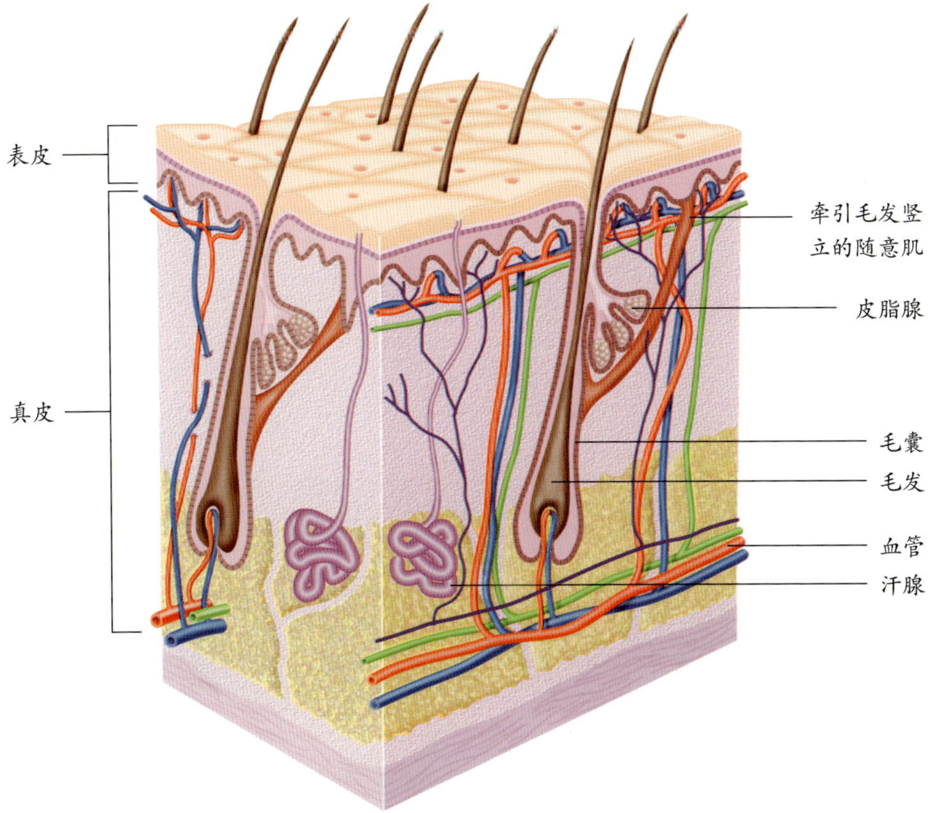

上图：皮肤解剖图。血管、神经、毛囊、汗腺和皮脂腺都位于真皮层。

左图：从毛囊中长出的一根头发（青黄色），它周围粉色部分是海绵一样的皮脂腺组织。呈条形的紫色区域代表能让毛发竖立的肌肉。

人体大部分面积覆盖着纤细的体毛，体毛在有的部位更粗重，比如头皮、眼眉、腋下、耻区，还有男性的面部、胸膛和四肢。人类的脑袋上大约长了 10 万根头发（前提是你有一头秀发）。每根头发的生长期大约 4 年，脱落后被新长出的头发取代，每天梳头掉下的头发约有 100 根。一般来说，人在 40 岁之后毛囊开始萎缩，头发随之变得稀薄。

皮脂

皮肤自己分泌润滑剂——皮脂，可以防止皮肤干燥，保持皮肤柔嫩，还有抗菌效果。大部分皮脂腺（分泌皮质的地方）开口于毛囊，皮脂通过毛囊扩散到皮肤表面，为皮肤和头发提供软化、滋润和防水的效用。在青春期，皮脂腺受雄性激素的刺激变得非常活跃，导致了令人提心吊胆的青春痘。皮脂太多堵塞皮脂腺形成了“白头”，氧化之后又变成“黑头”。如果细菌这时伺机而入并感染被堵住的皮脂，就长出了痤疮。

维生素 D

虽然我们不是植物，不能从阳光中获得糖分，但我们需要阳光来制造出一种非常重要的物质：维生素 D。维生素 D 是保持骨骼健康的必需品，缺乏维生素 D 除了影响钙质的新陈代谢、导致骨骼软化（佝偻病和软骨病）之外，还会导致高血压以及胰岛素抵抗。皮肤必须接受阳光照射；维生素 D 缺乏的一个主要原因是生活习惯“不够阳光”。

“病色”

皮肤的颜色主要取决于天然的色素沉着和真皮中的血流量，但皮肤颜色也能预示出疾病。一个人皮肤惨白可能说明他贫血或者低血压，而皮肤异常红润可能说明患高血压或者炎症。血液含氧丰富，皮肤呈粉红色；含氧不足，皮肤呈紫红色。嘴唇青紫说明心脏或者肺部可能有问题，进入血液的氧气不足。另外，溢出血管的血液会在皮肤上留下痕迹：瘀伤。皮肤可能因为其他色素变出奇怪的颜色：肝病患者分泌的胆汁过多会得黄疸病，而摄入太多胡萝卜素会让皮肤变成更明显的橙黄色。我记得刚当医生时，曾经遇到过一家人，全家人都是橙黄色皮肤。这是因为胡萝卜在他们家的餐桌上占绝对优势，是主妇和孩子们的唯一主食。

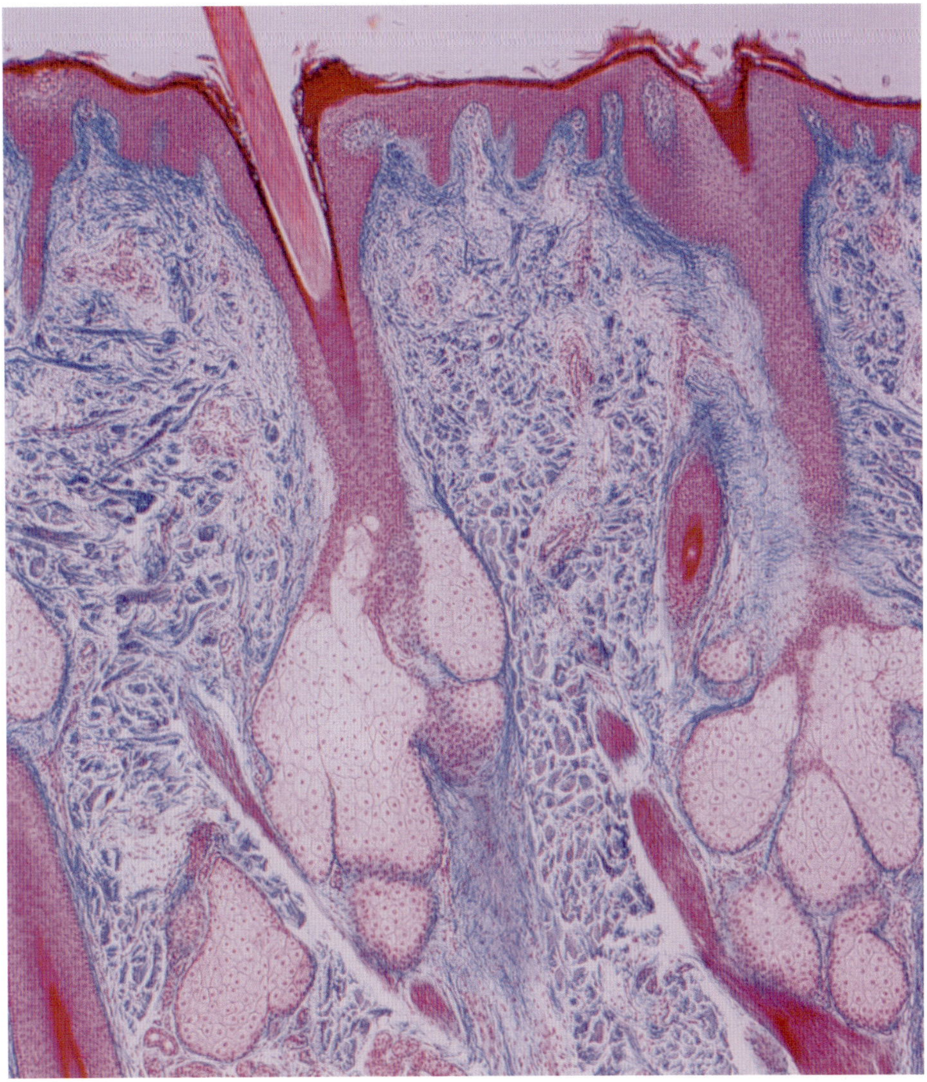

显微镜下的头皮：一根头发从毛囊中生发出来（图片左上角）。在图片下部可以清楚地看见一只只淡粉色的囊袋，它们就是皮脂腺。

常见的皮肤问题以及如何防治

健康的皮肤保护人体免受感染、机械性损伤和化学物质损伤及辐射。一旦皮肤受伤，这些保护功能也会被削弱，并造成更严重的伤害。干燥的皮肤很难起到屏障作用，所以在清洁皮肤的同时防止皮肤干燥也非常重要。特应性反应或者与刺激性物质接触可能导致皮肤发炎。紫外线辐射不但导致皮肤老化，还能引发晒伤和皮肤癌。

我们先来分析危害皮肤健康的环境因素，然后研究如何对付这些问题，保护好皮肤。

皮肤干燥

皮肤干燥既可能是疾病导致的，比如患糖尿病或者鱼鳞病、特应性皮炎等遗传性皮肤病，也可能是与化学物质、溶剂、洗涤剂接触引起的。由于分离细胞的酶在干燥环境下无法发挥作用，皮肤干燥时表皮细胞就会停止正常脱落，老化的细胞就会堆积在皮肤表面。干燥的皮肤很脆弱又粗糙，而且可能感觉不舒服，又痛又痒。干燥的皮肤无法有效保护人体：皮肤容易渗透进外界物质，对刺激物更敏感，容易患皮炎或者湿疹。

通常来说，角质层不仅容纳失去活性等待脱落的角蛋白，更是一层将水分锁在皮肤中的屏障。层层叠叠的扁平细胞中含有天然保湿成分，细胞之间的油脂层有助于锁住水分以防保湿成分流失。角质层就像一堵墙，细胞是砖瓦而油脂是泥沙。

如果要清除油脂类物质，可能会用到洗涤剂。洗涤剂或者表面活性剂通过减小表面张力，将油脂的微粒进一步分解——与洗涤液分解油污、洗掉餐盘上的油点是同样道理的。肥皂气泡的主要成分是表面活性剂，这就意味着肥皂能有效清除角质层表面起保护作用的油脂，使得天然保湿成分流失掉。角质层因此无法发挥保护作用：水分充足的皮肤是一层优质的屏障，而干燥的皮肤就更容易被外物渗透。清除天然油脂可能刺激皮肤，让表皮发炎变厚，其屏障功能进一步退化。恶性循环由此开始——成为皮肤病的发病基础，比如皮炎。

用于皮肤和头发的产品：人们应该清洗身体吗？答案是肯定的，因为肥皂可以很好地清理掉有害细菌，对一般皮肤卫生清理来说很重要。但这也说明，如果一个人的皮肤干燥发痒，也许是因为使用了刺激性太强的肥皂，可能需要寻找更温和的用品代替肥皂。有些肥皂中添加了保湿或者润肤成分，可以在一定程度上取代被清洁物质清除掉的天然保湿成分。这是一种折中选择：使用温和肥皂的话，首先皮肤的水分流失减少了，所以也不必使用大量保湿用品。大多数沐浴露等洗浴液（尤其是洗面用品）中表面活性剂的刺激性都小于固体肥皂，所以也没那么容易导致皮肤干燥。

油和水的混合物是基础保湿品，有助于滋润皮肤，而且能代替角质层细胞间的一些油脂。更好的保湿用品还能为皮肤提供保湿剂，取代天然的保湿成分。有证据表明，含有保湿剂的保湿用品能比水油混合物起到更有效的屏障作用，因为后者更容易刺激皮肤。

一年之中，皮肤会随季节变化：角质层在寒冷的冬天变得更加干燥，在湿热的夏天变得更加湿润。所以人们可能发现，皮肤在冬天变得干燥，每天都要涂保湿用品，但到了夏天就没这个必要了。人类的皮肤也会对生理性周期有所反应，尤其是女性每个月的黄体酮和雌激素水平的变化。月经期间，女性的皮肤往往最干燥，月经周期的中间是排卵期，排卵过后皮肤出油最多。

随着年龄的增长，皮肤会相应发生变化。随着人们一点一点地衰老，皮肤的结构也产生了不可逆的改变：真皮老化疲塌；表皮变薄，细胞脱落速度减慢。皮肤与人体一同老化：角质层难以保存水分，皮脂腺的分泌功能也不比当年；真皮层中的血流量减少，胶原蛋白断裂，弹性蛋白纤维越来越少，导致皮肤长出皱纹。

上了年纪之后，人体的免疫系统的工作效率大不如前，再加上角质层的屏障功能衰退，皮肤就更容易感染发病了。保持皮肤清洁，防止角质层干燥，对降低皮肤感染风险来说十分重要。不论多大年纪，如果角质层不干燥，那他的皮肤就会一直处于最佳状态。

防止皮肤干燥的最好方法就是使用温和的肥皂或者清洁用品，如果有必要，还要使用保湿用品。如果你没有不良反应，那也可以坚持使用现有的产品。如果皮肤过于干燥的话，不要着急加大保湿用品的使用量，先尝试使用温和的清洁用品可以让皮肤保留更多天然油脂和保湿物质。避免往身上擦粉，爽身粉也不要用，

发梢分叉：在电子显微镜下能看到漂白剂对头发的伤害。

因为它们会吸收角质层中的油脂，让皮肤更干燥。这些道理听起来很简单——对大部分人来说，多数情况下确实如此。一旦皮肤变得非常干燥，这些简单措施又没效果的话，当然得去医院看病：干燥的皮肤更容易感染，此外其他潜在的病因也会导致皮肤干燥。

头发和皮肤一样需要护理。头发最好保持清洁，除非你不介意让头发变成各种细菌的乐园，散发出刺鼻的气味。选用护发产品也要像选用护肤产品一样权衡各种因素：清洁作用强的洗发水会去除头发中的天然油脂，所以只能用保湿护发用品来弥补。如果使用效果温和的洗发水，你可能根本用不上护发素。请牢记，头发是没有生命的，这一点非常重要。所以不管在头发上涂抹了多少维生素，都不会有半点儿作用。维生素对有生命的细胞意义重大；但是，就算是灵丹妙药，对无生命的物质也毫无效果。

皮炎和湿疹

虽然“湿疹”一词常被用作“特应性皮炎”的简称，但这些术语指的都是皮肤炎症。皮肤一旦发炎就无法发挥屏障作用，细菌感染又会导致皮炎加重。

特应性皮炎和哮喘类似，可能是婴幼儿时期很少接触各种感染导致的。动物皮毛、食物过敏、直接接触刺激性强的洗涤剂或者其他化学物质等过敏原会导致特应性皮炎反复发作。缓解压力和焦虑，避免接触刺激性物质——尤其是肥皂和猫狗，穿棉质服饰免得身体太热，以上方法都能预防湿疹病情加重。对于儿童而言，还有额外的好消息：大多数人在青少年时期就不再患湿疹了。

“冬季湿疹”在老年人群体中更常见，可能是由于皮肤在冬季和年老之后变得更加干燥。使用清洁效果强的肥皂会加重病情。“接触性湿疹”是因为患者的皮肤接触了刺激性物质——通常是清洁剂、肥皂或者漂白剂。有时多次接触镍（珠宝中含镍）、水泥、乳胶、香水，还有植物，也会引发过敏反应。

与外界物质接触时要小心皮肤，碰触洗涤剂、漂白剂或者水泥时要戴手套。

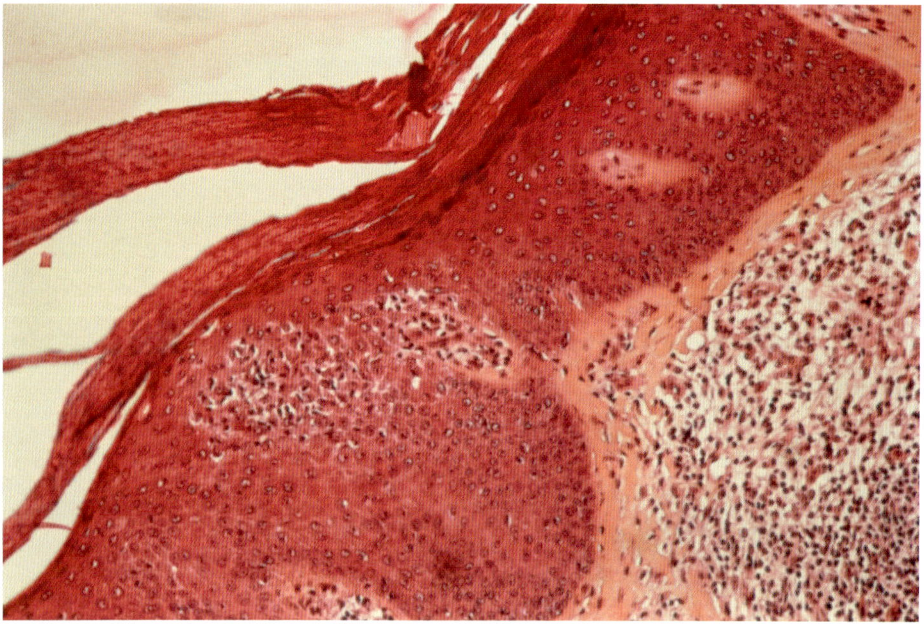

皮肤正在脱皮：湿疹导致的角质层剥落，与皮肤分离。

同样需要注意的是，涂抹在皮肤上的护肤品也可能会刺激皮肤，或引起过敏反应。虽然皮肤清洁用品和保湿用品对护肤和皮肤健康的意义同样重要，但也会引起一些问题。使用化学合成的制品也许会刺激皮肤或者诱发湿疹。需要引起人们注意的不仅仅是化学制品，有大量证据表明“天然物质”或者植物提取物也会出现问题，有时是这些用品直接导致的，有时是多种用品混合使用导致的。

个人护理产品（护肤和护发用品、除臭剂、化妆品、香水，还有指甲油）引起不良反应的案例随处可见：每年有 1/4 的女性和 1/7 的男性受此影响。从皮肤受轻度刺激，到皮肤发红、灼热、瘙痒等强烈反应，乃至皮肤起泡、出血，不良反应的严重程度不一。

涂抹在皮肤上的任何一种物质都可能引起反应，如果反复使用可能性更大。话虽如此，保湿用品的主要成分是保湿剂和油脂，这两种物质刺激皮肤或者造成过敏（尽管像尿素这样的保湿剂能分解角蛋白，削弱皮肤的屏障功能）的情况很罕见。最常见的过敏原是香料成分和防腐剂。不用添加香料的产品而使用配方简单的产品，这对于皮肤敏感而且经历过过敏反应的人来说也许是个好办法。化妆品中的各种染色剂也会导致不良反应，所以对敏感性皮肤的人来说，最好避免使用带颜色的产品；即使能被皮肤有效地隔开，油基成分也很容易渗透到皮肤里。这就意味着，精油一类的用品真的能“进入你的肌肤”。这些微量化学物质对人体有哪些影响目前尚不清楚，但渗入皮肤的事实就能够说明这些物质可能对皮肤产生刺激，导致过敏。关于精油引起不良反应的报道越来越多。

光老化、日光性皮炎以及癌症

针对日晒采取措施十分重要。皮肤合成维生素 D 需要阳光，但日光太强烈也有危险，值得人们当心：其中一个直接的风险就是严重晒伤，长期的风险则是诱发皮肤癌。日晒伤也会导致皮肤老化。

光老化：经年累月的受紫外线辐射导致皮肤老化，有时被称为“光老化”，伤害胶原蛋白和弹性蛋白。这两种蛋白属于真皮层，可以让皮肤结构完整，富有韧性和弹性。光老化表现为皮肤出现皱纹，越来越松弛，皮肤色素沉着变化，毛细血管扩张（毛细血管出现小范围蛛网状扩张），肤质粗糙以及皮肤癌发病风险增加。与肤色深的人相比，肤色浅的人受光老化的影响更大。这完全可以理解；黑色素是人体天然的防晒霜，浅色皮肤比深色皮肤的黑色素含量少。所以肤色深的人的真皮有对抗光老化的天然优势。人工制造的防晒霜虽然在预防晒伤方面很有效，但是由于测试时间有限，尚不清楚是否有防止光老化的效果。

日晒伤：日晒伤这个名字起得好，皮肤对紫外线辐射的反应方式和对高温的反应方式完全一样。因为真皮中的毛细血管扩张，让更多的血液进入皮肤表面，

疑点重重：让人“逆生长”的保湿产品

有些天价产品号称可以让人“逆生长”，抚平皱纹，重回青春（或者青春永驻），那么这些东西到底如何呢？在皮肤科医生看来，护肤行业的经营者在杂志和电视上铺天盖地的广告里把产品效果宣传得太夸张。为了给人留下深刻印象，化妆品公司在广告中使用伪科学术语。与此相对的是，大多数科学家和医生为了将复杂的原理解释清楚，会注意使用简单易懂（而不是简单糊弄）的表达。所以说，如果有人试图用连珠炮般的科学术语打动听众就很讽刺了。不得不承认的是，不科学的宣传真的很多。指责化妆品有潜在危害的文章和专著不可胜数，虽然我赞同“化妆品公司可能没有人们想象的那么诚实”（首先取决于你觉得他们有多诚实）的观点，但这个架势未免有点太过了。

在干燥的皮肤上使用保湿用品肯定对皮肤健康有好处，（就算不变年轻）能维护皮肤作为屏障的功能。屏障功能就意味着，皮肤接触的外物都不会渗入皮肤深处（你也绝对不希望如此）。请记住，表皮在细胞脱落的过程中不断更新，虽然温和的清洁用品和保湿用品能保护角质层，只是一时有效而已。

有些面霜号称含有去死皮的磨砂成分，具有独特的抗衰老效果。这些都是酸性物质，比如果酸（AHAs），能够腐蚀表层皮肤。鱼鳞病患者的皮肤过于干燥，会产生鳞屑。大约 30 年以前，人们发现果酸可以有效地清除掉鱼鳞病患者的表层皮肤，从此以后，果酸开始出现在各种保湿产品中。仅仅因为在临床上能治疗皮肤干燥病不意味着它们对于日常皮肤护理有益。实际上，这些去除死皮的产品可能让皮肤增厚，这一点人们在停止使用之前根本注意不到。虽然它们短期内可以让皮肤更顺滑，但还是会清除掉一部分作为天然屏障的皮脂，导致任何涂抹到皮肤上的其他物质都会渗入皮肤刺激人体。透过皮肤侵害人体的还有紫外线。抗衰老面霜含有维甲酸类化合物，比如维生素 A 酸，可以加速分解胶原蛋白产生效果。这种让皮肤“逆龄”的手段破坏性很强，会刺激性皮肤，让人感到疼痛。有些抗衰老面霜相对温和，研究表明含有抗氧化剂的产品，比如维生素 C 或者辅酶 Q 可以减缓光老化。

明显而直接的结果就是皮肤变红，表现为红斑。从细胞层面上看，角质层的细胞休克，停止分泌含有保湿成分的天然化合物，形成的干燥“脆弱层”会渐渐地向上移动，穿过角质层最终导致上面整层皮肤脱落。即使日晒程度很低，经常暴露在阳光下也会使皮肤干燥。

皮肤癌：紫外线辐射不但让细胞无法合成蛋白质，还会损伤基因的 DNA。基因突变最终会诱发皮肤癌，其中最严重的情况就是诱发恶性黑素瘤。在控制紫外线辐射降低皮肤癌发病风险的公共卫生运动中，防晒霜一直冲锋在前，但是也不能完全依赖防晒霜。近来有人开始担心是不是对防晒霜的过度依赖让人们在阳光下晒着的时间反而更久。这也许能解释为什么有的研究将防晒霜视作导致皮肤癌发病率高的一个原因。防晒霜不是护身符，也不能像铜墙铁壁一样完全隔离日晒和皮肤癌变。最好的办法就是有节制地接受日晒，在阳光下穿防晒衫、戴太阳帽和擦防晒霜。尤其在海边游泳或者用毛巾擦干身体之后，请记住一定要重新涂防晒霜。

看来最好的办法是完全避免接触日光——但你要想好怎么获得维生素 D。人们要确保有足够的阳光合成维生素 D。如果把自己全副武装起来或者整日待在室内，皮肤就会很不舒服，而且膳食和补充治疗难以弥补。

对紫外线辐射的警惕并不妨碍到室外活动。避免强烈的阳光照射：尤其是在酷热的天气下（夏季上午 10 点到下午 4 点），待在阴凉的地方；如果必须在太阳底下活动，穿一件长袖上衣，涂防晒指数高于 15 倍的防晒用品。这些都是降低皮肤癌发病风险的方法，而且有助于避免光老化这一最可怕的后果。在像英国这

右图：恶性黑色素瘤。癌变的黑素细胞（橙色部分）在人体内肆虐，飞快地分裂出更多癌细胞并入侵表皮（绿色部分）。图片是实际结构大小的 3 000 倍。

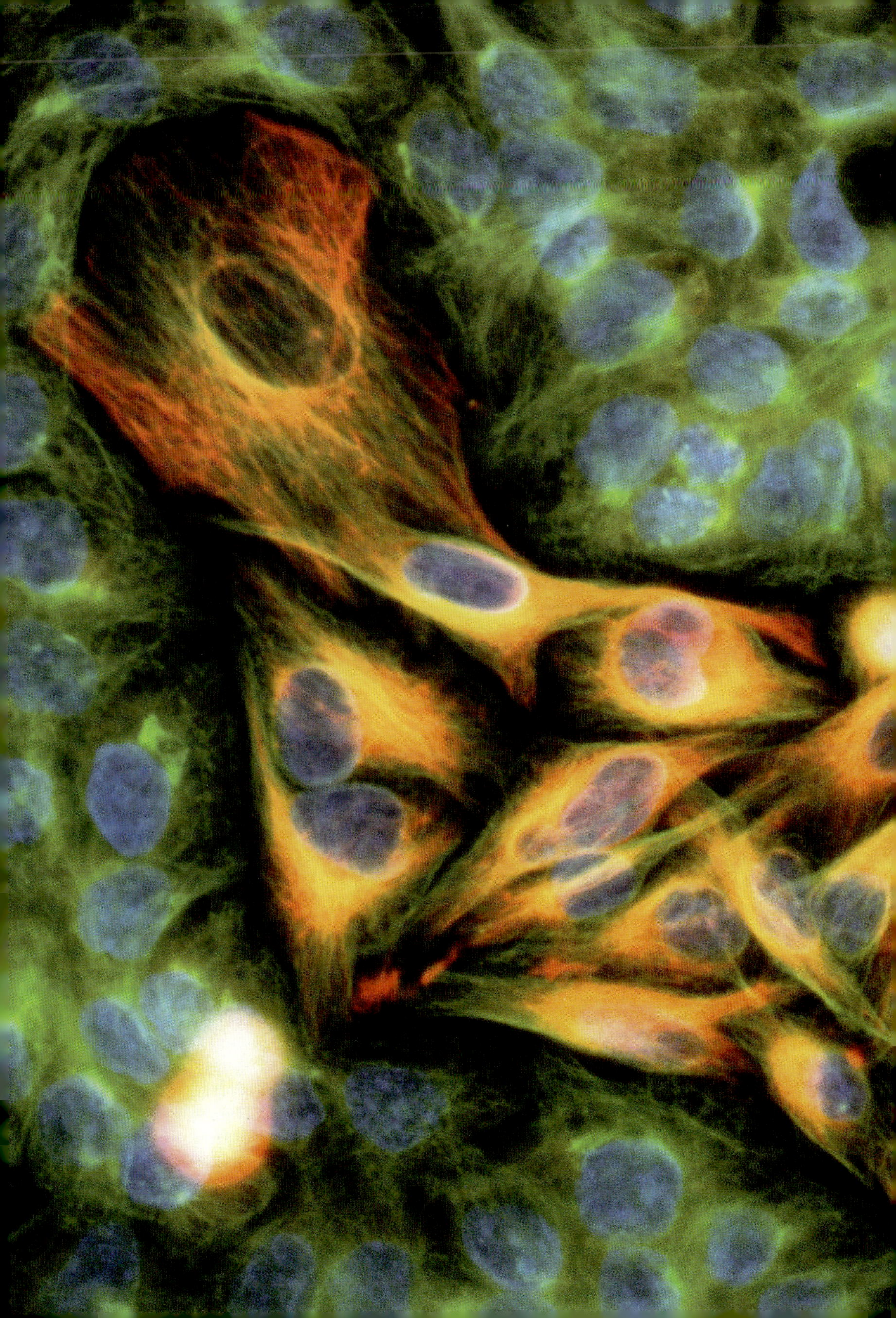

样国家，偶尔才会出现的太阳受当地居民的热烈欢迎，这就有点难办了。长期在阴云笼罩下生活的人们迫不及待地感受日光浴，最糟糕的情况莫过于此。就像酗酒一样：苍白的皮肤还没有做好接受烈日的准备，很快就被灼伤了。间歇性受紫外线集中辐射是最危险的情况，最容易引发皮肤癌。晒伤与皮肤癌之间也有一定的相关性。如果你的皮肤很容易晒伤，那真的要特别留心了。这对儿童来说格外重要：不要让他们晒伤。

除了预防外界伤害之外，还要注意保养身体内部：饮食中包含的天然物质可以降低皮肤癌的患病风险。多吃水果、蔬菜可以贮存抗氧化成分，以便清除对 DNA 有害的自由基。

五种保持皮肤健康的方法：

- 避免在太阳下暴晒和紫外线辐射，可以降低晒伤和皮肤癌的患病风险。

- 保持皮肤清洁以免感染；不要与受感染的患者共用毛巾。

- 避免皮肤干燥：必要时使用温和的清洁用品和保湿用品，维护皮肤的屏障功能。

- 避开已知的过敏原和刺激性物质；护肤品要选择成分简单，芳香剂和防腐剂添加少的。

- 健康饮食，多吃富含抗氧化成分的水果、蔬菜——不要吸烟！

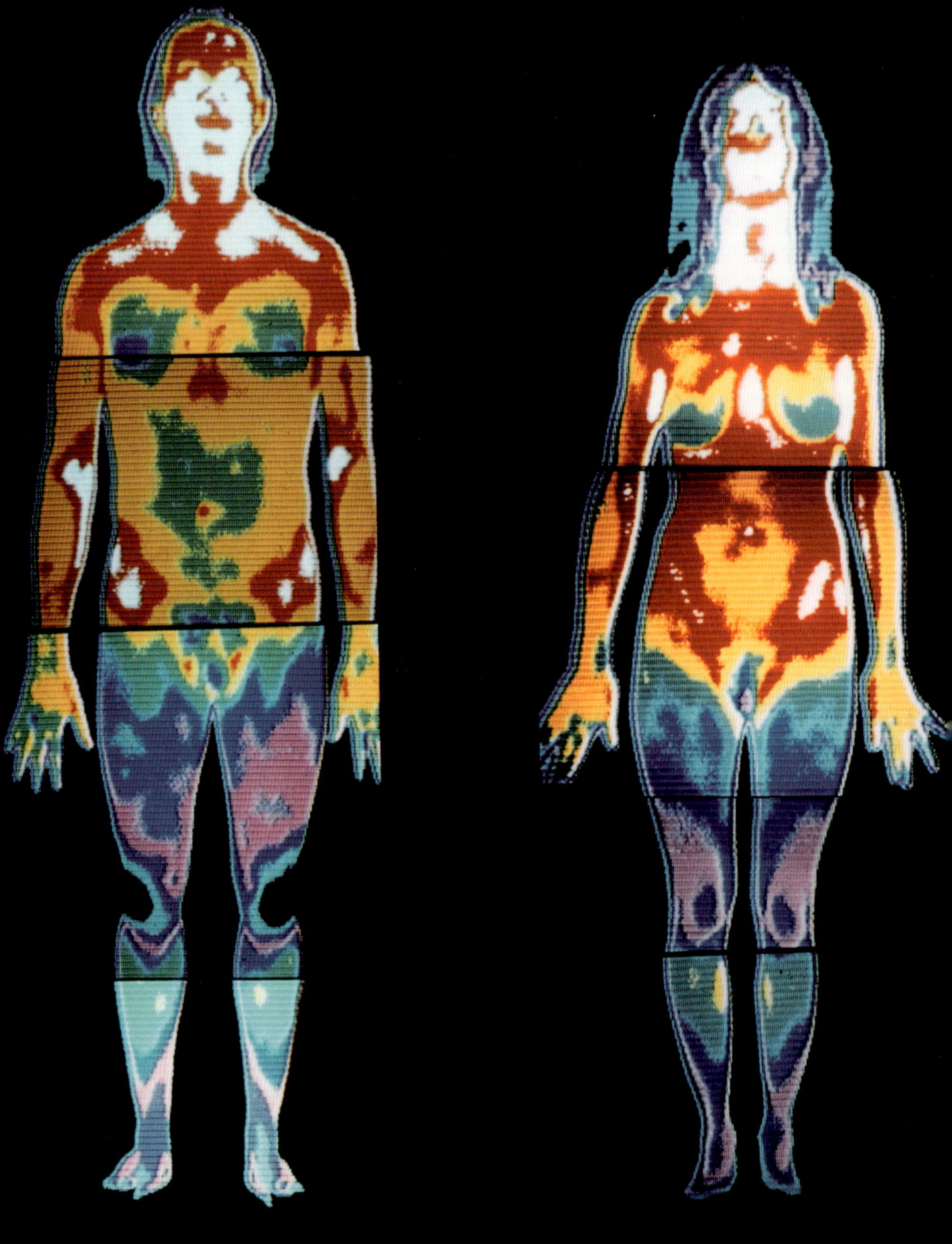

第十一章

全身

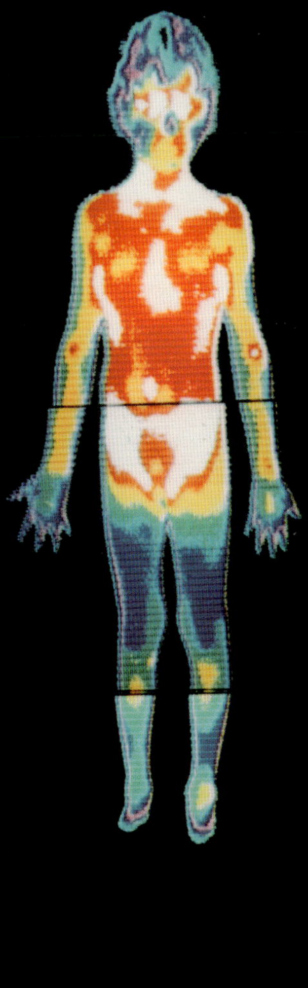

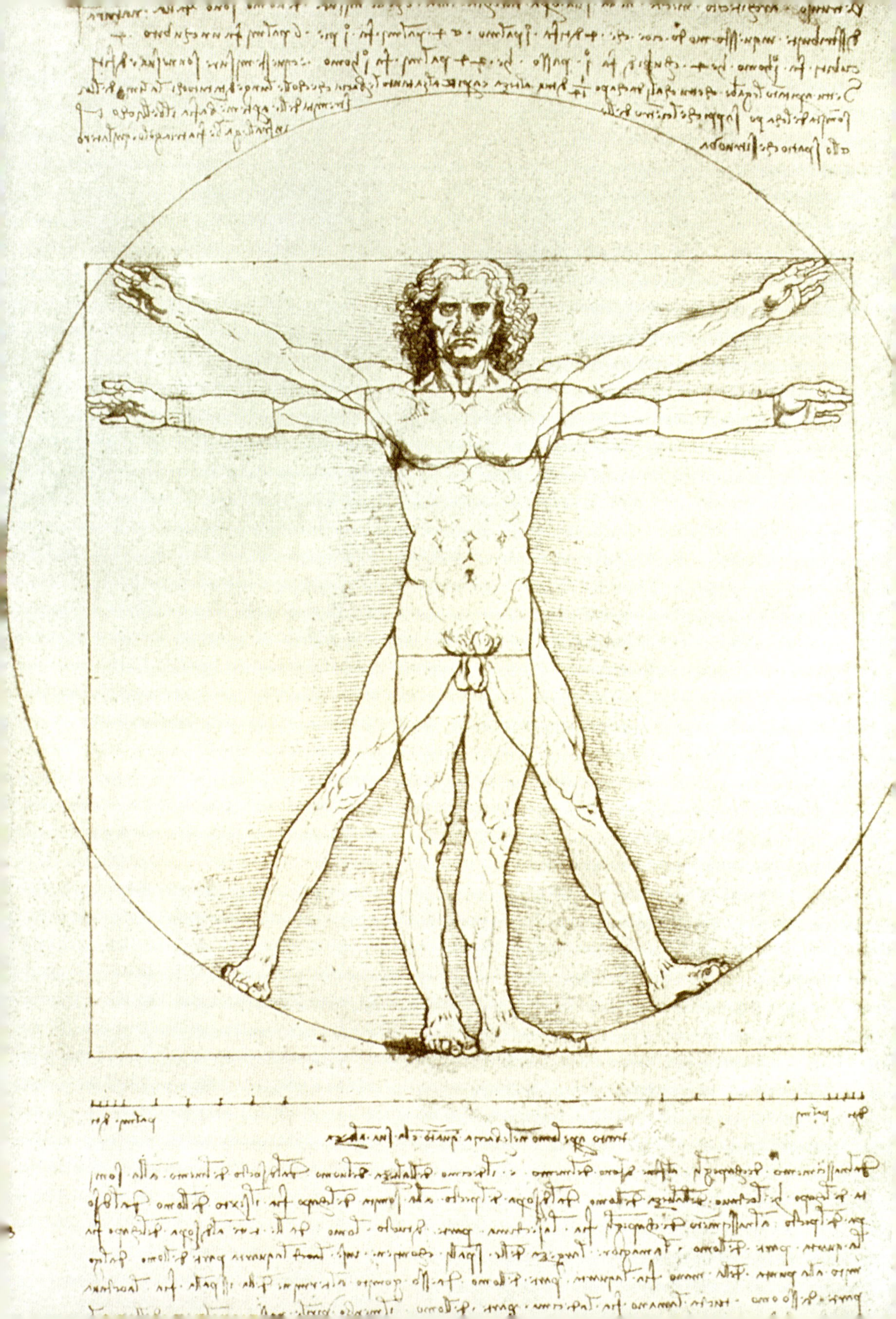

每个人的身体都是一台独一无二的机器，具有各自的特质和瑕疵。没有谁的生活习惯是“十全十美”的，但是人类的身体和其他的机器一样，如果得到保养就会运转得更好。每个人都有偶尔忘掉补充能量、水分或者防锈保护层的时候，而且这样的行为总被当作人之常情。但只要肯花点心血，身体的工作状态就会非常良好。

除了人体固有的设计缺陷造成的问题，其余情况都纯属意外。但是其中有很多可以通过一系列防范措施避免，书中给出的健康提示正是针对这种情况。前文中分别介绍了如何保养各个器官，但最好的办法还是把人体看作一个整体，采取一种健康的饮食和生活方式，并适当参加体育锻炼，让所有的器官都处于最佳状态。

P228-229 图：图片分别是男人、女人和八岁男童的热分析图，以不同颜色区分温度，红色代表体温高，其后依次为黄色、绿色、蓝色，紫色代表体温低。

左图：维特鲁威人是列昂纳多·达·芬奇对人体比例的著名研究。但实际上，人与人虽然都差不多，却又有各自不同之处。没有“完美”的人体。

“殊途同归”：自由基与抗氧化基的对抗

本书已经集中探讨了减少环境影响以保持器官和全身健康的几种方式，无论你是否已经将此方式纳入日常饮食习惯，是否以这种方式锻炼身体，是否接触过这些化学物品或辐射。我发现很多有害因素最后都会通往一条共同的道路——同一种会给身体带来毁灭性打击的机制。这条致命道路上埋伏着一种被认为是赋予人类生命、活力和能量的物质：氧气。你可能会觉得这是自相矛盾。氧气确实是导致人体机器衰老破败的因素，没什么值得震惊的，毕竟氧气也是其他机器生锈的原因。

在地球上，人类和其他所有利用氧气的生物一样（绝大多数生物都需要），对氧气可谓是爱恨交加。人类生存离不开氧气，在氧气的帮助下从养分中获取能量，但是氧气也会把我们杀死。食物原材料在线粒体中被氧化时，电子被逐一添加到氧分子上。当添加上氢原子后，最终产物就是水。但在稳定的氧分子（O_2）变成两个水分子（H_2O）的过程中，自由基诞生了。

自由基属于不稳定的活性氧，即“超氧化物”，携带一只未配对的电子，这只电子就是自由基破坏力的来源。它急需找到伙伴，就像一个想趁机插足别人婚姻的怨妇。它只要随便抓到一个分子，就会从中窃取自己缺少的那只电子，由此引起灾难性的后果——蛋白质、脂类、DNA，还有正常情况下能修复 DNA 的酶，全部惨遭破坏。连中和自由基的酶——抗氧化剂，都会被自由基破坏掉。自由基可以产生更危险的分子，比如过氧化氢，造成细胞内乱，甚至扩大破坏规模，最终导致细胞死亡。身体有时会利用超氧自由基的破坏能力，并从中得益：白细胞（中性粒细胞）有意地合成超氧化物以杀死入侵人体的细菌。但控制这一致命武器总是有风险的：免疫应答生成的自由基可能不仅会杀掉细菌，而且对人体自身的细胞也有害。

细胞和组织的损伤会扰乱线粒体精心划分的氧化过程，所以只有中途增加电

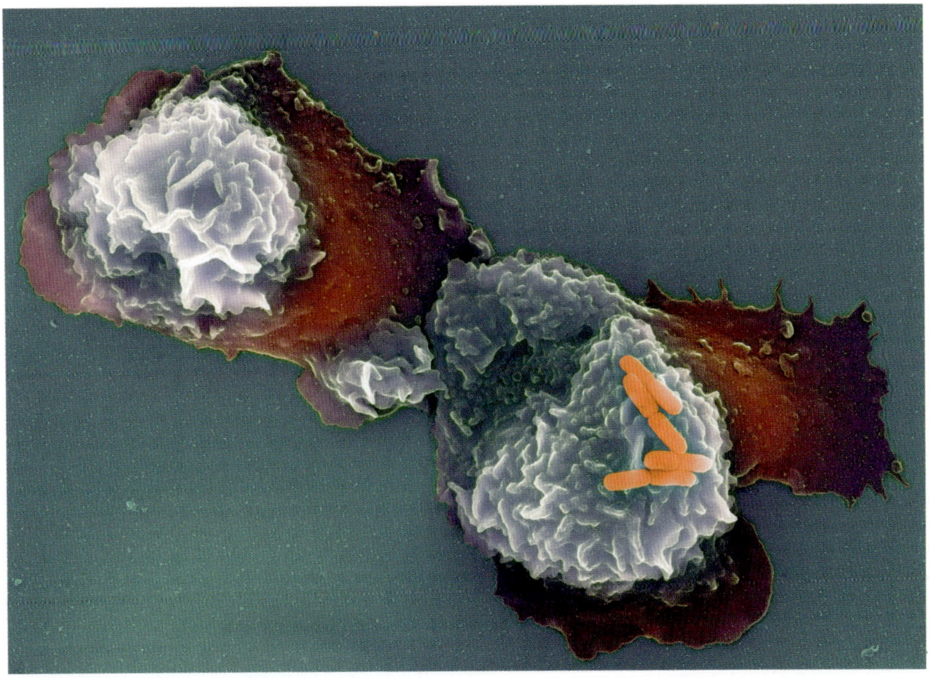

濒临死亡：引起痢疾的志贺氏菌（橙色杆状部分）附着在中性粒细胞（一种白细胞）的表面，即将利用自由基吞噬并摧毁中性粒细胞。

子，才能释放出氧气——大多数氧气以自由基的形式释放出来。组织缺氧会形成奇怪的酶，等氧气恢复供应之后，这些酶会恢复制造自由基。在自由基的影响下，心肌缺血导致的心脏病更加严重的后果会产生。环境因素，比如电离辐射（包括紫外线辐射）、化学污染和香烟烟雾都能产生自由基。

自由基的生成是可以避免的吗？

想要完全避免生成自由基是不可能的，因为它们是细胞氧化过程的常规环节，在免疫应答中发挥作用。我们能做到的是尽量不接触污染物和辐射，以免生成更多的自由基。另外，还要确保体内有足够的抗氧化剂控制自由基。抗氧化剂的种类很多：有的可以阻止自由基的生成，有的可以消灭已经生成的自由基，有些可以修复自由基造成的损害。有些抗氧化剂是我们的身体制造的，但其他的抗氧化剂都是从饮食中获得的，比如维生素 C 和维生素 E。

维生素 C 和维生素 E 都是有清洁功能的抗氧化剂——它们找到自由基后将其中和掉。人们的饮食也提供了在细胞中氧化释放能量的燃料，但并非所有的燃料都在同样程度上受到自由基的威胁。肉类中的多不饱和脂肪酸比植物油的主要成分单不饱和脂肪酸更容易受到自由基的攻击。橄榄油是自由基的双重对手：橄榄油不但含有主要成分单不饱和脂肪酸，还有抗氧化剂类的黄酮和酚类化合物。

氧化应激

医学术语“氧化应激”是指细胞中自由基数量过多需要被细胞的抗氧化剂中和时，体内的氧化与抗氧化作用出现失衡。细胞可以尽可能多地生成抗氧化剂，但是最终将发生氧化性损伤。有些疾病是直接由氧化性损伤导致的，而其余的疾病可能先破坏细胞和组织，然后诱发氧化损伤。

氧化应激可能是冠心病的关键原因：白细胞吸收血液中的胆固醇后，动脉中会形成动脉粥样硬化脂肪斑块。白细胞吸收的胆固醇被氧化成为“坏胆固醇”（即低密度脂蛋白）。出现这一现象的原因可能是自由基氧化了胆固醇，动脉硬化的进程由此开始。也许氧化应激是糖尿病及其继发病症的重要因素，比如会导致动脉粥样硬化的风险加大。此外，它还可能与阿尔兹海默症之间存在某种关联。

有证据表明，如果能获得足量的抗氧化剂，免疫系统会更好地发挥功能：在抗氧化剂保护下，中性粒细胞似乎可以免受自由基的破坏。维生素 C 和维生素 E 是守护中性粒细胞的利剑：它们防止白细胞自残。抗氧化剂可以消炎，显然对长期性自身免疫性疾病的治疗有积极影响，比如类风湿性关节炎、炎症性肠病。另外，抗氧化剂还能防治白内障和视网膜受损。

与大多数其他疾病一样，癌症也是内在的遗传因素（比如容易致癌的基因）

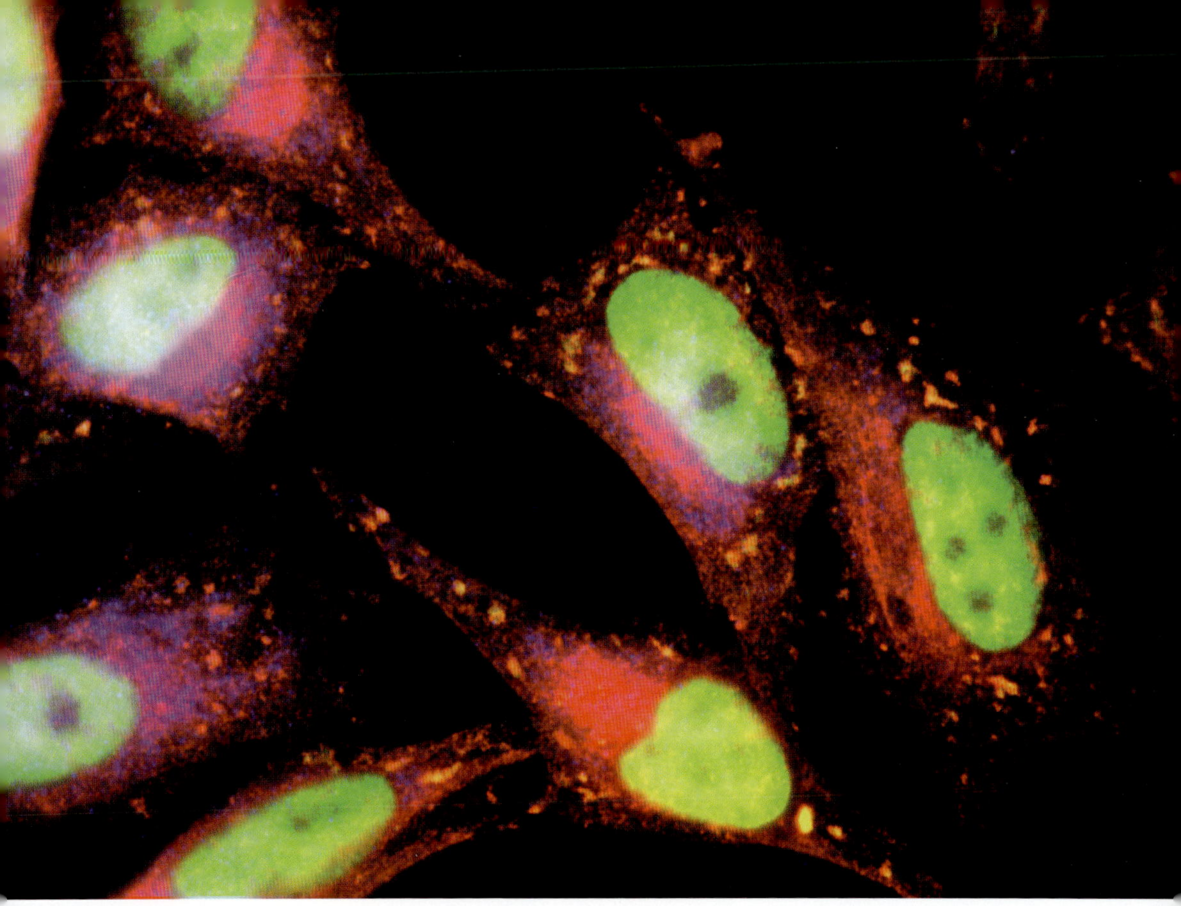

前列腺细胞：图中的绿色椭圆形是细胞核，橙色发光的颗粒说明这些细胞正在发生氧化应激反应。

和外在的环境因素共同作用的结果，后者可能会导致 DNA 变异。关于饮食和癌症的早期研究的焦点是食品中潜在的致癌物质（致癌化合物），但是到了 20 世纪 70 年代，研究重点转移到识别食物中抗癌的物质。自由基不但能直接摧毁细胞中的 DNA，还能破坏掉修复 DNA 的酶。受损的 DNA 将细胞转化为肿瘤细胞，忘掉它最初的使命（作为皮肤细胞、肺细胞或者肠道细胞的使命）开始不受控制地分裂。抗氧化剂可以降低自由基致癌的风险，这个说法听起来符合逻辑。流行病学研究似乎能支持这一观点：水果和蔬菜中含有丰富的抗氧化维生素、类黄酮、酚类，还有各种微量元素（它们是构成抗氧化酶的成分），多多食用的话可以将全身各处的癌症发病率降低 30% ~ 50%。水果、蔬菜吃得少的人患癌风险增加

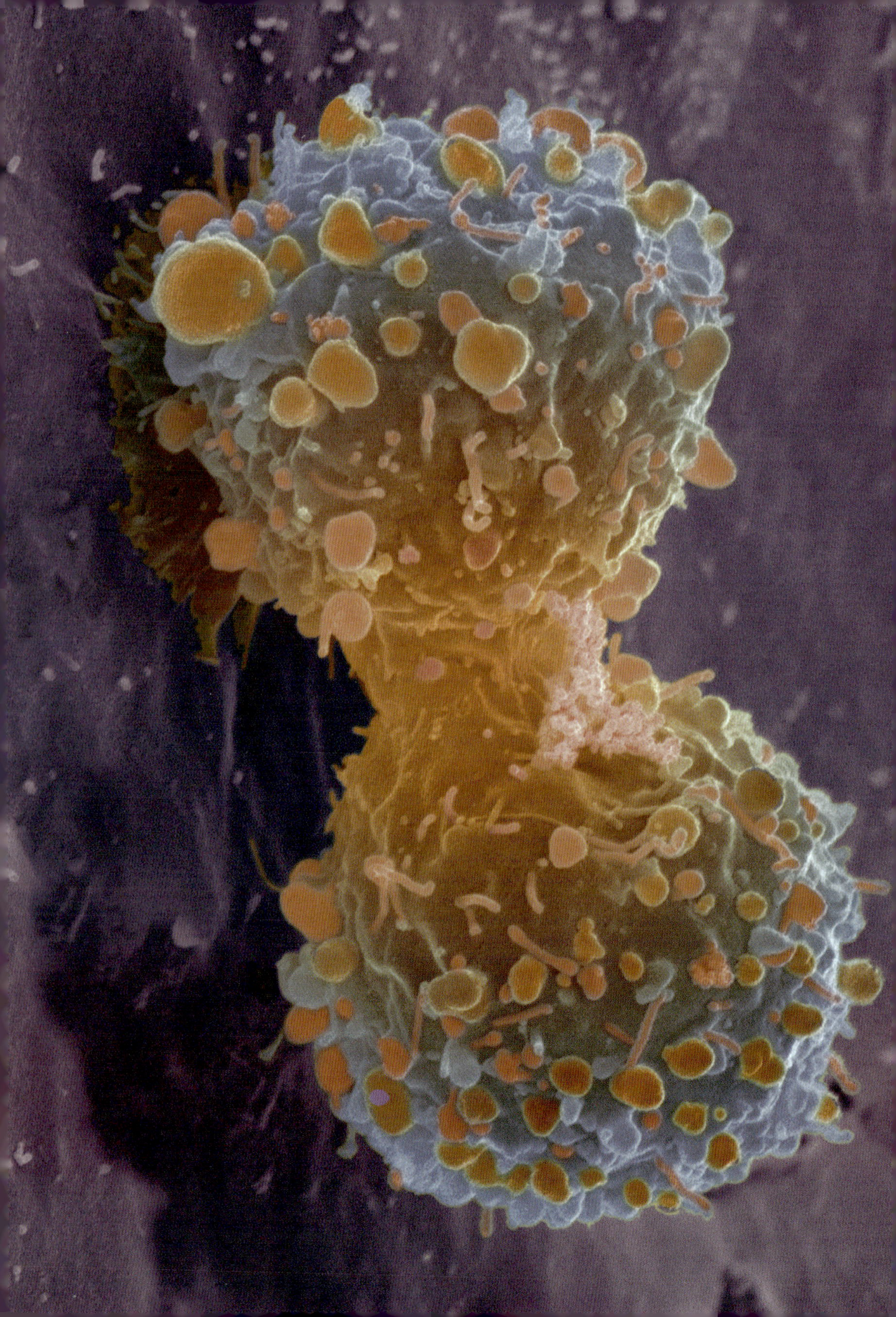

了一倍。

癌症对人体任何一处组织和器官都有影响。虽说如此，令人惊奇的是，饮食中有益和有害的物质也同样对所有人体组织和器官有效。蔬菜和水果似乎可以降低人体任何一个部位的癌变风险，而吸烟、酗酒、肥胖则产生相反效果。

英国人食用的蔬菜、水果数量不到地中海地区居民的一半，所以英国的癌症发病率很高。如果吃太多红肉和处理过的肉，患癌症（或者变得肥胖）的风险会加大。过量饮酒是食道癌、肝癌、乳腺癌的致病风险因素。至于我们从哪里摄取抗氧化剂这个问题，有证据证明，饮食是重中之重：补品不会有太大的效果，有的补品如果摄入剂量太高甚至可能有害。

通常来说，很难指出产生积极效果的是哪些营养成分，也很难弄清楚是否是抗氧化剂的组合效果。在了解到更多情况之前，摄入抗氧化剂的最佳方法就是多吃水果、蔬菜等“天然”物质，可能就算了解情况后也要这样做。无论产生效果的是什么独特的营养成分或者营养成分的组合，在饮食中加入足量的水果和蔬菜会对人体有好处，这点是可以确定的。

实际上，人们对各种蔬菜和水果做过测试，知道其中哪几种抗氧化效果最强。水果、坚果和豆类位列第一阵营：碧根果、红腰豆、核桃、榛子、蔓越莓、西梅干、黑莓和覆盆子都是富含抗氧化剂的食品。绿叶菜同样也含有丰富的抗氧化剂：羽衣甘蓝、菠菜、芽甘蓝和西蓝花，即便没有家长们说的那么好，抗氧化剂的含量也毫不逊色。但是，诸如“黑莓和葡萄谁的抗氧化效果更胜一筹”或者“西蓝花和菠菜谁的抗氧化剂含量高”这样的问题就不必深究了。如果你对各种水果、蔬菜来者不拒，并且均衡饮食，那你就有足够的武器对抗自由基了。

左图：失控的扩散。一个肺癌细胞分裂成两个。癌细胞的特征之一就是细胞分裂失去控制，异常迅速，因此癌症扩散很快。

影响患癌风险的饮食和生活方式

（由约翰·H·科宁斯和 S·A·宾汉于 1998 年改编）

癌症类型	增加风险的因素	降低风险的因素
肺癌	吸烟、肉类、酒精	锻炼、水果、蔬菜（但无法与吸烟增加的风险抗衡）
结肠直肠癌	肥胖、红肉、酒精	锻炼、水果、蔬菜和纤维素
胃癌	盐、风干的肉和鱼	水果、蔬菜、维生素 A、维生素 C
食道癌	酒精、吸烟	水果、蔬菜
乳腺癌	肥胖、红肉、酒精	锻炼、水果、蔬菜
子宫内膜癌	肥胖	
宫颈癌	HPV 感染、吸烟、肥胖	水果、蔬菜、维生素 A、维生素 C、叶酸
前列腺癌	红肉、脂肪	水果、蔬菜、维生素 E
膀胱癌	吸烟	水果、蔬菜
胰腺癌	吸烟、红肉	水果、蔬菜、维生素 C
肝癌	酒精	

氧化应激与老化

关于老化的理论有两种。一种强调遗传因素，染色体的末端受损是主因，每次细胞分裂都更容易受伤；而另一种强调环境因素，人们的身体长年累月地受周围环境的损害，在这种情况下，罪魁祸首就是可恶的自由基。

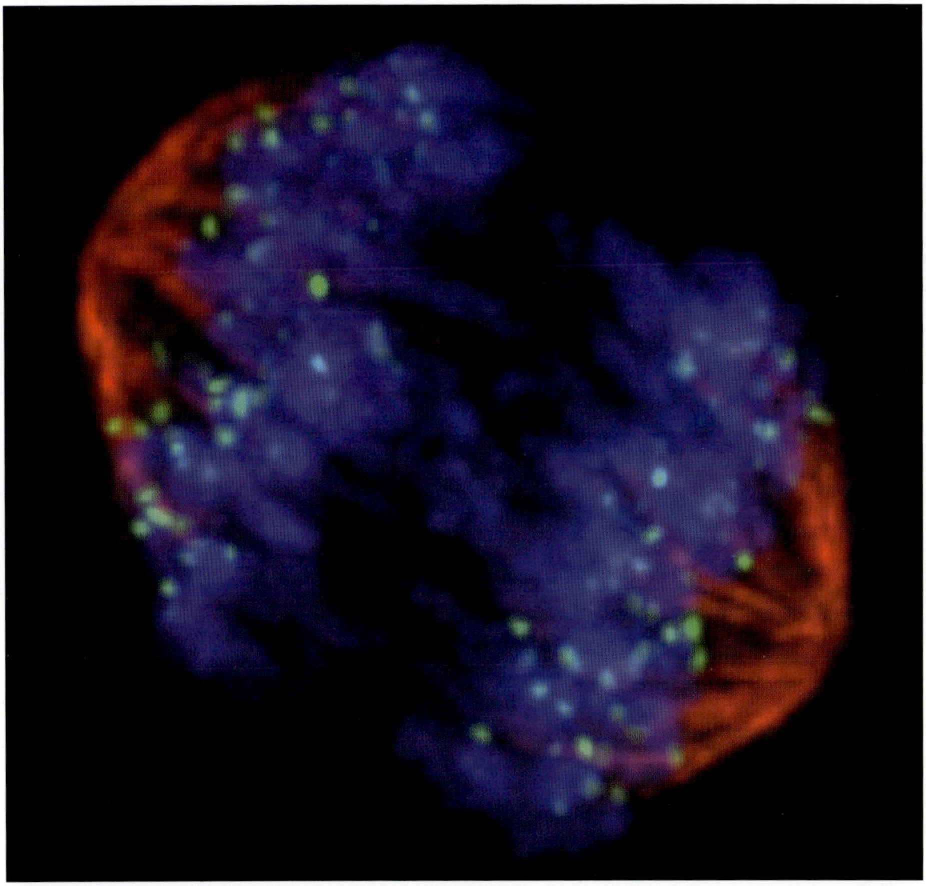

分裂中的细胞：纺锤体（红色部分）上两组染色体（蓝色部分）的分离过程，为一分为二做准备。细胞每次分裂时，染色体的末端很容易受损，而且DNA在复制时可能出错，产生新的突变。

衰老与氧化应激有密切的关系。人的一生都在与氧气斗争，一方面得益于氧气给予人们生命的特征，另一方面又要保护自己免受来自自由基这一危险物质的伤害。随着组成人体细胞的分子逐渐被摧残，DNA 将发生变异，酶无法发挥作用，细胞膜变得越来越硬，最终导致细胞死亡。皮肤光老化的案例中，差不多有一半被认为是自由基导致的结果，另一半是紫外线辐射造成的直接伤害。

在氧化应激和预期寿命的问题上，饮食（特别是热量）的作用非常古怪。饥饿似乎可以延长大鼠的预期寿命，出现这种情况也许是因为动物对氧化应激的抵抗力增加了。虽然这是个很有意思的发现，但我们还要对菲尔·哈蒙德先生所提到的“变性谬论”持保守态度——即对啮齿动物有益（或有害）的物质于人类也同样如此。

然而，饥饿有助于塑造人体功能。在过去，食物短缺似乎给人类带来巨大的压力。狩猎采集者可能习惯于连续一两天吃不上东西的生活，但大饥荒却很少有。因为人类的食物多种多样，而且等到一个地方的食物被吃光之后，他们就迁往别的地方。农业出现后，人类找到了获取食物的途径；于是人口增长，城市兴起。虽说与狩猎采集的生活方式相比，农业的进步很像一次成功的危机管理，但实际上还没有那么灵活，农业依赖于气候、政治和社会的稳定。风暴、暴政和战争对作物和商铺而言都是潜在的威胁，是国家陷入饥荒的原因。所以，在饥荒中生存的能力可能会成为一种进化的优势。

人体针对饥饿的反应有如下几种：新陈代谢率下降以便保存能量（节食期间也是如此）；非必需生理功能停止运作，比如生殖能力降低，机体活动减少。如果新陈代谢缓慢意味着细胞损耗同步减缓，那么饥饿可能有延年益寿的效果（相对的，这同样意味着 DNA 和蛋白质的修复速度变得缓慢，因此消耗更多，寿命也更短）。我认为人们绝对不值得亲自挨饿，为科学献身。而且，虽说人人渴望长命百岁（在某些程度上如此），但经常忍饥挨饿的话，恐怕生活质量就要打折扣了。

代谢综合征

“代谢综合征”是全球扩散最快的健康问题。超过 5 000 万的美国人和将近 1/3 的英国成年人都受这种疾病困扰。综合征虽说是一种疾病，但实际上是多种疾病或者症状同时发作：由于人体器官之间相互依存，所以一个器官发病引发其他的连锁反应就不足为奇了。

健康均衡的饮食和充分的运动是所有器官健康的基础。一旦这个基础遭到破坏，器官和人体表现出的问题就是代谢综合征。高脂肪饮食会造成肥胖和血脂紊乱，摄入的脂肪类型不正确时情况更严重。血液中“坏胆固醇”（即低密度脂蛋白）过多而“好胆固醇”（高密度脂蛋白）过少会导致甘油三酯水平高，此时粥样硬化斑块开始在动脉中堆积。不仅如此，血液也变得更容易凝结。狭窄的动脉再加上更易凝结的血液给心脏（导致冠状动脉阻塞）和大脑（导致脑卒中）造成双重打击。动脉硬化诱发高血压，最终对所有器官都构成威胁。代谢综合征患者也有胰岛素抵抗和高血糖的症状。

有些专家对代谢综合征本身是否存在持怀疑态度，他们认为这只是常见的糖尿病症状而已。另一些专家将代谢综合征看作是基因和环境的产物，并将不良饮食、久坐不动和肥胖作为环境因素列举处理，认为这些因素甚至战胜了最强大的基因所赋予人的优势。有的患者已表现出代谢综合征的症状却还未发展成为典型的糖尿病，对他们来说减轻体重和锻炼比药物治疗更有效——这就强调了生活方式是影响健康和疾病的重要因素。与此同时，毋庸置疑的是，有些人携带的基因会导致他们比别人更容易患病。一个人体重超重，不爱运动，总吃含有大量饱和脂肪、反式脂肪、胆固醇，还有糖的不健康食品，那就有很大可能成为代谢综合征的牺牲品。

锻炼、体能和环境

英国国家医疗服务体系指导网站清晰地展示了英国人的健康情况。人人都知道应该定期锻炼，但采取实际行动的只有 20% 的人。最常见的借口就是没时间，这是一个有点矫情甚至会误导大众的借口。是的，我们每天忙忙碌碌，但没有道理就此认定当下的人类比任何历史时期的祖先都忙。然而，有些情况确实发生了改变：纵观整个国家，人们变胖了，健康水平也下降了。

我不相信这是人类的懒惰本性造成的后果。人体一直挣扎着适应新的生活方式，学会如何应对后工业时代的挑战。问题不仅仅在于人们有多忙碌——还有人们应该怎样忙碌。50 年前，大部分人在工作中都需要大量活动身体，而有私家车的人却很少。如今，工作时久坐不动的人很多，经常在办公室一坐就是一天。汽车更是随处可见。漫长的一天结束后，人们再心情郁闷地开车回家，早就把定期锻炼这事儿抛在脑后。这是一种完全可以理解的现象，根本不是懒惰。人们把自己置于多么奇怪的境地啊！身体活动在几千年来一直是生活的一部分：这是人类活动和谋生的支柱。然而，现在人们发明了大量节省劳动力的装置，身体活动就不再是人类活动和谋生的必要条件了。

在办公桌边工作比用双手劳动更光荣——西方人是如此说服自己的（或是被劝说）。于是锻炼变成了一门爱好，必须与人们的其他休闲方式争夺时间。如果只有 20% 的人运动量充足，根本不能说明人们喜爱锻炼。

技术进步似乎对健康也产生了负面影响，这似乎是一个有趣的矛盾。情况只能如此吗？我对技术进步的态度不是全盘否定的，有些技术，尤其是医学技术，让现代人的健康程度超越以往。我们了解许多疾病的发病机制，而且已经想出了巧妙的防治方法。但讽刺的是，技术带来的诸多好处也让不少人过上了不健康的生活。这并不是说人类应该抛弃所有科学技术和神奇的医学进步，重拾狩猎采集生活。对新环境的适应能力使得人类有别于其他物种，并且最终成功掌控地球。

发达国家所面临的问题正是新环境。也许人类亲手创造出了新环境，但是它对人类的影响却没有丝毫削减。人们希望增加体力活动时，活动量实际上却降低了，这就是一场巨变。人类天生需要体力活动，这是人体和器官进化的一部分，所以缺乏锻炼造成的问题根本不可能通过发明出某种药品来弥补。人们难道真的想发明这种药么?

为了解决这个问题，人们真的有必要通过重新将锻炼纳入日常生活；就算略感身体不适，就算被沙发的魅力俘获，也不能轻易放弃运动。如果住的地方离工作地点不远，骑车通勤不失为一种好选择。诸如此类的简单改变不但对健康大有裨益，而且更环保。关爱自身健康就意味着同时也在关爱地球的健康。或者反过来说，如果你关爱地球，地球的回馈会让你更加健康。空气污染也是如此：减少大气污染对人类自身和星球上的其他生命物种都是一种回报。

两位维多利亚时代的女士将锻炼融入了她们的日常生活——尽管身上的衣着不太合适。女士们似乎在骑车横穿巴特锡公园。

健康生活的成本

当代西方社会中，进化的人体与农业社会之前的狩猎采集生活相比有本质的不同，不仅仅是停留在身体活动的层面上。狩猎采集者的饮食中，钠、脂肪、胆固醇还有精细碳水化合物的含量都很低，而钾和纤维素的含量很高；狩猎采集者的食物有瘦肉和鱼类，还有丰富的水果（包括坚果、浆果）和蔬菜。现代西方人的饮食与此形成强烈对比：大量经过精加工和冷藏的快餐食品，这种饮食习惯可能导致高血压、冠心病、脑卒中、肾衰竭、糖尿病、代谢综合征还有肥胖的盛行。

由此看来，食品对人的好处和它的成本之间的关系很奇怪。人们消耗时间和精力生产出的加工食品似乎比新鲜的水果、蔬菜、肉类和鱼类更便宜，而且更容易获取。两者的关系很难平衡，由此出现了令人困扰的社会问题：新鲜的食品是构建健康饮食的基础，但是它们却比那些面目全非的加工食品更贵、更难购得。虽说有些人可以因为食品新鲜、有益健康而多花钱，可还是有人负担不起。对预算紧张的人来说，买加工食品比买健康的食材更省钱——只买炸鱼条不买鱼肉，只买汉堡不买瘦肉片。

低收入群体想达到饮食健康不太容易。美国加利福尼亚州的一项研究表明，“普通购物车”里的食品比“健康购物车”里的食品最多便宜 40%。超市存在的一些问题也在这次研究中暴露出来，超市不会将全麦面包加入自营品牌产品，也不会销售大包装的全谷类产品；对于试图节约日常用品开支的人来说，低成本的商店自营品牌和大包装至关重要。虽然现在的整体趋势是给健康食品贴上标志，但看来价格比健康更能吸引消费者的注意力。我们是否应该给食品零售商施压呢?

在英国，农贸集市是一种很棒的新现象：你肯定认为，如果生产者直接面向消费者销售，当地生产的新鲜产品应该价格低廉。实际上到目前为止，新鲜的水果、蔬菜、肉类和鱼类的价格依然居高不下，但我们认为情况还是有改变的机会。

环保也是支持市场销售当地产品的因素：食物的运输距离每多出 1 千米，就多消耗掉一些能源，食物中添加的防腐剂含量也更多。

在个人性问题和全球性问题之间还有一个重大议题：我们要怎样关照社会中其他的不幸者呢？可以从保证优质食品价格低廉且容易购买入手。但是在英国，国民医疗服务体系务必以全民健康为基础；英国医疗服务体系可能面临负担过重和资金匮乏的问题，但这是解决当今社会医疗和健康问题的唯一合理方案。一旦现有的体系出现裂痕，被半私有化或者外包公司介入，那么就面临企业把人民的钱揣进自己腰包的风险。民众不再是患者，而变成了消费者。

最近有一篇文章列出了与哮喘致死的有关的医学和社会心理学特征，内容引人深思：酒精或者药物滥用者、精神病患者、拒绝或不按医嘱服药者、学习困难者、收入低或求职困难者，以及离群索居。这些人都是当代富裕社会中很少被关注到的群体。治疗方案也不必太过昂贵——人民为社会服务，作为回报，社会也要为人民提供支持。

在 5 000 年前的小规模狩猎采集群体中，这样的社会问题可能根本不存在。如果人类在过去几千年的经历被称为进步，那现在就要重新做评价了，评价标准就是社会对最贫困的群体提供何种程度的支持。我们还是能保持乐观态度：可以将目前情况当作一项技术实验，人们居住在科技化的大城市中，并且期盼现实生活终将进步到让每个人都能从中受益。

对人体各器官健康的态度

实际上，关照各个器官和全身健康的方法比大多数头条报道、令人惊慌的患病故事、食品标签和“砖家”忠告都要简单得多。如果了解身体如何运作，也知道究竟什么对身体有益，就可以对某些保健理念保持合理的怀疑态度。不要对条条框框的保健知识来者不拒，要问问自己是否有证据证明它们有效。健康的生活和饮食习惯非常重要，但同样重要的是不要被这些习惯束缚住，一旦你没有遵守也不必惭愧不安。强迫自己过健康生活本身就是不健康的。对入口的食物过分小心，就会演变成对体重和身材的病态关注。世界各国人们的饮食习惯各具特色。但在健康程度上，究竟哪个国家更胜一筹，这很难说。

我们的身体在一生中会遭遇很多的不幸，有些可能早已由基因注定，有些则是不加节制的后果。这次人体之旅揭示出人类能在多大程度上控制自己的健康，保持器官健康的最佳途径非常简单——饮食健康和充分锻炼是各个器官和全身健康的基础。请牢记这一组数据：改善饮食和生活习惯，可以避免 80% 的心脏病、90% 的 2 型糖尿病以及 30% 的癌症。

五种保持全身健康的方法：

- 饮食均衡，采用“地中海式饮食”搭配——吃自己喜欢的食品，享受食物的美味。记得少喝一点酒对健康有好处。

- 大量运动——做自己喜欢的运动，同时也是对拯救地球做贡献。

- 控制体重——如果你饮食合理，运动充分，那么体重自然得到控制。

- 尽量不要焦虑——尤其不要因为健康问题发愁，不要为任何与健康相关的事宜感到愧疚。

- 不要吸烟——吸烟有害健康！有害健康！有害健康！千万别吸烟。

后记:

用药安全

A POSITIVE CURE FOR SICK HEADACHE.
CARTER'S
LITTLE LIVER PILLS
TRADE MARK

就算是全球最注重健康生活的人，身体有时也需要接受一点帮助。一旦被病魔击倒，就需要根据病况的严重程度确定治疗程序。虽然有时只能请人体的机械师（通常被称为外科医生）剖开患者的身体才能搞定，但其余病症不必开膛破肚治疗。有时候，喝杯薄荷茶就可以缓解消化不良，如果痛得厉害或者持续更久的话，可以选择草药疗法或者去医院看病，需要用药物来缓解痛苦。

每间药房里都摆着洗剂、饮剂和药片形态的非处方药供患者选择，可选择的范围包括中药和西药，它们通常被放在同一个货架上。所有非处方药都被认定为足够安全，无须医生开处方就可以购买（但并不意味着非处方药就不会严重伤害人体）。虽然药品包装上写着各自的疗效，但人们又怎么才能知道它们的真假呢？

左图：有些药品要出示医生的处方才能购买，其余的药品在药店柜台就能买到。请对任何号称有神奇功效或者是灵丹妙药的药品保持怀疑态度。

非处方药：真的有疗效吗？

所有不被所谓的常规医学接纳的疗法都被归为一类——补充剂和替代药物（CAM），它们的药效甚微。针对补充和替代药物的药效研究存在一个误区：这些药物普遍都很便宜而且容易买到，这也说明了它们没什么效果，不值得花钱研究。有些从业人员认为，他们的药物没有义务接受当代西医的检验。可患者在吃药扎针或者往身上涂药膏前，都会问一句："有效果吗？"人们接受任何治疗前都应该这样问，无论是替代疗法还是常规疗法。我对任何回答"无法通过检测证明"的人都深表怀疑；即使他们相信药物有效，可也承认了自己在兜售一种药效不明的药物。一个诞生于 17 世纪中叶的词汇能准确地描述这些人——庸医。

荷加斯画作《时髦婚姻》。画面描绘了一个年轻的子爵找庸医看病，用替代疗法治疗性病。

非处方药谁都能买，无须医嘱，所以请各位牢记，有些草药可能对医生开的药物造成干扰：比如说麻黄会削弱降压药的效果；银杏会增强包括华法林在内的抗凝血药的效果，导致血流不止；贯叶连翘会导致口服避孕药的效果大打折扣；人参几乎没什么副作用，但如果与华法林同时服用会引发严重的血液过度稀释症状。在服用草药或者非处方药前，如果你同时服用其他药物，请一定向医生咨询。

权衡治疗方法的益处和风险非常重要，这点不只针对草药。不见得随便一种天然成分就对人有益，比如草药所含的天然成分；不论是常规药物还是替代药物，患者应该确保自己对每一种潜在副作用都了如指掌。草药是作为食物补品销售的，因此不属于药物质量和安全的管理范围之内。《柳叶刀》杂志发表过一篇论文，着重讲了因为喝中草药茶饮治疗湿疹结果导致严重肾病的两个案例。

其他的补充疗法同样疑点重重。咳嗽药和安慰剂主要成分就是大量的糖浆，由此看来它们的疗效差不多也是情有可原了。这两种药确实有舒缓作用，产生功效的原因可能仅仅是甜味而不是其他成分。如果真的如此，患者也可以从自制的蜂蜜饮品中收获同样的治疗效果。60 多年以来，人们一直对维生素 C 防治感冒的效果争论不休。市场上销售的很多感冒药都含有维生素 C。维生素 C 也许有缩短感冒时间、减轻感冒病情的作用，但这并不足以证明每个患者都应该服用，而且患上感冒之后再服用似乎就毫无效果可言了。有些草药被人们用于治疗普通感冒，比如紫锥花、人参和黄芪；紫锥花似乎可以减短感冒时间，缓解症状，但似乎并不能预防感冒。

英国上议院曾对补充剂和替代药物做了一番针锋相对的讨论，双方专家都举出了丰富的案例。上议院的贵族将它们加以梳理后做出了一份非常有用的清单，把补充剂和替代药物分为三类：第一类指有专业机构管理以及（或者）有充分的的证据证明有效的疗法；第二类指经常为常规医学提供辅助的疗法，这些疗法似乎能产生效果，因为它们可以促进放松，有安抚作用，即使不见得比安慰剂的药效更好；第三类疗法可以替代经过科学检验的药物。这些疗法有的由来已久，有的刚刚诞生。没有任何科学证据可以证明它们的疗效，我对此毫不奇怪。要做的研究显然还有很多，但截至目前，英国上议院列出的清单可以让大众清楚地意识到哪些疗法值得人们心存期待，哪些疗法根本就是浪费人们的辛苦钱。

针对补充和替代药物类目的描述

（以下摘自英国上议院第六次科技报告）

第一类：有专业组织管理的替代疗法

针灸（缓解疼痛）、脊柱推拿、草药、顺势疗法、整骨疗法。

第二类：辅助疗法

亚历山大健身技术、芳香疗法、巴哈花精疗法，以及其他花精疗法、解压疗法、催眠疗法、冥想、足底按摩、指压按摩、玛赫西阿育吠保健法、营养药品。

第三类：替代疗法

历史悠久的传统医疗：

阿育吠陀医药、中国草药、东方医药、自然疗法、传统中医药。

其他替代疗法：

水晶疗法、灵测术、虹膜诊断法、运动机能学疗法、放射疗法。

维生素补充剂

每四个人中就有一个人定期服用维生素补充剂，但人们却找不到证据证明它的益处。维生素摄入不足的人一定会注意到维生素缺乏的各种影响。人们还可以通过吃各种食物，从饮食中摄入身体所需的所有维生素，但摄入更多的维生素并不会让人更加健康。

以下两种情况属于例外：其一，老年人可能需要额外摄入维生素 D；其二，是女性怀孕期间摄入叶酸对身体绝对有益。人们应该从水果和蔬菜中获得所需的维生素 D，除此之外还能摄取防治骨质疏松的钙元素。光照对人体有好处，可以辅助合成维生素 D，但我们也要权衡皮肤癌的发病风险。即便如此，自体合成的维生素 D 比维生素补品要好得多。女性怀孕期间服用肯定有积极效果的维生素就是叶酸，仅此一种。因为叶酸可以降低胎儿出现神经管缺陷的风险，比如脊柱裂。但对多数人来说，大部分时间都没必要服用维生素补充剂。

处方药

以下是三条假设：人们知道处方药都通过了最严格的安全检测；医生了解患者同期服用的所有药物，确保药物之间不会发生恶性反应；有充分的证据表明处方药不但治病效果好，而且医生不会从药物中获利。以上假设都可能使得大众完全信赖处方药。

前两条假设非常合理。在英国，处方药必须经过药品与医疗监督机构的严格审查，以确保药物安全而且对症。在法律和道德意识的驱使下，医生会让患者确认服用的药物有哪些潜在副作用，并且尽可能地让处方上不会出现能引发不良反应的药物搭配。

但疗效如何呢？大多数医生开处方都是对症下药——20% 的处方涉及药效在当时尚未得到证明的药品，这属于“药品核准标示外使用”。这个词听起来似乎比实际情况更加危险，因为这对医生的要求很高，不但要了解身体的工作机制，而且要知道各种药物如何发挥药效，并且还能有针对性地开出处方。这也说明，支持特定用药的研究可能不存在。医生应该经常告诉患者为什么要开这种药，而是否用药的决定权显然应该掌握在患者手中。

致谢

非常感谢希拉里和路易吉。感谢理查德·阿特金森，以及本书团队的其他成员：娜塔莉·亨特、朱丽叶·戴维斯、艾玛·史密斯、亚历克斯·史密斯、吉姆·史密斯、戴维·阿特金森、潘妮·爱德华兹、凯特·布兰德、埃里卡·杰姆斯、菲尔·贝雷斯福德。还要感谢安妮·格兰德出色的编辑工作，以及牛津插图和设计公司所做的优美图表。

同时，也要感谢BBC伯明翰纪录片制作团队，其中特别是吉尔·蒂尼和凯西·迈尔斯，他们将一个制作人体解剖纪录片的朦胧想法，变成了令人惊叹的现实。

最后，还要感谢戴夫·史蒂文斯，谢谢你对我的耐心和关爱。

图片来源：

非常感谢以下图片权利方许可我们在本书中使用他们的图片：

© Bridgeman Art Library - p.155, p.250

© Mary Evans Picture Library - p.6, p.18, p.36, p.243

© Mediscan — p.15（左）, p.58

© Science Photo Library - p.13, p.15(右), p.20-21, p.22, p.28, p.29, p.34, p.37, p.42-43, p.44, p.49, p.53, p.63, p.68, p.72, p.73, p.77, p.80, p.83, p.84, p.88-89, p.90, p.94, p.97, p.99, p.100, p.103, p.106-107, p.108, p.111, p.113, p.115, p.118, p.120-121, p.122, p.126, p.128, p.129, p.131, p.136, p.137, p.140-141, p.142, p.145, p.148, p.150, p.152, p.153, p.157, p.164-165, p.166, p.169, p.172, p.173, p.174, p.175, p.176, p.178, p.181, p.186-187, p.190, p.192, p.193, p.194, p.197, p.198

© TopFoto — p.57, p.201, p.204-205, p.206, p.210, p.212, p.215, p.218, p.220, p.225, p.228-229, p.230, p.233, p.235, p.236

© Wellcome Trust Medical Photographic Library — p.14, p.16, p.30, p.66-67, p.75, p.170, p.188, p.239, p.248

我们也同样感谢伦敦国王学院（King's College London）解剖系许可我们在本书中使用他们的一幅人体骨骼标本图。